중간선거의
정치학
오바마, 공화당, 그리고 미국정치

중간선거의 정치학

오바마, 공화당, 그리고 미국정치

인 쇄: 2015년 8월 12일
발 행: 2015년 8월 19일

엮은이: 미국정치연구회
발행인: 부성옥

발행처: 도서출판 오름
등록번호: 제2-1548호 (1993. 5. 11)
주 소: 서울시 중구 퇴계로 180-8 서일빌딩 4층
전 화: (02) 585-9122, 9123 / 팩 스: (02) 584-7952

E-mail: oruem9123@naver.com
URL: http://www.oruem.co.kr

ISBN 978-89-7778-444-4 93340

* 잘못된 책은 교환해 드립니다.
* 값은 뒤표지에 있습니다.

이 도서의 국립중앙도서관 출판예정도서목록(CIP)은 서지정보유통지원시스템 홈페이지(http://seoji.nl.go.kr)와 국가자료공동목록시스템(http://www.nl.go.kr/kolisnet)에서 이용하실 수 있습니다. (CIP제어번호: CIP2015021471)

중간선거의 정치학

오바마, 공화당, 그리고 미국정치

미국정치연구회 편

Politics of the Midterm Election

Obama, The Republican Party, and American Politics

Edited by

Korean Association of American Politics

ORUEM Publishing House

Seoul, Korea

2015

머리말

2014년 11월 4일 미국의 중간선거가 실시되었다. 미국에서 중간선거는 대통령의 4년 임기 중간 즉 대통령선거가 치러지고 2년이 지난 후 치러지는 선거를 의미하는데, 하원의 총 의원 정수 435명과 상원 총 의원정수 1/3인 33명* 그리고 36개 주의 주지사 등이 이 선거를 통해 선출된다. 이번 중간선거는 총 37억 달러가 소요되어 역대 중간선거 중 가장 많은 선거자금이 사용된 선거로 남게 되었으나, 투표율은 36.4%에 불과하여 제2차 세계대전 와중에 치러진 1942년 선거 투표율인 33.9% 이후 가장 낮은 투표율을 보였다.

선거결과는 야당인 공화당의 압승으로 나타났다. 공화당은 하원에서 13석을 추가로 확보하여 총 247석을 얻어 하원에서 다수당의 지위를 더욱 공고히 하는 데 성공하였다. 또한 상원에서도 공화당은 9석을 추가하여 총 54석을 확보하여 2006년에 빼앗겼던 상원의 다수당 지위를 민주당으로부터

* 2014년 중간선거에서 상원은 클래스 II에 속해 있는 33석 이외에 3석의 보궐선거가 함께 치러져 총 36석의 상원의석을 놓고 정당 간 경쟁이 벌어졌다.

탈환하는 데 성공하였다. 오바마 대통령의 그늘에 가려져 있던 공화당은 이번 중간선거를 통해 미국정계의 중심으로 화려하게 복귀한 것이다.

사실 이와 같은 공화당의 부활은 이미 선거 전에 많은 전문가들이 예상하고 있었던 바이다. 일반적으로 미국의 중간선거는 대통령이 소속되어 있는 여당이 승리하기 매우 어려운 것으로 알려져 있다. 1842년 이후 총 43차례에 걸친 중간선거 중 40번의 선거에서 여당이 의회에서 의석수를 잃었던 역사적 사실이 이를 입증하고 있다. 이 정도 되면 중간선거에서 여당의 패배는 거의 하나의 법칙으로 간주할 만하다. 그렇다면 어떠한 이유에서 여당은 중간선거에서 고전을 면치 못하는가? 이는 크게 두 가지 측면에서 설명이 가능하다.

첫째는 편승효과(coattail effect)의 소멸이다. 편승효과란 중간선거가 치러지기 2년 전 대통령선거와 의회선거가 동시에 치러지는 동시선거(on-year election)에서 대통령에 당선된 후보의 인기에 편승하여 대통령과 같은 정당에 소속되어 있는 의원 후보들이 선전을 펼쳐 여당의 의석이 기대이상으로 증가하는 현상을 의미한다. 그런데 대통령선거가 없는 중간선거에서는 이러한 편승효과가 존재하지 않기 때문에 여당의 의석수는 자연스럽게 감소할 수밖에 없게 된다. 다시 말하면 동시선거 당시 대통령의 후광에 의해 형성된 비정상적인 상황이 중간선거에서 정상적인 상황으로 회귀하는 과정에서 여당의 의석수가 감소하게 되고 이것이 여당이 중간선거에서 지속적으로 의석수를 잃는 요인이 된다는 것이다.

둘째는 유권자의 행정부와 의회 간 균형추구 성향이다. 견제와 균형이라는 원칙이 작동하고 있는 미국의 정치체제에서 미국의 유권자는 대통령의 권력에 대한 일정 정도의 통제가 필요하다고 인식하고 있고, 이러한 유권자들의 인식이 중간선거에서 야당을 지지하는 행태로 이어지게 된다는 것이다. 이와 같은 유권자들의 성향은 중간선거에서 여당의 의석수는 줄어들고 야당의 의석수는 증가하는 결과로 나타나게 된다.

공화당의 귀환으로 요약할 수 있는 2014년 중간선거의 결과는 위와 같은 중간선거의 일반적 패턴과 그리 큰 차이를 보이지 않는다고 할 수 있다. 그러나 다른 모든 선거와 마찬가지로 이번 선거도 이 선거만이 가지는 독특한 특징들이 발견되고 있다. 즉 이번 선거도 중간선거에서 일관되게 유지되고 있는 연속적인 성격과 아울러 다른 중간선거에서는 발견되지 않는 고유한 변화도 감지되고 있다는 말이다.

이 책은 2014년 중간선거를 대상으로 미국 중간선거의 연속성과 변화를 입체적으로 조망해 보기 위해 기획되었다. 이 책은 내용은 크게 미국 중간선거의 연속성, 선거전략, 그리고 선거 이슈 등 세 가지 파트로 구성되었다. 우선 제1장에서 역사적 규칙성 및 주기성의 관점에서 미국 중간선거의 연속성을 고찰한다. 그리고 제2장, 3장, 4장에 걸쳐 2014년 중간선거에 민주당과 공화당이 어떠한 선거전략을 사용했으며 어떠한 선거운동을 전개했는지 살펴본다. 제5장에서는 2014년 연방 상원선거를 중심으로 공화당 내전으로까지 불렸던 공화당 내 티파티운동 세력과 주류 세력 간의 갈등이 공화당 예비선거 과정에서 어떻게 전개되었고 본선거 결과에 어떻게 영향을 미쳤는지를 분석한다. 그리고 제6장, 7장, 8장은 이번 중간선거에 나타난 이슈의 영향력을 검토한다. 선거 이슈는 의료보험, 이민, 외교에 초점을 맞추어 분석이 이루어졌다.

이 책은 '미국정치연구회'의 집합적 노력의 산물이다. 미국정치연구회는 미국정치를 전공한 국내 정치학자들의 연구모임으로서 오랜 기간에 걸쳐 미국정치에 대한 연구를 수행해 왔다. 독자께서 지금 손에 들고 있는 이 책도 미국 선거에 대한 미국정치연구회의 7번째 연구 성과물이다. 이 책이 출판되는 데 있어서 물심양면으로 많은 도움을 주신 미국정치연구회 회원들께 이 자리를 빌어 감사의 마음을 전한다. 특히 집필진 여러분과 기획부터 교정까지 많은 역할을 담당해 주신 이화여자대학교 유성진 교수님 그리고 흔쾌히 이 책의 출판을 허락해 주신 도서출판 오름의 부성옥 대표께 감사드린다. 아무쪼록 이 책이 미국의 선거, 더 나아가 미국정치에 대한 인식적 지평을 넓힐 수 있는 데 도움이 될 수 있기를 희망한다.

2015년 7월
필자들을 대표하여
최준영

차 례

공화당의 2014년 중간선거 전략 분석

• 장혜영

경합주에서 선거운동의 효과: 2014년 연방 상원선거

• 박영환

공화당 내전과 2014년 미국 중간선거: 연방 상원선거를 중심으로

• 정진민

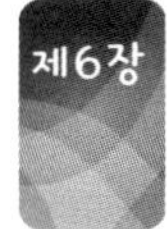

의료보험개혁과 2014년 중간선거

• 이소영

이민개혁과 2014년 중간선거

• 이병하 · 장승진

2014년 미국의 중간선거와 외교정책

• 권보람

선거 역사의 정치학: 미국 중간선거 사례를 중심으로(1790~2014)*

서정건 | 경희대학교

Ⅰ. 서론: 선거의 반복과 예측

이론 정립을 통해 미래를 예측해 보는 일은 정치학을 비롯한 사회과학의 큰 관심사 중 하나이다. 사회과학의 내생적 한계에도 불구하고 정치학자들은 다양한 방법과 관점을 통해 미래의 정치적 문제, 예를 들어 "전쟁은 일어날 것인가?" 혹은 "다음 대통령은 누가 될 것인가?" 등에 대한 해답을 구하기 위해 애써 왔다. 특히 역사라는 실험실을 통해 반복성(repetition)과 주기성(periodicity) 등의 도구를 발견하려 노력하였고, 유사한 조건 및 맥락하에서의 동일한 정치적 결과가 가능한지에 대해 탐구해 왔다(Pierson 2004; Zelizer 2014). 정치학이 개인의 선호와 선택에 분석 초점을 맞춘 1960년대 이후 역사학과 소원해졌던 측면이 있지만, 올드리치(Aldrich 1994, 227)의

* 본 장은 『21세기정치학회보』에 실린 졸고를 수정·보완한 것임을 밝혀 둔다.

주장처럼 과거와 역사를 "데이터(history as data)"로서, "비교 수단(history as comparative politics)"으로서, 그리고 "정치 과정(history as process)"으로 활용코자 하는 정치학의 흐름은 여전하다.

본 장은 제2대 의회 구성을 위해 치러진 1790년 선거 이후 현재까지 매 4년마다 행해지고 있는 미국의 중간선거(midterm elections)를 통시적 관점에 따라 유형별로 분류한다. 이를 통해 선거 이전의 정치적 조건(political conditions)과 정책적 상황(policy contexts)이 선거 결과에 미치는 규칙적 영향을 분석하고자 한다. 역사는 반복(History repeating itself)된다는 흔한 표현처럼 선거의 역사 또한 과연 반복되는가? 그렇다면 그 동인은 무엇인가? 예를 들어 사회경제 변화, 국제정치 현실, 대통령 변수, 정부정책 효과 등 정치사적으로 반복성을 확인할 수 있는 독립 변인들이 존재하는데 과연 이들은 일정한 주기성을 특징으로 하는 종속 변수로서의 중간선거 결과에 체계적인 영향을 미치는가? 본 연구는 미국 건국 후 치러진 첫 중간선거(1790년)로부터 최초의 흑인 대통령 통치하의 두 번째 중간선거(2014년)에 이르기까지 총 57회에 걸쳐 실시된 미국의 중간선거 자료를 분석함으로써 선거 결과에 관한 일종의 규칙성(pattern) 발견 및 일반화(generalization) 가능성을 모색하고자 한다.

우선 미국 중간선거의 특징들을 대략적으로 살펴본다면 선거 시기적인 측면에서 중간선거는 그 명칭에서 보여지듯 대통령의 4년 임기 중간, 즉 대통령선거 이후 2년이 지난 후 시행된다. 대통령 후보는 선거 명부에서 빠져 있으므로 흔히 "off-year election"으로도 불리는데, 1913년 이후 변동 없는 하원의 총 의원 정수 435명과 상원 총 의원 정수 중 1/3을 선출한다. 선거일은 대통령선거와 마찬가지로 11월의 첫 번째 월요일을 지난 첫 번째 화요일(the first Tuesday after the first Monday in November)로 지켜지고 있다.[1)]

1) 대통령 선거일은 1845년 이후 전국적으로 11월의 첫 번째 월요일을 지난 첫 번째 화요일에 실시되고 있지만, 의회선거는 1872년 의원정수 할당법(Apportionment Act) 제정 이후에 비로소 전국적으로 동일한 날짜에 치르게 된다. James(2007)에 따르면 일례로 1848년의 의회선거는 주마다 다른 날짜에 실시되어 1848년 8월 7일부터(아칸소,

또한 선거 투표율과 관련하여 중간선거의 경우 대통령선거에 비해 평균적으로 10퍼센트 이상 낮은 수치를 보여 왔다. 예를 들어 지난 40년 이래 가장 높았던 2008년 대선 투표율 57.1퍼센트가 만 2년 후 2010년 중간선거에서는 36.9퍼센트로 하락한 바 있다. 그런데 〈그림 1〉에서 알 수 있듯이 실제로 건국 이후 1840년대까지는 주로 중간선거 투표율이 대통령선거에 비해 높았다. 이후 잭슨(Andrew Jackson)과 밴 뷰런(Martin Van Buren)의 민주당(Democratic Party) 건설과 대중의 선거 참여를 근간으로 한 잭슨식 민주주의(Jacksonian democracy) 등장 이래 중간선거 투표율은 대통령선거보다 항상 낮은 수치를 보여 왔다.

선거 결과를 놓고 볼 때 1842년 이래 총 43차례 치러진 중간선거 중 40번의 선거에서 대통령 소속당(presidential party)이 의회 의석수를 잃었다. 미국의 중간선거와 관련하여 가장 잘 알려진 특징 중의 하나인 "대통령 소속당 패배(presidential party loss)" 경향은 그 변동폭 또한 크다. 1894년

〈그림 1〉 미국의 대통령선거 및 중간선거 투표율 변화, 1787~현재

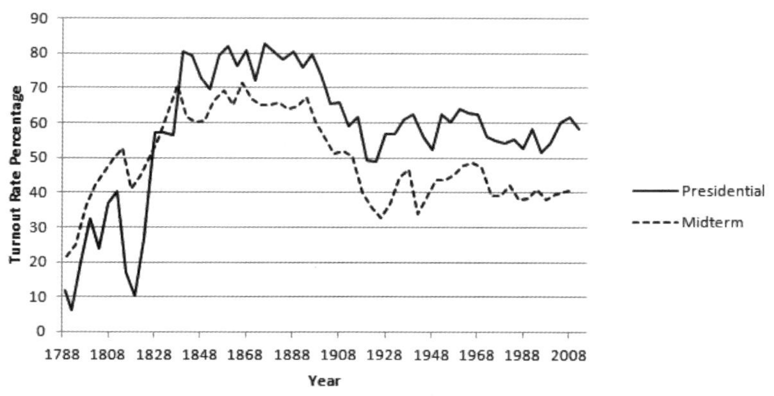

출처: http://www.electproject.org/national-1789-present

일리노이, 아이오와, 미주리 주 실시) 1849년 11월 5일에 이르는(루이지애나, 미시시피 주 실시) 약 15개월의 기간이 경과한 후 마무리된 바 있다.

클리블랜드(Grover Cleveland) 행정부하에 치러진 중간선거에서 대통령 당이었던 민주당은 125석을 상실함으로써 미국 중간선거 역사상 가장 큰 패배 기록을 남긴 바 있다(〈그림 2〉 참조). 반면 대공황의 위기 상황에서 1932년 루스벨트(Franklin D. Roosevelt)가 압도적 표차로 대통령에 당선된 이후 2년 뒤 치러진 1934년 중간선거에서는 상-하원 공히 여당이었던 민주당이 9석의 의석을 추가한 전례가 있다. 중간선거가 대통령 소속당에 미치는 영향에 대해서는 대표적으로 1960년 캠벨(Angus Campbell)의 지지층 부침 이론(surge-and-decline theory)을 시작으로 1987년 캠벨(James E. Campbell), 1995년 알레시나와 로젠탈(Alesina and Rosenthal), 그리고 2010년 바푸미(Joseph Bafumi) 등에 이르기까지 많은 연구들이 이루어지고 있다.

이처럼 다양한 역사적 사례 및 변화를 그 내용으로 하고 실제로 총 43명의 대통령 숫자보다도 많은 57회라는 선거횟수에도 불구하고, 중간선거를 통시

〈그림 2〉 미국 중간선거와 직전 의회 대비 민주당 의석 변화 추이, 1859~2014

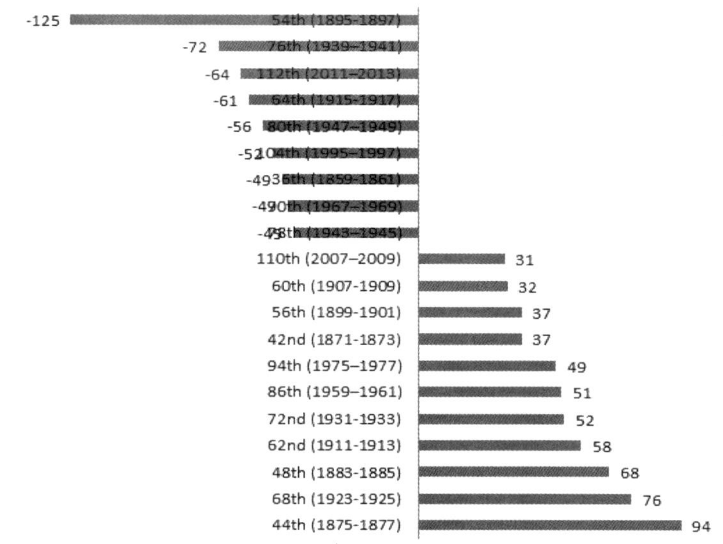

출처: http://history.house.gov/Institution/Party-Divisions/Party-Divisions/ 근거로 저자 작성

적으로 분석하여 그 경향을 고찰한 연구는 거의 드문 형편이다. 미국 중간선거에 대한 역사적 접근이 학문적으로 많이 다루어지지 않은 이유로는 무엇보다 미국의 정치사적 대전환과 지각변동이 주로 대통령선거를 중심으로 이루어져 온 점을 들 수 있다. 유일하게 전국 단위 선거를 통해 선출되는 미국의 대통령들이 전쟁발발 혹은 경제위기, 그리고 정부의 역할 등 거대 이슈와 거대 담론 틀을 통해 미국의 정치를 변화시켜 온 점을 상기해 본다면 중간선거보다는 대통령선거에 대한 연구가 많은 점이 쉽게 이해된다. 또한 비슷한 맥락에서 중간선거는 결국 의회 내의 정당 간 세력 관계를 재편하거나 유지하는 기능을 담당하는데, 예컨대 뉴딜 시대가 절정에 달해 다수의 복지 및 교육 관련 정책과 빈곤 퇴치 법안들을 통과시킨 제89대 의회(1965~1967)가 인구에 회자되기보다는 이를 주도한 존슨(Lyndon B. Johnson) 대통령의 "위대한 사회(the Great Society)" 아이디어와 슬로건이 더욱 기억되는 것이 미국의 정치적 현실이다.

뿐만 아니라 스코로닉(Stephen Skowronek) 등이 주창하는 "정치적 시대 대통령제(political-time presidency)" 이론에 의하면 잭슨(Andrew Jackson) 대통령과 루스벨트(Franklin D. Roosevelt) 대통령 그리고 레이건(Ronald Reagan) 대통령은 소위 "재건의 정치(politics of reconstruction)" 시대를 연 대통령들로 분류 가능하고 정치사적 주기와 순환의 논리에 의해 이후의 정치 현상들이 순차적으로 전개된다. 하지만 중간선거의 경우 예를 들어 1894년 중간선거와 1994년 중간선거가 이후 상당 기간 특정 정당의 의회 다수당 지위를 공고케 한 선거들임에는 틀림없지만, 향후 일정 정도의 규칙성과 예측성을 담보한 정치적 변화의 동인(driving force)으로 작용하였을 가능성은 상대적으로 불투명하다. 다시 말해 중간선거를 통해 새로운 정치 세력과 연대가 등장할 소지는 충분하지만, 이들이 이끌어갈 정치적 변화와 개혁은 거의 대부분 대통령 리더십의 하위 개념으로 작용할 개연성이 크다고 할 수 있다. 결국 미국의 정치 변천사를 연구하는 대부분의 학자들은 대통령선거를 통한 변화와 개혁에 주목하였고, 그에 따른 이론적 논의가 활발한 편이다.

〈그림 3〉 민주당 기준 미국 하원 의석수 점유 변화, 1857~2014

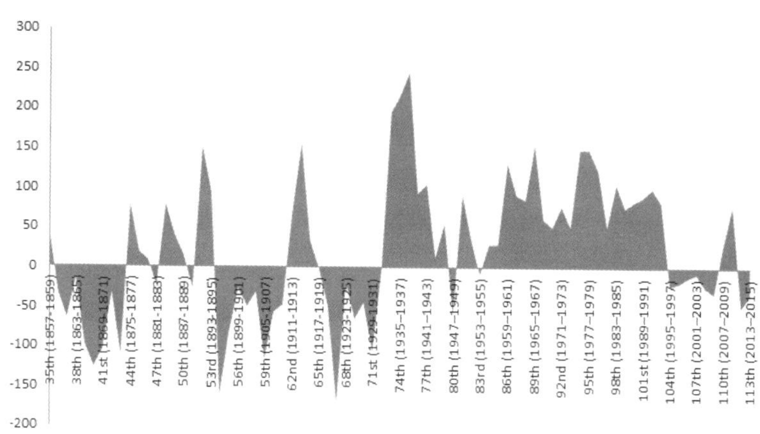

출처: http://history.house.gov/Institution/Party-Divisions/Party-Divisions/ 근거로 저자 작성

이러한 제약과 한계에도 불구하고 220여 년 넘게 지속되어 온 미국의 중간선거에 대해 시간적 범주를 넘어선 공통의 주제를 중심으로 분류해 보는 작업은 그 의의가 충분하다고 본다. 강력해진 대통령의 권한과는 별개로 여전히 헌법상 법률 제정 및 개정 권한은 최종적으로 의회에 있으며, 갈수록 양극화되는 의회 내의 정당 간 세력 다툼은 대통령의 의제 설정과 정책 추진력에 상당한 파급 효과를 가진다. 또한 미국 중간선거의 통시적 구분은 선거의 예측 가능성 분석과 밀접하게 연결되어 있으며, 중간선거가 미국정치 전반에 미치는 영향을 고려해 볼 때 그 역사적 반복성은 중요한 독립변수 혹은 제약 조건으로 작용할 가능성이 크다. 〈그림 3〉에서 알 수 있듯이 1930년대 이전까지는 중간선거 여부와 크게 상관없이 공화당과 민주당이 의회 다수당 위치를 번갈아 차지한 경향이 컸다. 따라서 당시 가장 큰 이슈 중의 하나였던 관세(tariffs) 증감은 의회 다수당에 따라 큰 폭의 변화를 보인 바 있다. 반대로 1930년대 뉴딜 시대 이후 상당 기간 의회가 민주당 지배하에 놓였던 관계로 공화당 출신 대통령들은 오히려 외교정책 의제에 더욱 관심을 기울이는 경향이 생겨났다. 이처럼 의회의 구성과 권력은 미국

정치를 변화시켜 온 중요한 변수이며 중간선거는 매 4년마다 대통령 임기 중간에 치러짐으로써 이러한 변수를 생성해 온 상수라 볼 수 있다.

본 장의 구성은 다음과 같다. 우선 다음 절에서 미국의 선거 역사에 관한 기존의 접근법들과 연구들을 정리하고 소개한다. 주로 대통령선거를 둘러싼 논의임에도 불구하고 중간선거의 역사적 고찰과도 상당 부분 연결되어 있음을 알 수 있다. 그리고 미국의 중간선거들을 통시적 관점에서 소주제 별로 분류하여 설명함으로써 중간선거의 역사적 반복성과 규칙성 존재 여부를 모색해 본다. 분류의 기준이 될 소주제들은 구체적으로 "재임 대통령의 6년차 징크스", "과도한 대통령 정치", "정당의 정치적 재기" 그리고 "안보 이슈 및 국제 정치 영향" 등인데, 이러한 선거 관련 정치적 배경 및 결과들을 중심으로 물리적 시간 단위를 넘어선 공통의 중간선거 현상들을 재분류한다. 마지막으로 결론에 대신하여 2014년 11월 4일에 치러진 중간선거를 분석해 보고자 한다.

Ⅱ. 기존 연구: 선거 역사 분류의 역사

모론(James Morone 1990, 19)은 "미국의 민주주의 개혁에 있어 주기성(periodicity)을 간과하기란 어렵다"고 지적한 바 있다.[2] 이를 구체화하여 질슨(Calvin Jilson 1994)은 헌법(constitutional) 수준, 정부(governmental) 수준, 심리(psychological) 수준의 정치적 변화에 주목하여 각각의 변화 규모와 원인에 대해 분석하였다. 그리고 헌팅턴(Samuel Huntington 1981)은 "독립혁명 시대, 잭슨 시대, 혁신 시대(Progressive eras), 그리고 1960년대 개방 시대"를 헌법 차원의 변화로 제시하기도 하였다. 그런데 미

2) 미국 선거의 주기성에 대한 기존 연구 정리는 윤광일(2011)을 참조할 것.

국 정치사를 거시적으로 분류하는 접근법들은 그 자체로서 나름의 역사성을 띠고 있음을 알 수 있는데 기존의 시대 분류법에 대한 비판과 대안으로서 새로운 구분 방법이 순차적으로 제시되어 왔던 점이 그것이다. 그리고 그 기초가 되는 출발점 중 하나는 1932년 루스벨트의 당선과 "근대적 대통령제(modern presidency)" 등장이다. 근대 이전과 이후 대통령과 행정부의 권한을 중심으로 미국정치 역사를 양분하는(dichotomous) 접근법인데, 근대 이전의 특징으로는 강한 의회 권력과 높은 정당 일체감, 약한 대통령, 미국의 국제정치 불개입 등을 꼽을 수 있다.[3] 이에 반해, 루스벨트 대통령 이래 지속되어 온 근대적 대통령제하에서는 강한 대통령, 소극적 의회와 분열된 정당, 그리고 국제 사회의 핵심 국가로서의 미국이 자리하고 있다. 요약하자면, 정부의 시장 개입 및 재정 정책을 골간으로 하는 케인즈(John M. Keynes) 등의 근대적 자유주의가 루스벨트의 뉴딜(New Deal) 정책으로 실현되었고, 대통령과 행정부가 미국정치의 전면에 등장하게 된 사실이 근대 대통령제 이전과는 확연히 구별되는 역사적 전개라는 주장이다.[4]

이러한 이분법적 역사 인식은 이후 많은 비판에 직면하였다. 대표적인 대안적 접근법으로는 "중대 선거(critical elections)" 이론과 스코로닉의 "정치 시대적 대통령제(political-time presidency)" 개념을 들 수 있다. 키(V. O. Key 1955)가 주창한 "중대 선거론"은 이후 번햄(Walter Dean Burnham 1970) 등이 발전시킨 "정당 재편론(partisan realignment)"과 결합되면서 미국 정치사 연구에 새로운 관점을 제시한다. 이들은 1932년을 기점으로 미국 정치사를 양분하는 방식은 이전과 이후 벌어진 다양하고 역동적인 미

---

3) 1868년 미국 역사상 최초로 하원에 의해 탄핵되었고 상원에서 단 1표 차로 탄핵 확정을 모면했던 존슨(Andrew Johnson) 대통령의 경우 의회가 제정한 임기보장법(the Tenure of Office Act) 위반, 그리고 남북전쟁 이후 남부 재편을 몰아붙이던 급진파 의회를 비방한 점이 주된 탄핵 사유였다.

4) 케인즈(Keynes)의 재정 적자를 통한 정부 지출 확대(deficit spending) 프로그램은 워싱턴 행정부 시절 제1대 재무장관이었던 해밀턴(Alexander Hamilton)의 다음 주장과 흡사하다. "A national debt, if it is not excessive, will be to us a public blessing." 해밀턴의 경제정책에 관해서는 DiLorenzo(2008)을 참조할 것.

국의 정치 변화를 설명하기에는 너무 단순하다고 주장한다. 또한 1788년 이후 치러진 모든 미국의 선거가 정치사적으로 동일한 중요성을 가지고 있다고 볼 수는 없다고 판단한다(Brady 1988). 대신 평균 약 37년마다 주기적으로 반복되어 온 것으로 인식되는 일련의 중대 선거들이 존재한다. 1) 1800년 제퍼슨 혁명(Jeffersonian Revolution of 1800)이라 불리는 최초의 정권 교체 선거, 2) 참정권 확대를 통해 소수의 엘리트 중심이 아닌 대중적 기반을 가진 정당 정치 시대를 가능케 한 1828년 선거, 3) 노예제를 둘러싼 남부 주들과 북부 주들 간에 건국 이래 지속되어온 해묵은 정치적 분쟁 종결의 서막을 알린 1860년 선거, 4) 산업혁명 시기를 거치면서 미국경제의 향방에 대해 산업 자본주의냐 혹은 농업 중심주의냐, 그리고 금본위제냐 혹은 은본위제냐 등을 두고 양대 정치경제 세력이 격돌했던 1896년 선거, 5) 대공황(the Great Depression) 시기에 기존의 자유방임주의 방식을 고수하였던 공화당과 1896년 이래 거의 대부분 야당으로 지내 온 민주당 간의 진검 승부였던 1932년 선거, 6) 뉴딜 시대의 문제점들에 대해 국민과 소통하고 미국의 전통적 작은 정부를 다시 강조했던 레이건(Ronald Reagan) 대통령을 등장시킨 1980년 선거 등이다.

그런데 "중대 선거론(critical elections theory)"을 둘러싼 이론적 비판과 혼란이 대두되었고 이는 1960년대 중반 이후 베트남전쟁과 흑인 인권 운동 등으로 야기된 정치 및 사회적 소용돌이 상황을 어떻게 해석할 것인가에 대한 학자들의 견해 차이와 무관하지 않다. 앞서 지적한 대로 중대 선거들은 정당 재편(realignment)과 불가분의 관계를 보여 왔는데 이는 주로 유권자들의 강한 정당 일체감(party identification)과 높은 선거 참여율을 전제로 한 분류였다. 그러나 1968년 앨라배마(Alabama) 주지사 윌러스(George Wallace)가 제3당 후보로 나서면서 크게 주목받은 사실에서 알 수 있듯이, 1960년대 당시의 정당들은 이념적으로나 정책적으로 별다른 차별성을 보이지 못하였다. 또한 기성 정당 정치에 실망한 유권자들이 정당 이탈(de-alignment) 현상을 보이던 시기였다. 구체적으로는 케네디 암살 이후 존슨(Lyndon B. Johnson) 대통령이 크게 승리한 1964년 대통령선거를 중대

선거로 분류할 수 있는지에 대해 학자들의 의견이 여전히 다르다.[5] 정당 이탈(dealignment) 시대를 맞아 정당 재편(realignment)을 핵심 축으로 하는 중대 선거론이 과연 그 적실성을 유지하고 있는지에 대해 논의가 분분한 것이다. 실제로 번햄(Walter Dean Burnham)은 진화론자들의 "단절적 균형(punctuated equilibrium)" 이론을 원용하여 정당의 역할 및 부침과는 별개로 미국정치의 장기간 균형과 단기간 변화를 설명하고자 하는 이론적 보완을 모색한 바 있다.[6]

이처럼 중대 선거론이 선거 결과에 따른 정당의 세력 재편에 주로 초점을 맞춘 반면, 스코로닉(Stephen Skowronek 1997, 2011) 등이 제시한 "정치 시대적 대통령제(political-time presidency)" 개념은 역대 대통령과 시대적 레짐(regime) 간의 상관관계를 중심으로 미국 정치사를 분류한다. 우선 스코로닉은 대통령 개개인에 너무 큰 비중을 둔 뉴스태드(Neustadt)의 "개인적 대통령제(personal presidency)"와 루스벨트 이전과 이후를 이분법적 시각에서 다룬 "근대적 대통령제(modern presidency)"를 동시에 비판한다. 대통령 개인의 협상 기술이나 정치적 감각 등의 설명 범주로는 이해하기 어려운 미국 정치사의 현실이 엄연히 있고, 루스벨트 대통령 이전에도 정치적으로는 흡사한 시대적 상황이 존재한다는 점에 주목한다. 결국 시대적 대세(regime strength)를 지지하는 대통령인지 혹은 거스르는 대통령인지에 따라, 그리고 정치적 판도 그 자체가 여전히 강력한지(resilient) 혹은 약화되는(vulnerable) 상황인지에 따라 "대통령이 만들어 내는 정치(politics presidents make)"가 다른 양태를 보인다는 것이 핵심 주장이다.

스코로닉이 분류한 미국 정치사에 있어서 가장 핵심적 요소는 정치적 주기성(cyclical pattern)이다. 레짐(regimes)과 자원(resources)이라는 두 가지 정치적 요소의 상호작용이 만들어 내는 네 가지 다른 정치 시대(political

---

5) 물론 정당 재편(partisan realignment) 이론 자체에 대해 근본적인 의문을 제기하는 연구도 있는데 대표적인 경우로 메이휴(Mayhew 2004)를 참조할 것.

6) 단절적 균형(punctuated equilibrium) 이론을 토대로 미국의 정책 레짐 변화를 추적한 연구 중 대표적인 예로 바움가트너와 존스(Baumgartner and Jones 1993) 참조할 것.

time)가 순환적으로 나타나고, 이와 연관된 대통령의 리더십이 유형별로 나타난다는 것이다(〈표 1〉 참조). 예를 들어, 지배적 정치체제가 문제 해결 능력을 상실하고 시대의 요구들을 수용할 수 없게 된 상황(vulnerable regime commitments)임에도 불구하고 기존 정치 세력을 여전히 대변하고 있는 대통령의 경우 "괴리의 정치(politics of disjunction)" 시대에 직면한다. 다시 말해 존 퀸시 애덤스(John Quincy Adams), 뷰캐넌(James Buchanan), 후버(Herbert Hoover), 카터(Jimmy Carter) 대통령 등이 처한 물리적 시대는 다르지만 정치적 시대는 유사하다는 주장이다. 이미 그 적실성을 상실한 레짐들,—엘리트 중심 정치, 노예제 유지 정치, 자유방임주의 정치, 큰 정부 정치—에 자신들의 정치적 정체성이 연결되어(affiliated) 있는 바람에 다음 순서에 나타날 "재건의 정치(politics of reconstruction)"에 의해 밀려날 수밖에 없다는 것이다.

스코로닉은 최근의 미국정치 상황에 대해 2008년 미국 대선에서 공화당의 매케인(John McCain) 후보가 당선된 경우 "괴리의 정치(politics of disjunction)" 시대가 만들어졌을 수도 있다고 제시한다(Skowronek 2011,

〈표 1〉 스코로닉(Skowronek)의 정치 시대적 대통령제(political time presidency) 분류

		현직 대통령의 정치적 정체성 (political identity)	
		지지(affiliated)	반대(opposed)
지배적 정치체제 (regime commitments)	약화 (vulnerable)	괴리정치 (Politics of disjunction)	재건정치 (Politics of reconstruction)
	견고 (resilient)	발현정치 (Politics of articulation)	선점정치 (Politics of preemption)

출처: Skowronek(2011), p.85

179). 다시 말해 레이건 이후의 보수주의 레짐(conservative regime)으로는 2008년 발발한 경제위기를 해결할 방도가 없다는 인식이 같은 당 매케인 대통령 리더십하에 더욱 부각됨으로써 2012년 대통령선거를 통해 "재건의 정치(politics of reconstruction)"가 만들어졌을 수도 있었다는 주장이다. 그러나 1912년 윌슨(Woodrow Wilson)의 당선이 보수파를 다시 결집시키는 효과를 낳았던 것처럼, 또한 1968년 닉슨(Richard Nixon)의 백악관 입성이 뉴딜 진보파를 다시 뭉치게 하였듯이 실제로는 2008년 대선에서 민주당 오바마 후보가 당선됨으로써 보수 세력들이 그 힘을 다시 모으게 되었다고 분석한다. 물론 스코로닉의 "정치 시대적 대통령제" 개념에 대한 비판도 만만치 않다. 무엇보다 특정한 시대적 상황에 놓인 대통령의 다양한 리더십을 지나치게 저평가함으로써 대통령 개개인의 역량을 간과했다는 점을 들 수 있다. 또한 각 시대 지배적 레짐의 견고성에 대한 논의가 대부분 사후적으로 이루어졌다는 점을 지적할 수 있는데, 예를 들어 레이건(Ronald Reagan) 대통령 이래 지속되고 있는 것으로 보이는 작은 정부 지향의 정치적 대세가 현재 어느 정도 견고한지 혹은 몰락 중인지에 대한 판단 근거 혹은 구별 지표를 구체적으로 제시하지 못하고 있다.

이상의 선거 역사 관련 논의들이 주로 대통령선거와 연관되어 있고 중간선거를 직접적으로 다루고 있지 않다는 점은 부인하기 어렵다. 실제로 중간선거가 미국 정치사를 크게 구분짓는 기능을 담당하기 쉽지 않은 이면에는 대통령중심제인 미국에서 시대적 리더십이 의회 지도자들에게 부여되는 경우란 거의 없었다는 역사적 현실이 존재한다. 클레이(Henry Clay)로부터 오닐(Tip O'Neill), 그리고 깅그리치(Newt Gingrich)에 이르기까지 각각의 시대에서 큰 영향력을 발휘한 의회 리더들이 등장함에도 불구하고 대부분 각 시대의 주도적 대통령들, — 잭슨(Andrew Jackson), 레이건(Ronald Reagan), 클린턴(Bill Clinton) — 에 의해 그 영향력과 업적이 가려지게 마련이다. 그럼에도 불구하고, 1790년 이래 미국의 중간선거들은 일정 정도 반복성과 규칙성을 보여 왔다는 점 또한 사실이다. 대통령선거처럼 미국 정치사의 큰 획을 긋는 기능을 수행하지는 않더라도 대통령의 정치 그리고 미국정치 전반의 변화와 개혁에 큰 영향을 끼친 미국 중간선거에 대한 통시적 분류 작업은 나름 의의가 있다.

III. 미국 중간선거의 통시적 분류 (Midterm Elections in Political Time)

미국 정치학계에서 중간선거를 역사적 관점에서 직접적으로 다룬 연구는 많지 않지만 중간선거의 결과에 영향을 미치는 요소들에 대한 연구는 활발한 편이다. 캠벨(Angus Campbell 1960)의 지지층 부침 현상(surge-and-decline theory), 캠벨(James Campbell 1987)의 투표율 및 부동층 영향력, 알레시나(Alberto Alesina)의 권력 균형 및 분점 정부 선호 등이 중간선거에서 주로 대통령 소속당이 의석수를 잃는 이유에 대한 설명 개념들이다. 이에 반해 사바토(Larry Sabato)는 2차 대전 이후 치러진 중간선거들을 분석하면서 현직 대통령의 지지도, 전쟁 유무, 경제 여건, 스캔들 여부, 그리고 사회적 이슈들의 중요도 등을 기준으로 통합적인 분류를 시도한 바 있다(〈표 2〉).

예를 들어 트루먼 대통령 재임 시 치러진 1950년 중간선거에서는 대통령 지지도 하락, 한국전쟁(the Korean War) 참전, 경제여건 악화, 정치권 부패 스캔들 등이 영향을 미쳐 민주당이 하원에서 29석, 상원에서 6석을 공화당에 내 주는 큰 패배를 경험하였다. 2002년 중간선거에서는 9·11 이후 테러와의 전쟁이 오히려 대통령 소속당에게 보기 드문 의석수 증가를 안겨다 주기도 하였다. 본 절에서는 1) 재선 대통령의 중간선거(6th year itch elections), 2) 소수당의 정치적 재기 중간선거(political comeback elections), 3) 과도한 대통령 권한에 대한 반작용으로서의 중간선거(presidents-gone-too-far elections), 4) 안보 이슈 쟁점 중간선거(national security elections) 등으로 소주제를 설정

〈표 2〉 사바토(Larry Sabato)의 중간선거 요인별 분류

선거연도	대통령 지지도	전쟁	경제	스캔들	사회 문제
1946	low		○		
1950	low	○	○	○	
1958			○	○	
1966	low	○			
1974	low		○	○	
1982	low		○		
1986					○
1994	low		○	○	○
2002	high	○			
2006	low	○		○	○

출처: http://www.centerforpolitics.org/crystalball/

하여 미국 역사상 매 4년마다 치러진 중간선거의 통시적 분류를 모색해 본다.

1. 재선 대통령 중간선거 징크스 (The 6th-year Itch Midterm Elections)

잘 알려진 대로 건국 당시 제정된 미국의 헌법에는 대통령 임기에 대한 제한 조항이 없다. 이는 실제로 현실 정치에 큰 관심을 보이지 않았고 부인 마사(Martha)와의 사이에 자녀가 없었던 초대 워싱턴(George Washington) 대통령에 대한 당시 정치 엘리트들의 무한 신뢰에서 비롯된 측면이 크다고 볼 수 있다. 하지만 1796년 대통령 연임 중이던 워싱턴이 다음 선거에 출마하지 않기로 결정함에 따라 이후 미국의 대통령들은 워싱턴의 전통을 따라

재선에 성공한 경우 더 이상 대권에 도전하지 않게 된다.[7] 심지어 남북전쟁 이전에는 휘그(Whig)당 후보들을 중심으로 단임(single-term) 공약을 하고 실제로 이행함으로써 소극적 대통령제를 표방한 대통령들이 여럿 있었다. 이러한 3선(三選) 금지 전통은 1940년 루스벨트의 3선 도전으로 인해 종식된다. 대공황으로부터의 경제회복과 제2차 세계대전 리더십을 통해 국민들로부터 큰 신뢰를 받고 있던 루스벨트 대통령의 3번째 대통령직 수행과 이후 1944년 4번째 대권 도전에도 별 다른 저항이 없었던 것이다. 미국의회는 1951년 수정헌법 22조를 통과시킴으로써 비로소 대통령의 삼선 금지를 헌법적 제도로 정착시켰고, 조부 조항(grandfather clause) 원칙에 의해 실질적으로는 대선 출마가 가능했던 당시 트루먼(Harry S. Truman) 대통령은 한국전쟁 등으로 인해 추락한 지지도로 인해 1952년 대선 출마를 포기하게 된다.

재선 대통령들(second-term presidents)은 임기 중 두 번째 중간선거를 치르게 되는데, 이때 발견되는 역사적 반복성을 주목할 만하다. 소위 재선 대통령의 '6년차 징크스(6th year itch)'라 불리는 이 현상은 재선 대통령의 중간선거 참패를 가리키는데 윌슨(Woodrow Wilson) 대통령의 1918년 중간선거부터 그 경향이 두드러진다고 할 수 있다. 1916년 재선에서 캘리포니아선거까지 가서야 박빙의 승리를 거두었던 윌슨 대통령은 대선 기간 중의 "윌슨 덕분에 전쟁에 개입하지 않았다(He Kept Us Out of War!)"는 슬로건이 무색하게 재선 임기 첫 해인 1917년 제1차 세계대전 참전을 결정하게 된다.[8] 이 과정에서 민주당의 원로이자 전쟁 불개입론자 브라이언(William

7) 흥미로운 사실은 워싱턴 대통령이 두 번째 임기를 끝으로 대통령직에서 물러나고 정계 은퇴할 것이라는 계획을 1796년 2월 가족 이외에는 해밀턴(Alexander Hamilton)에게 최초로 알렸다는 점이다. 또한 애덤스(John Adams) 대통령이 1798년 프랑스와의 전쟁 발발 위기 때(Quasi War) 총사령관직을 제안했을 때도 애덤스가 그토록 증오하던 해밀턴을 부총사령관(inspector general)에 임명하는 조건을 내걸었을 정도로 해밀턴에 대한 워싱턴의 신뢰가 두터웠다.

8) 이 과정에서 소위 "무장선 법안(Armed Ship bill)" 통과를 놓고 윌슨은 상원의 불개입주의자들(isolationists)을 "고집불통 정치인들(a group of willful men)"로 몰아붙였

Jennings Bryan) 국무장관이 항의성 사임을 하고, 급기야 1918년 중간선거 과정에서 윌슨 대통령은 전국을 돌며 원활한 전쟁 수행을 위해 자신에게 민주당 지배하의 의회를 달라고 국민들에게 호소하기에 이른다. 하지만 결과는 자신의 임기 첫 해 민주당이 보유하던 의석수에 비해 100석 가까이나 줄게 되는 패배를 경험한다.

1932년 처음 당선된 재선 대통령 루스벨트가 큰 홍역을 치룬 1938년 중간선거도 예외가 아니다. 1937년 재선 압승을 거두고 뉴딜 시대를 더욱 공고히 했던 루스벨트에게 당시 눈엣가시는 잘 알려진 대로 대법원의 보수적 대법관들이었다.[9)] 결국 두 번째 임기 첫 해에 루스벨트 대통령은 대법원의 총 인원을 9명에서 15명으로 늘리는 방법을 택하는데, 소위 "대법원 채우기(court packing)"라 불리운 이러한 초강수는 역풍을 맞게 된다. 결국 '1893년 경제위기(Panic of 1893)' 상황에서 대통령 소속당이 125석을 잃었던 1894년 중간선거 이래 최악의 결과인 72석 상실이라는 성적표를 받게 된다. 1944년 루스벨트의 서거로 대통령직을 승계했던 트루먼은 1948년 공화당 듀이(Thomas Dewey) 후보에게 대선에서 극적인 역전승을 거두었지만, 임기 6년째였던 1950년 중간선거에서 한국전쟁 여파로 30석 가까이 소속당(민주당) 의석을 잃게 된다. 1952년 대선에서 최초의 TV 선거캠페인을 선보이며 두 차례 연속 민주당의 스티븐슨(Adlai Stevenson) 일리노이 주지사를 따돌리며 개인적 인기를 구가하던 아이젠하워(Dwight Eisenhower) 대통령도 1957년 스푸트닉 위기(Sputnik Crisis)와 소위 아이젠하워 경기 침체(Eisenhower Recession)란 악재 앞에 임기 6년째 1958년 중간선거에서 50석 이상을 잃는 참패를 당한다(Gable 1959).

고, 국민들의 압력까지 동원한 결과 1917년 미국 상원 역사상 최초로 재적 의원 2/3 이상 찬성을 통해 필리버스터를 막을 수 있는 규칙(Senate Rule XXII)이 도입된다.

9) 1936년 당시 매디슨 스퀘어 가든에서 행한 루스벨트의 대선 유세는 다음과 같다. "We know now that Government by organized money is just as dangerous as Government by organized mob. Never before in all our history have these forces been so united against one candidate as they stand today. *They are unanimous in their hate for me and I welcome their hatred.*"

1968년 선거에 당선된 닉슨(Richard Nixon)은 재선 압승 후 임기 6년째인 1974년 8월에 워터게이트 사건에 휘말려 사임하고 같은 해 치러진 중간선거에서 공화당은 49석을 잃게 된다. 1980년 당선된 레이건 또한 1984년 대선에서 먼데일 민주당 후보를 크게 이겨 재선에 쉽게 성공하지만, 1986년 불거진 이란-콘트라(Iran-Contra) 스캔들 여파로 공화당은 6년간 간신히 유지한 상원 다수당 위치를 상실하게 된다. 2000년 당선된 조지 W. 부시(George W. Bush) 또한 이라크전쟁의 실패와 피로감으로 인해 2006년 중간선거에서 민주당에게 참패함으로써 1995년 이래 지켜온 의회 다수당 위치를 내주었고 이 과정에서 미국 역사상 최초의 여성 하원의장이 탄생하기도 한다. 재선 대통령의 6년차 징크스와 무관한 몇 안 되는 사례로는 1992년 당선된 클린턴이 1998년 르윈스키 스캔들을 겪으면서도 공화당의 도가 지나친 공격을 역이용, 하원에서 오히려 여당 의석을 4석 늘렸던 경우 정도이다.

2. 정치적 재기 발판 마련용 중간선거 (Political Comeback Midterm Elections)

중간선거를 통해 미국 국민들이 권력의 균형을 맞추기 위한 의도로 야당에게 투표한다는 소위 균형 이론(balancing theory)은 단기간의 분점 정부(divided government) 형성을 설명하기에 유용하다(Alesina and Rosenthal 1995). 하지만 보다 장기간에 걸쳐 대통령 반대당(out-party) 혹은 의회 소수당(minority party) 지위에 머물러 있던 정당이 극적으로 정치적 재기 발판을 마련한 미국의 중간선거들도 눈여겨볼 만하다. 이는 앞서 소개한 스코로닉(Skowronek)의 지배체제 약화 측면과도 밀접하게 연결되어 있는데 대통령 반대당 혹은 의회 소수당이 의석 점유율을 크게 회복한 선거들 중 우선 1874년 중간선거가 있다. 1860년 대선에서 링컨의 공화당에게 대권을 빼앗기자마자 민주당은 사우스캐롤라이나(South Carolina) 주를 필두로 연방 탈퇴를 감행하였으나 결국 남북전쟁에서 패배한 이후 1872년 대통령선거까지 내리 권력을 내주고 만다. 그런데 1873년 유럽과 미국을 강타한 경제공황(The Panic of 1873)은 공화당이 밀어붙였던 재건 시대(Reconstruction era) 와중에 맥을 못 추고 있던 민주당에게 재기의 발판을 제공한다.[10] 43대 의회(1873~1875)에 비해 무려 94석을 늘렸을 뿐 아니라 지역적으로도 남부 이외의 지역까지 당세를 확장하고 2년 후 치러진 1876년 대선에서 뉴욕 출신 틸던(Samuel Tilden) 후보의 선전을 이끌어낸다. 이후 대선 결과에 대한 논란을 두고 공화당과 협상하는 과정에서(the Compromise of 1876) 남부에 주둔하던 연방 군대를 철수시키고 결국 민주당은 재건 시대를 종식시키는 데 성공한다.

공화당의 경우 1946년 트루먼이 대통령직을 승계한 이후 처음 치른 중간선거에서 괄목할 만한 승리를 거둔다. 1932년 루스벨트의 민주당에게 권력을 내어준 이후 1946년까지 단 한 차례의 선거도 이기지 못했던 공화당으로서는 제2차 세계대전 종전 후 미국 국민들이 가졌던 전쟁 및 위기 피로감에 편승했던 효과가 컸다. 사실 제1차 세계대전이 끝난 후 1920년 대선에서 "평상으로 돌아가자(Back to Normalcy)"라는 슬로건으로 민주당으로부터 정권을 되찾아왔던 전례가 있던 공화당이 다시 한번 "그 정도면 충분(Enough is enough)" 전략으로 1946년 중간선거 압승을 거둔 것이다. 하지만 16년 만에 권력을 되찾아온 전례가 있던 것으로 기대되었던 2년 후 1948년 대통령선거에서는 공화당 후보 듀이(Thomas Dewey) 뉴욕 주지사의 지지부진한 선거운동과 공화당 의회를 효과적으로 공격한 트루먼 대통령의 선전 탓에 또다시 대선 패배를 경험하게 된다.

보다 확실히 공화당의 세력 회복을 가능케 했던 또 다른 중간선거로는 1994년 선거를 꼽을 수 있다. 1980년 이후 세 차례 연거푸 대선에서 패배했

---

10) 이외에도 정치적 영향력이 컸던 주요 경제/금융 위기 즉 패닉(panic)으로는 밴 뷰런(Martin Van Buren) 대통령을 임기 내내 무력화시켰던 1837년 패닉(The Panic of 1837)과 1894년 중간선거에서 민주당의 역사상 가장 큰 참패를 초래한 1893년 패닉(The Panic of 1893) 등이 있다.

던 민주당이 1992년 "새로운 민주당(New Democrats)" 아이디어를 내 놓은 아칸소 출신 젊은 주지사 클린턴(Bill Clinton) 후보를 통해 집권하게 된다. 그러나 힐러리 클린턴(Hillary Clinton)을 주축으로 클린턴 행정부가 과도하게 밀어붙인 의료 개혁(health care reform)이 국민들 사이에 큰 정부와 관료주의에 대한 거부감을 불러일으켰고, 그 결과 1994년 중간선거에서 민주당이 크게 패배하게 된다. "미국과의 계약(Contract with America)"이라는 이름의 개혁적 선거 공약을 내세운 공화당은 특히 깅그리치 의원의 리더십에 힘입어 1954년 이후 만 40년 만에 하원을 장악하는 쾌거를 거둔다.[11] 1978년 조지아 주 연방 하원의원으로 워싱턴에 입성한 이래 깅그리치는 공화당의 만년 의회 소수당 이미지를 불식시키기 위해 당 내에 "보수적 기회사회(Conservative Opportunity Society)"라는 일종의 계파 모임을 만들고 이를 통해 공세적이고 당파적인 색깔로 당을 변모시킨다.[12] 하지만 잘 알려져 있듯이 연방정부 폐쇄와 르윈스키 스캔들을 이용한 탄핵 등 연이은 대통령 밀어붙이기 자충수를 둠으로써 1998년 중간선거 승리를 재선 대통령 클린턴에게 내어 주고 깅그리치는 지도부에서 밀려나는 신세가 된다.

3. 대통령 권한 억제용 중간선거 (Presidents-gone-too-far Midterm Elections)

중간선거는 명칭 그대로 대통령 임기 중반에 치러짐으로써 대통령에 대한 중간 평가 성격이 크다.[13] "지지층 부침" 이론("surge-and-decline" theory)

---

11) 1994년 선거에서 공화당은 상원에서도 승리하는데, 상원의 경우 레이건 행정부 시절 1981년부터 1986년까지 다수당이었던 경험이 있다.

12) 깅그리치 리더십에 대한 자세한 분석은 Sinclair(1995) 참조할 것.

13) 우리나라의 경우, 대통령 임기 5년과 국회의원 임기 4년 사이에서 발생하는 선거 주기 비일치성(non-congruence)으로 인해 매번 총선이 대통령에 대한 중간 평가 성격을 띠기에는 제약이 있다. 예외적인 경우로 1998년에 임기를 시작한 김대중 대통령 시절 2000년에 치러진 16대 총선이 중간 평가 성격에 가까웠다고 볼 수 있다. 또한

이 주로 대통령 지지층의 낮은 중간선거 투표율이라는 비교적 규칙적인 현상에 초점을 둔 반면, 본 연구의 통시적 분류법은 대통령의 과도한 권력 남용에 대한 국민들의 징벌적 성격이 강한 특정 중간선거들에 주목한다. 물론 여론과 엇박자가 나는 대통령의 행보는 앞서 설명한 6년차 징크스와 무관하지 않다. 예를 들어 국민과의 직접 소통을 통한 적극적 정부 리더십을 창출하여 뉴딜 시대를 열었던 루스벨트가 1938년 중간선거에서 참패했던 근인에는 앞서 설명한 대로 자신의 입맛에 맞는 대법관들을 충원하려던 과욕과 이에 대한 국민들의 반발이 자리하고 있다. 2006년 민주당에게 상하원을 모두 빼앗긴 부시 대통령의 두 번째 중간선거 또한 대량살상무기(weapons of mass destruction) 존재 여부와 관련된 대통령 진정성에 대한 의구심과 내전 양상으로 악화된 이라크전쟁에 대한 국민들의 불만 표출이라 분석된다.

그런데 대통령 권한 억제용 중간선거는 재선 대통령들의 임기 중반에만 일어난 현상은 아니다. 1963년 11월 케네디 대통령이 댈러스에서 암살됨으로써 대통령직을 승계했던 존슨(Lyndon B. Johnson) 대통령은 이듬해 1964년 대통령선거에서 공화당 후보였던 골드워터(Barry Goldwater) 상원의원에게 압승함으로써 백악관을 수성한다. 또한 같은 해 의회로 대거 입성한 북부 출신 진보파 민주당 소장층 의원들의 후원에 힘입어 89대 의회(1965~1966)에서 인권법, 의료복지법, 교육개혁법 등 소위 “위대한 사회(Great Society)” 건설을 위한 다수 법안들 통과에 성공한다. 하지만 당내 외교정책 중진인 풀브라이트(William Fulbright) 상원 외교위원장 등의 반대에도 불구하고 베트남전 확전(escalation)을 선언함으로써 1966년 중간선거 역풍을 맞게 된다. 또한 살펴본 대로 1994년 클린턴 행정부의 중간선거 참패는 첫 번째 임기 시작 이후 의회가 아닌 백악관 주도로 밀어붙였던 의료 개혁이 국민과의 소통에 실패하고 오히려 보수 이익단체들의 대대적 반격을 허용함

한국과 미국의 대선 일정을 고려해 보면 매 20년마다 양국에서 대통령선거가 같은 해에 치러지는데, 1992년 김영삼 대통령과 클린턴 대통령이 같은 해 대선 승리를 쟁취한 이래 지난 2012년이 한국과 미국에서 같은 해 대통령선거가 있었던 경우다.

으로써 빚어진 결과이다. 이러한 실패를 거울삼아 2009년 오바마 대통령은 취임 후 의료 개혁 추진을 민주당 지배하의 의회 지도자들—하원의 펠로시(Nancy Pelosi) 의장과 상원의 리드(Harry Reid) 원내총무—에게 일임하였다. 그러나 대공황 이래 가장 심각했던 2008년 금융 위기로 인한 높은 실업률 및 경기 침체, 그리고 과도한 재정 지출을 비난하고 나선 티파티(Tea Party) 후보들의 거센 공격에 밀려 2010년 중간선거에서 공화당에 크게 지고 만다.

4. 안보 이슈 쟁점화 중간선거 (National Security Midterm Elections)

1890년대 이후 미국이 국제 사회에서 차지하는 비중과 역할이 커지면서 동시에 대통령의 리더십이 외교정책과 직결되는 빈도수가 잦아졌다. 다시 말해 대통령이 격동하는 안보 차원의 위기들에 대처함에 있어서 국민들의 평가 및 지지 여부가 중간선거 결과로 드러나게 되었다. 잘 알려진 사례로는 1962년 케네디 대통령 당시 중간선거에 임박해 한창 고조되었던 쿠바 미사일 위기(Cuban Missile Crisis)를 들 수 있다. 임기 첫 해인 1961년 피그스 만(Bay of Piggs)에서의 군사 정책 실패로 신참 대통령의 위기 관리 능력 논란을 초래한 바 있는 케네디 대통령으로서는 흐루시초프의 구소련에 밀리는 유약한 인상을 주는 정책도 피해야 했지만, 자칫하면 핵전쟁으로도 번질 수 있는 지나친 공격적 외교 또한 금물이었다. 이러한 외교정책 딜레마 상황에서 유연하면서도 단호하게 쿠바 미사일 위기를 넘긴 케네디 행정부는 곧이어 치러진 중간선거에서 양호한 성적표를 받게 된다.

국제관계 이슈를 보다 적극적으로 활용, 중간선거에서 유리한 고지를 차지하고자 했던 사례 또한 적지 않다. 1994년 의료 개혁 실패로 인해 중간선거 패배가 쉽게 예상되던 시점에서 클린턴 행정부는 북한의 핵비확산 조약(Non Proliferation Treaty) 탈퇴와 제1차 한반도 핵위기 상황이라는 돌발변수를 맞게 된다. 워싱턴 정가의 일반적인 예상과는 달리 중간선거를 약 2주 남긴 상황에서 클린턴 대통령은 당시 북한 정권과 핵포기 및 에너지 지원 카드를 묶은 제네바 협상을 타결하기에 이른다. 1994 북미 핵 협정(US-North Korea Agreed Framework of 1994)이라고도 불리는 이 합의는 상원의 비준을 필요로 하는 조약(treaty)의 형태를 피하고 대신 행정 합의(executive agreements)라는 형식을 취함으로써 의회 내 반론 혹은 비판을 피해가고자 하였다. 실제로 1994년 이후 의회를 장악한 공화당은 한반도 에너지 개발 기구(KEDO: Korean Energy Development Organization)를 위한 재정 지원에 대해 당 내부의 이견과 클린턴 대통령 견제 목적 등으로 인해 소극적 자세를 취하게 된다.

중간선거와 국제 문제와의 상호작용이 첨예하게 부각된 최근 사례로는 2002년 부시(George W. Bush) 대통령의 첫 번째 중간선거가 있다. 2001년 9·11 사태 이후 90퍼센트를 상회하던 부시 대통령 지지도는 그 해 연말을 지나면서 하락하기 시작한다. 소위 국가에 대한 충성 집결(rally-around-the-flag) 현상의 단기성(short-lived)을 보여준 것인데, 이후 부시 대통령은 2002년 연두교서 국정연설(State of the Union Address)에서 이란, 이라크, 그리고 북한을 악의 축(Axis of Evil)으로 규정하고 테러와의 전쟁을 선포하는 등 공격적인 자세로 국가 안보 이슈를 다루기 시작한다. 특이한 점은 2002년 중간선거를 앞두고 안보 이슈를 쟁점화하는 과정에서 현직 대통령이 소속당 의원들을 유세전에서 독려하고 민주당에 대한 비판 수위를 높이는 등 이전 대통령들과는 달리 중간선거에 직접 개입한 측면이 크다는 점이다. 일례로 국토안전부(Department of Homeland Security) 소속 공무원들의 노조 권리를 보장해야 한다고 주장한 조지아 출신 민주당 클레랜드(Max Cleland) 연방 상원의원을 빈 라덴(Osama Bin Laden)의 이미지와 겹치게 보이도록 만든 TV 캠페인 방송을 제작하여 대대적으로 방영하기도 했다. 결국 안보 이슈에 대한 대통령의 전례 없는 적극적 행보가 중간선거에서 대통령 소속당이 의석을 오히려 늘리는 보기 드문 결과를 낳기에 이른다. 더불어 대통령과 정당 간 새로운 관계 설정 및 새로운 정당 시스템을 주제로 행정부 중심의 정당 리더십에 대한 연구 또한 이루어지고 있다(Milkis and Rhodes 2007).

IV. 맺으며: 2014년 미국 중간선거

본 연구는 선거의 역사적 규칙성 및 주기성 등에 착안하여 미국 중간선거를 통시적으로 접근, 소주제별로 분류하는 작업을 시도하였다. 1790년 이래 매 4년마다 대통령에 대한 투표 없이 하원 전체와 상원의 1/3을 선출하는 내용으로 진행되어 온 중간선거는 미국 역사상 대통령선거 못지않은 중요성과 함께 나름대로의 반복성(recurring)을 띠고 있음을 알 수 있다. 재선에 성공한 대통령들이 크게 패배를 경험하는 두 번째 중간선거(6th year itch), 상당 기간 야당 및 소수당 위치에 처해 있던 정당이 극적으로 만들어 내는 정치적 재기(political comeback) 발판 마련 중간선거, 대통령의 과도한 정책 추진 등에 대한 국민들의 반발을 묶어내는 중간선거(presidents-gone-too-far), 그리고 안보 이슈가 쟁점이 됨으로써 대통령과 여당에게 유불리가 엇갈리는 중간선거 등 다양한 양태의 중간선거에 대해 상황과 결과 등을 기준으로 시대를 뛰어넘는 일정 수준의 반복성을 발견하였다. 본 연구에서 다룬 중간선거의 역사적 반복성을 시기별로 〈표 3〉에 정리하였다.

사실 본 연구의 한계와 미비점은 적지 않다. 무엇보다 통시적 분류를 위한 소주제 설정이 중복적이며 주관적인 측면이 있음을 부인하기 어렵다. 예를 들어 1994년 중간선거는 만년 의회 소수당의 정치적 재기와 대통령의 과도한 정책 드라이브에 대한 경고 성격을 동시에 가지고 있다. 1936년 중간선거의 경우 대통령 권한을 제어하는 기제로서의 성격과 재선 대통령의 6년차 징크스 현상이 함께 나타난다. 또한 해당 내용의 성격을 가진 중간선거들을 미국 전체 역사에서 빠짐없이 설명하였는지 점검이 필요하다. 1970년 중간선거의 경우 연초부터 중국과의 관계 개선(Opening to China)이라는 외교 정책 카드를 꺼내 든 닉슨 행정부하에 치러졌지만 선거 결과에는 그다지 큰 영향을 주지 못했다. 1954년 중간선거에서는 예상대로 대통령 소속당인 공

〈표 3〉 역사적 규칙성에 근거한 미국 중간선거 분류, 1874~2014[14)]

중간선거	6년차 대통령 징크스	정치적 재기	대통령 견제	안보 이슈
1874		민주당 재기		
1918	윌슨 패배			1차 대전 개입
1938	루스벨트 패배		대법원 채우기	
1946		공화당 재기		전쟁 피로감
1950	트루먼 패배			한국전쟁 비판
1958	아이젠하워 패배			스푸트닉 위기
1962				쿠바 미사일 위기
1966	존슨 패배		월남전 확전	월남전 개입 비판
1974	닉슨 패배		워터게이트	
1986	레이건 패배			이란-콘트라 스캔들
1994		공화당 재기	의료개혁	북미 핵협정
1998	클린턴 승리(예외)			
2002				9·11, 테러와의전쟁
2006	부시 패배		이라크전쟁	이라크전쟁 실패
2010			과도한 재정지출	
2014	오바마 패배	공화당 상원	의료개혁	

14) 유익한 도움 말씀과 더불어 본 표를 직접 구성해 주신 인하대학교 김용호 교수님께 깊은 감사의 말씀을 드립니다.

화당이 패배했지만, 이후 40년 동안 1994년에 이르기까지 공화당이 하원 선거에서 단 한 차례도 이기지 못하리라고 예상하기는 어려웠다.

이러한 비교적 분명한 제약점들에도 불구하고 통시적 반복성을 찾아보고자 한 본 연구의 의의 또한 적지 않다. 우선 대통령과 의회, 국제관계와 국내정치, 정당 시스템 등 미국 정치사에 있어 중요한 행위자와 제도들 사이의 다양한 역학관계가 중간선거를 통해 변화되는 양상을 파악하였다. 다시 말해 대통령의 권한 확대에 따른 의회의 대응, 미국의 국제정치적 역할 증대에 대한 국내 정치적 반응, 그리고 양당 시스템하의 정당 간 경쟁 양상 등 단지 대통령선거만을 통해서는 종합적으로 분석하기 어려운 정치적 변화를 포착하였다. 또한 지지층 부침 이론(surge-and-decline theory) 및 권력 균형 이론(balancing theory) 등 기존의 중간선거 분석 이론들이 내포한 비역사성(snap-shot)을 보완함으로써 실제 선거 역사들이 증명하는 보다 역동적인 중간선거 양상들에 대해 설명하였다. 예를 들어 부침 이론이 적용되지 않는 중간선거들(예를 들어 1934년 및 2002년 중간선거 등), 그리고 균형 이론과 관련이 적은 중간선거들(예를 들어 1962년 및 1998년 중간선거 등)에 대한 새로운 해석 가능성을 모색하였다.

통시적 관점에 따른 유형별 분류법을 따른다면, 2014년 11월 4일 치러진 가장 최근의 미국 중간선거는 대통령 소속당인 민주당에게 절대 불리한 조건들이 상당수 있었다. 재선 대통령의 중간선거(6th year itch) 징크스, 공화당의 상원 탈환이라는 정치적 재기 가능성, 오바마케어(ObamaCare)로 불리는 국가 주도 의료 개혁의 과도한 측면, 그리고 마지막으로 에볼라(ebola)로 대변되는 국민 건강 안전(health security) 불안 요소 등이 변수였다. 40퍼센트를 겨우 상회하는 지지율을 보인 재선 오바마 대통령에 대해 유세기간 중 거의 모든 민주당 후보들은 거리두기에 급급했고, 공화당은 1994년 경우와 달리 구체적인 정책 비전을 제시하지 않고 대신 반(反) 오바마 정서에 주로 기대는 선거전략을 구사하였다. 사실 이번 중간선거에서는 인기 없는 전쟁과 악화일로의 경제, 그리고 측근 및 정치권 비리와 스캔들이라는 전통적 악재들이 크게 눈에 띄지는 않았다. 그럼에도 불구하고, 본 연구가 주목한 역사적 규칙성 범주에서 크게 벗어나지 않은 채 현직 오바마 대통령의 민주당이 크게 패하였다. 상원 다수당 지위를 2007년 이후 처음으로 다시 공화당에게 내주었을 뿐만 아니라 하원에서도 2차 대전 이후 가장 큰 규모로 공화당의 의석 규모가 늘어나게 되었다.

한 가지 흥미로운 진단은 미국 정치사의 주기성(periodicity) 자체가 짧아진 건 아닌가 하는 점이다. 2004년 부시의 재집권 및 9·11 이후 공화당 중심의 정치적 재편이 예상되었지만, 2년 후 2006년 중간선거에서 민주당에게 상원과 하원을 모두 내주는 참패를 당했다. 2008년 대선에서는 여성, 히스패닉, 성소수자 및 젊은 유권자들을 중심으로 한 새로운 선거 연대(electoral coalition)가 오바마의 핵심 지지층으로 부상했지만, 2년 후 2010년에는 민주당이 역사상 몇 안 되는 큰 중간선거 패배를 경험하였다. 이러한 경향은 최근의 미국정치에 있어서 예전의 뉴딜이나 레이거노믹스(Reaganomics) 등과 같은 정부 역할 관련 거대 담론을 더 이상 찾기 어려운 측면에 우선 기인한다. 실제로 예전보다 정당 일체감이 많이 약해진 유권자들이 그때 그때 이념성향보다는 정책 결과들을 근거로 선거에 임한다는 분석이 있다(Dalton 2013). 또한 심도 있는 정책 토론보다는 소셜 미디어(social media) 등을 통한 반(反) 워싱턴 정치(anti-establishment) 정서 위주로 선거가 진행되고 있는 점도 선거 주기성이 짧아진 이유 중의 하나로 여겨진다.

마지막으로 본 연구가 향후 주목할 부분은 통시적 관점에서 분류한 일단의 역사적 반복성을 설명할 수 있는 2차원적 상관관계를 찾는 작업이다. 예를 들어 대통령의 지지율을 한 축으로, 의회 다수당이 표방하는 의회 정치 시스템의 견고성을 다른 축으로 상정하여 4가지 다른 유형의 중간선거 결과 경향을 찾아낼 수 있는지 분석해 보고자 한다. 이러한 과정은 특히 유형 분류의 중복성 오류를 줄이고 배타적 유형화 작업을 통해 인과성을 규명하는 데에 도움이 될 것으로 판단된다. 보다 풍부한 역사적 문헌 및 데이터, 그리고 보다 치밀하고 체계적인 선거사 분류방법론 등을 이용한 이후의 연구는 미국 특유의 중간선거 시스템 분석뿐만 아니라 비교 선거 연구(comparative electoral studies) 영역을 확장하는 데 기여하리라 생각된다.

참고문헌

윤광일. 2011. "선거주기에 대한 이론적 고찰: 미국 사례를 중심으로" 『의정연구』 17-1: 5-31.

Alesina, Alberto, and Howard Rosenthal. 1995. *Partisan Politics, Divided Government, and the Economy*. New York: Cambridge University Press.

Bafumi, Joseph, Robert S. Erikson, and Christopher Wlezien. 2010. "Balancing, Generic Polls, and Midterm Congressional Elections," *Journal of Politics* 72(3): 705-719.

Baumgartner, Frank R., and Bryan D. Jones. 1993. *Agendas and Instability in American Politics*. Chicago: The University of Chicago Press.

Brady, David W. 1988. *Critical Elections and Congressional policy Making*. Stanford: Stanford University Press.

Burnham, Walter Dean. 1970. *Critical Elections and the Mainsprings of American Politics*. New York: Norton.

Campbell, Angus. 1960. "Surge and Decline: A Study of Electoral Change." *Public Opinion Quarterly* 24(3): 397-418.

Campbell, James E. 1987. "The Revised Theory of Surge and Decline." *American Journal of Political Science* 31(4): 965-979.

______. 1994. *The Presidential Pulse of Congressional Elections*. Lexington: The University Press of Kentucky.

Dalton, Russell. 2013. *The Apartisan American: Dealignment and Changing Electoral Politics*. Washington D.C.: CQ Press.

DiLorenzo, Thomas J. 2008. *Hamilton's Curse: How Jefferson's Archenemy Betrayed American Revolution and What It Means for Americans Today*. New York: Crown Forum.

Gable, Richard W. 1959. "The Politics and Economics of the 1957~1958 Recession." *The Western Political Quarterly* 12(2): 557-559.

Huntington, Samuel P. 1981. *American Politics: The Promise of Disharmony*. Cambridge: Harvard University Press.

James, Scott C. 2007. "Timing and Sequence in Congressional Elections: Interstate Contagion and America's Nineteenth-Century Scheduling Regime." *Studies in American Political Development*, 21(Fall 2007): 1-22.

Jilson, Calvin. 1994. "Patterns and Periodicity in American National Politics." In Lawrence C. Dodd and Calvin Jilson, eds. *The Dynamics of American Politics: Approaches and Interpretations*. Boulder: Westview Press.

Key, V. O., Jr. 1955. "A Theory of Critical Elections," *Journal of Politics* 17(1): 3-18.

Knight, Brian G. 2014. "An Econometric Evaluation of Competing Explanations for The Midterm Gap." *NBER Working Paper* No.20311, July 2014.

Mayhew, David. 2004. *Electoral Realignments: A Critique of an American Genre*. New Haven: Yale University Press.

Milkis, Sidney M., and Jesse H. Rhodes. 2007. "George W. Bush, the Republican Party, and the "New" American Party System." *Perspectives on Politics* 5(3): 461-488.

Morone, James A. 1990. *The Democratic Wish: Popular Participation and the Limits of American Government*. New York: Basic Books.

Pierson, Paul. 2004. *Politics in Time: History, Institutions, and Social Analysis*. Princeton: Princeton University Press.

Sinclair, Barbara. 1999. "Transformational Leader or Faithful Agent? Principal-Agent Theory and House Majority Party Leadership." *Legislative Studies Quarterly* 24(3): 421-449.

Skowronek, Stephen. 1997. *The Politics Presidents Make: Leadership from John Adams to Bill Clinton*. Cambridge: Belknap Press.

______. 2011. *Presidential Leadership in Political Time: Reprise and Reappraisal*. Lawrence: The University Press of Kansas.

Zelizer, Julian. 2014. *Governing America: The Revival of Political History*. Princeton: Princeton University Press.

2014년 민주당의 중간선거 전략과 결과

정수현 · 이재묵 | 연세대학교

I. 들어가는 글

2014년 미국의 중간선거에 대한 민주당의 전망은 비관적이었다. 하원뿐만 아니라 상원에서도 다수당의 지위를 지키지 못할 것이 지배적인 예상이었으며 "얼마나 많은 의석을 얻을 것이냐?"보다는 "얼마나 의석을 덜 잃을 것이냐?"가 주요 관심사가 되었다. 민주당이 선거결과에 큰 기대를 갖지 않은 것은 다음과 같은 이유에서였다.

첫째, 역대 중간선거에서 대통령이 속한 여당이 의석수를 늘린 경우는 매우 드물었다. 2010년 중간선거에서 민주당은 하원에서 257석 중에서 64석을 잃어 소수당으로 전락했으며, 상원에서는 57석 중에서 6석의 의석을 잃어 간신히 다수당의 지위를 유지할 수 있었다. 반대로 2006년 중간선거에서는 당시 여당이던 공화당이 상하원에서 각각 6석과 30석을 잃음으로써 민주당에게 다수당의 지위를 넘겨줘야 했다. 캠벨(James E. Campbell)에 따르면 중간선거에서 이처럼 여당이 많은 의석을 잃는 현상은 보통 두 가지 이유로 설명된다. 하나는 '급등과 쇠락(surge and decline)' 이론으로 대통령 선거와 함께 치러진 의회선거에서 대통령 편승효과(coattail effect)와 함께 의석의 최대치를 달성한 여당이 2년 뒤에 있는 중간선거에서 그 의석수를 유지하기 힘들다는 것이다. 다른 하나의 이론은 대통령선거에서 많은 희망적인 공약을 내세웠던 대통령이 실제 정책에서 그 기대치를 만족시키기 어렵기 때문에 대통령의 중간평가의 성격을 지닌 중간선거에서 그 이전에 여당 후보자에게 투표했던 무당파 유권자들이 야당 후보자에게 투표한다는 것이다(Cambell 1985; 1987; 2014).

둘째, 민주당과 오바마(Barack Obama) 대통령의 지지기반인 대학생 및 젊은 연령대, 미혼여성, 소수인종 유권자들은 중간선거 투표에 불참하는 경향이 강하다. 미국의 정치 시사지인 『뉴리퍼블릭(*New Republic*)』의 2014년 설문조사에 따르면 매 2년마다 모든 선거에 투표한다고 답한 응답자 중 민주당 지지자와 공화당 지지자의 비율은 각각 39%와 52%인 데 반해서 대통령선거에만 투표한다고 답한 응답자 중 민주당 지지자와 공화당 지지자의 비율은 각각 44%와 38%였다(Issenberg 2014). 민주당 지지자들의 중간선거의 투표율이 공화당에 비해서 상대적으로 낮은 것이다. 이를 구체적으로 응답자의 사회경제적 배경과 함께 살펴보면 다음과 같다(〈그림 1〉 참조). 모든 선거에 투표한다는 응답자 중 50대 미만은 29%에 불과했지만 대통령 선거에만 투표한다고 답한 응답자 중 50대 미만은 61%나 됐다. 또한 모든 선거에 투표한다는 응답자 중 여성과 미혼의 비율은 각각 53%와 41%인 데 반해 대통령선거에만 투표한다는 응답자 중 여성과 미혼의 비율은 각각 3%와 14%가 증가한 56%였다. 끝으로 모든 선거에 투표한다는 응답자 중 소수인종의 비율은 18%였지만 대통령선거에만 투표한다는 응답자 중 소수인종의 비율은 26%였다. 이와 같이 중간선거에서 젊은 연령대와 미혼여성, 소수인종의 투표참여율이 낮은 이유는 지리적 유동성이 높고 지역에 대한 애착심이 적은 이들 계층이 대통령선거와 달리 지역적 이슈가 주요 쟁점이 되는 중간선거에 덜 관심을 가지고 있기 때문인 것으로 알려져 있다(Issenberg

〈그림 1〉 모든 선거에 투표하는 유권자와 대통령선거만 투표하는 유권자의 비교

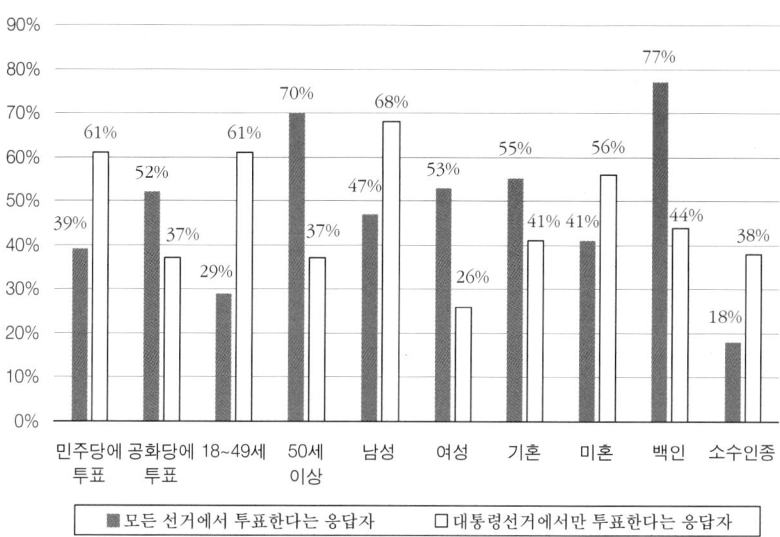

출처: Sasha Issenberg, "How the Democrats Can Avoid Going Down This November: The New Science of Democratic Survival," *The New Republic*, April 27, 2014

2014).

셋째, 민주당 현역 상원의원이 선거를 치러야 했던 많은 지역이 전통적으로 공화당이 우세한 곳이었다(Goldstein and Dallek 2014). 상원의원선거의 최대 격전지는 알래스카, 아칸소, 콜로라도, 조지아, 아이오와, 켄터키, 루이지애나, 뉴햄프셔, 노스캐롤라이나, 웨스트버지니아였는데 그중에서 콜로라도, 아이오와, 뉴햄프셔를 제외한 나머지 7개 주가 2012년 대통령선거에서 공화당 후보인 롬니(Mitt Romney)가 오바마보다 더 많은 득표율을 얻은 지역이었다. 결국 이 중에서 뉴햄프셔를 제외한 9개 주에서 공화당이 승리하였으며 그중 7개 주[1]가 민주당 의원이 현역으로 있던 지역이었다.

---

1) 알라스카, 아칸소, 콜로라도, 아이오와, 루이지애나, 노스캐롤라이나, 웨스트버지니아.

넷째, 중간선거 결과를 예측하는 척도가 되는 오바마 대통령의 지지율이 낮았다는 것이다. 갤럽(Gallup)의 조사에 따르면 대통령 직무수행 지지도는 2014년 초반부터 40% 정도에 불과했고 중간선거가 있기 두 달 전에는 38%까지 떨어졌다.[2] 이처럼 오바마의 직무수행 지지도가 낮았던 이유는 크게 세 가지로 설명될 수 있다. 첫 번째로 2013년 말 미국 시민들의 의료보험 가입을 용이하게 하기 위해서 만들어진 연방건강보험거래소(heathcare.org) 웹사이트가 심한 지체현상과 잦은 오류로 그 기능을 제대로 발휘하지 못했다. 이로 인해 의료보험 가입기간이 2013년 12월 23일에서 2014년 3월 31일로 연장되었으며 오바마 대통령의 가장 중요한 국가정책이었던 건강보험개혁법(Patient Protection and Affordable Care Act)에 대한 유권자들의 신뢰도가 떨어진다. 대통령선거 직후인 2012년 12월에 48%였던 건강보험개혁법에 대한 지지도는, 연방건강보험거래소 웹사이트 접속 문제가 발생한 2013년 말에 41%와 38%를 오갔으며 중간선거 직후인 11월 초에는 37%에 불과하였다.[3] 두 번째로 오바마 대통령 재임기간 중에 경제지표가 그리 좋지 않았다. 비록 중간선거 이전에 실업률이나 경제성장률에서 경제회복의 조짐들이 보였지만 이들 지표가 유권자를 만족시키기에는 불충분하였다. 2014년 미국의 실질 경제성장률(Real GDP Growth Rate)은 2.4%로 1980년 재선에 실패한 카터 대통령 시기의 경제성장률보다 0.1% 높았을 뿐이다.[4] 더욱이 2014년에는 2012년과는 달리 많은 유권자들이 경제저성장의 책임을 부시(George W. Bush) 전임 대통령이 아닌 오바마 대통령에게 묻고 있었다(Campbell

---

이외에 민주당 상원의원이 있었던 주에서 민주당 후보가 공화당 후보에게 패배한 곳은 몬태나와 사우스다코타였다. 두 주 모두에서 민주당 현역의원은 출마하지 않았다.

2) Gallup, "Gallup Daily: Obama Job Approval," http://www.gallup.com/poll/113980/Gallup-Daily-Obama-Job-Approval.aspx(검색일: 2015.3.10).

3) Justin McCarthy, "As New Enrollment Period Starts, ACA Approval at 37%"(검색일: 2015.3.10).

4) Bureau of Economic Analysis, "Gross Domestic Product: Fourth Quarter and Annual 2014(Second Estimate)," http://www.bea.gov/newsreleases/national/gdp/gdpnewsrelease.htm(검색일: 2015.3.10).

2014). 세 번째로 중동지역의 정치적 불안과 ISIS(Islamic State of Iraq and the Levant)의 군사적 확장은 유권자들의 오바마 외교정책에 대한 불만을 야기했다(McCants 2014). 갤럽 조사에 따르면 2009년 오바마 대통령 취임 직후 61%까지 올라갔던 외교정책에 대한 지지도는 2013년 말에 30%대로 떨어졌으며 중간선거 직후인 2014년 11월 7일과 10일 사이의 조사에서는 31%까지 내려갔다.[5)]

이러한 상황에서 민주당은 두 가지 선거전략을 선택할 수밖에 없었다. 하나는 민주당 핵심지지층의 투표율을 끌어올리는 것이었으며, 다른 하나는 중간선거를 대통령 정책에 대한 중간평가가 아닌 후보자 간의 선거로 유권자들에게 각인시키는 것이었다. 다음에서는 이를 위해 민주당이 추진했던 구체적인 선거운동이 무엇이었는지 검토해보고 왜 이러한 운동이 성공을 거두지 못했는지에 대해 각종 여론조사 결과와 함께 그 원인을 분석해보도록 하겠다.

II. 민주당의 주요 선거전략

여당에 불리한 선거국면에서 민주당은 방어적인 선거전략과 목표를 채택하였다. 가장 좋은 시나리오는 민주당 현역의원들이 출마하는 지역에서 최대한 승리를 이끌어내어 가능한 상원에서 다수당의 지위를 지켜내는 것이었고, 만약 이것이 불가능하다면 2016년 선거에서 만회가 불가능하지 않도록 의석 손실을 최소화하는 것이었다. 이러한 목표를 달성코자 민주당은 주요 지지층인 저소득층, 젊은 연령대, 미혼여성 유권자들의 투표율을 높이기 위한 선거

5) Gallup, "Presidential Ratings: Issues Approval," http://www.gallup.com/poll/1726/presidential-ratings-issues-approval.aspx(검색일: 2015.3.10).

공약과 전략을 수립했으며 오바마 대통령의 선거참여를 최소화시켰다.

먼저, 2014년 3월 민주당 상원 지도부는 앞으로의 법률발의 안건 내용이 담긴 "모두를 위한 공평한 기회(A Fair Shot for Everyone)"라는 계획을 발표한다. 이 계획에 따르면 민주당은 우선적으로 연방최저임금을 인상하는 내용의 법안을 의회에 제출할 예정이며 뒤를 이어 남성과 여성의 임금격차를 줄이고 대학교 학자금 대출금의 금리를 인하하는 법률 등의 제정을 추진하고자 한다. 물론, 공화당이 하원의 다수 의석을 차지하고 있었기 때문에 이런 법안들이 의회를 통과하는 것은 거의 불가능했지만 민주당에게 중요한 것은 법률의 제정이 아니라 공화당이 이 같은 정책들을 반대한다는 것을 대중들에게 보여주는 것이었다. 즉, 법안 논의과정에서 공화당이 부자와 특권계층을 위한 정당이라는 것을 부각시킴으로써 민주당 지지층을 결집시키고 부동층이 민주당 후보를 지지하게끔 유도하려던 것이다(Peters and Shear 2014).

다음으로 민주당은 2014년 중간선거에서 주요 지지층의 투표율을 높이기 위해 "배넉 스트리트 프로젝트(Bannock Street Project)"를 실행한다. "배넉 스트리트"는 2010년 콜로라도 상원의원으로 당선된 민주당 베넷(Michael Bennet)의 덴버 선거본부가 있던 거리 이름을 딴 것으로 당시 선거운동실장이었던 세실(Guy Cecil)은 이 프로젝트를 주도한 민주당 상원 캠페인 위원회(Democratic Senatorial Campaign Committee)의 기조실장을 맡고 있었다. 민주당 상원 캠페인 위원회는 베넥 스트리트 프로젝트를 중간선거의 주요 격전지인 알래스카, 아칸소, 조지아, 아이오와, 켄터키, 루이지애나, 노스캐롤라이나, 미시간, 몬태나, 웨스트버지니아에서 시행하였으며 이를 위해 6천만 달러와 4천 명의 고용인원을 투입시켰다(Parker 2014).

베넥 스트리트 프로젝트의 주요 목표는 중간선거에 무관심한 젊은 연령대, 미혼 여성, 소수인종 유권자들의 투표율을 끌어올리는 것이었다. 보다 구체적인 방식은 다음과 같다. 우선 카운티별로 소극적인 지지자들의 명단을 작성한 후 언제, 어디서, 어떻게 이들과 접촉할 수 있는지 데이터베이스를 구축한다. 그 다음으로 이 자료를 바탕으로 자원봉사자들로 하여금 명단에 있는 유권자들과 면대면으로 만나게 하여 중간선거에서 투표를 독려한다. 만약 직접적인 만남이 어려울 경우 편지와 전화로 이들과의 접촉을 시도한다(Issenberg 2014).

이러한 선거운동방식의 채택은 실제로 민주당 당원과 조직들이 유권자들과 접촉하는 횟수를 증가시킨 것으로 나타났다. 민주당 선거운동의 실무업무를 맡았던 NGP VAN에 의하면 2014년 민주당 캠페인과 연계조직들이 유권자들과 접촉한 횟수는 총 386,889,562번으로 이는 2010년 대통령선거 때보다 68%가 늘어난 것이었다. 또한 NGP VAN은 이러한 민주당 조직과 유권자들의 접촉이 2백4십만 명 이상의 선거인 등록으로 이어졌다고 발표한다(Bleiberg and West 2014). 하지만 민주당이 면대면 선거운동을 중시여겼다고 해서 전통적인 미디어를 통한 선거광고를 소홀했다는 것을 의미하지는 않는다. 〈표 1〉에서 보듯이 2015년 9월 1일부터 선거일까지 상원선거

〈표 1〉 상원의원선거에서 TV 광고가 가장 많이 방송된 주(2015.9.1~11.4)

주	전체 광고횟수	민주당 광고횟수	공화당 광고횟수
노스캐롤라이나	69,349	40,224	29,125
아이오와	62,186	28,809	33,377
켄터키	46,979	21,537	25,439
콜로라도	43,587	22,763	20,700
루이지애나	39,550	23,393	16,157
조지아	37,192	21,830	15,362
아칸소	32,164	16,425	15,739
알래스카	28,889	14,750	14,319
미시건	28,426	18,592	9834
캔자스	22,310	19	10,487

출처: Erika Flanklin Fowler and Travis N. Ridout, "Political Advertising in 2014: The Year of the Outside Group," *The Forum* 12(4)(2014), pp.663-684

가 있던 주요 10개 주에서 아이오와, 켄터키, 캔자스[6]를 제외한 7개 주의 TV에서 민주당 후보를 지지하는 선거광고가 공화당 선거광고보다 더 많이 방송되었다.

마지막으로 민주당은 가능한 오바마 대통령의 선거운동 참여를 배제하였다. 중간선거 직전 오바마 대통령의 업무지지율이 30%대 후반으로 떨어졌을 뿐만 아니라 주요 격전지였던 알래스카, 아칸소, 루이지애나, 노스캐롤라이나에서는 오바마 대통령이 한 번도 대중적인 인기를 얻지 못했거나 그 인기가 하락하고 있었기 때문이다. 민주당 후보들이 오바마 대통령과 거리를 두었다는 한 예로 노스캐롤라이나의 민주당 상원의원인 헤이건(Kay Hagan)은 선거기간 중 직접적으로 오바마 대통령을 언급하거나 그녀의 캠페인에 초대하지도 않았다. 2008년과 2012년 대통령선거에서 오바마가 두 차례나 승리했던 아이오와에서조차 대통령을 향한 선거운동 도움 요청은 없었다. 오바마 역시도 그 이전의 선거들과는 달리 선거운동 참여에 다소 미온적이었으며 가능한 중간선거에서 민주당 후보에 해를 끼치지 않도록 노력한다(Dovere 2014; Pace 2014). 다만 젊은 연령대와 흑인 유권자 사이에서의 인기와 선거자금 모금 능력은 여전히 높았기 때문에 오바마 대통령은 라디오나 인터넷을 통해서 이들 유권자들의 투표참여를 격려하고 수십 차례의 선거자금 모금 행사에 참여한다(Pace 2014).

6) 민주당 상원의원 후보였던 테일러(Chad Taylor)는 선거운동 기간 중인 9월 3일 후보직을 사퇴하였다.

III. 중간선거 결과와 여론조사 분석

중간선거 결과는 민주당의 완패였다. 민주당은 상원에서 9석을 공화당에 빼앗겼으며, 하원에서도 공화당에 16석을 내주었다. 그런데 언론의 평가나 사후 여론조사 결과에 따르면 2014년 중간선거는 이슈가 사라지거나 지배적인 이슈가 결여되었던 선거로 평가되기도 한다. 실제로 워싱턴 포스트(*The Washington Post*)는 선거 직후 한 분석 기사에서 이번 선거를 아무것도 아닌 것 혹은 모든 것에 관한 선거라고 평가하였다(Rucker, Costa and Gold 2014).[7] 선거 직후 실시된 퓨 리서치 센터의 여론조사 결과에 따르면, 조사에 참여한 응답자의 약 60%가 이번 선거가 정치 이슈에 대한 논의가 예년에 비해 부족했던 선거로 평가했는데, 이 수치는 2006년(49%) 그리고 2010년(55%)의 결과에 견주어도 다소 감소한 수준을 보인다. 정당 선호를 기준으로 구분해서 살펴보면, 특히 민주당 유권자들 사이에 이러한 부정적 인식이 더 크게 나타났는데, 약 42%의 공화당 유권자들이 2014년 선거에서 예년에 비해 정치 이슈가 부각되었다고 생각한 반면, 오직 22%의 민주당 유권자들만이 이번 선거가 이슈중심으로 전개되었다고 응답하였다. 이러한 결과는 결국 2014년 중간선거에서 주요 정치이슈의 역할은 그다지 크지 않았을 수 있다는 사실을 암시하며, 동시에 주요 이슈를 중심으로 한 유권자 동원(특히 민주당 유권자)이 효과적이지 않았음을 의미할 수도 있다.

7) 실제 기사 내용을 옮겨 보면, "This is an election about nothing-and everything. Unlike in previous midterm election year, no dominant national theme has emerged for the 2014 campaign … "

1. 민주당의 패배 요인

민주당의 선거 패배를 두고 ISIS 문제나 미국 내 에볼라(Ebola) 바이러스 확산 공포 등 선거를 앞두고 국내외적으로 터져 나온 여러 원인들을 꼽을 수 있을 것이나, 그것은 크게 이번 선거의 저조한 투표율, 그리고 더딘 체감 경기 회복을 중심으로 한 오바마 정권의 국정운영에 대한 유권자의 전반적 불만 등으로 정리될 수 있을 것이다. 먼저, 이번 중간선거의 최종 투표율(36.4%)은 전통적으로 낮은 중간선거의 투표율을 감안하더라도 아주 저조한 기록으로서, 이 수치는 루스벨트(Franklin D. Roosevelt) 대통령 재임 당시인 1942년 중간선거가 기록했던 33.9% 이후 72년 만의 최저치로 알려졌다. 무려 43개 주에서 투표율이 50%를 밑돌았고 투표율이 60%를 넘어선 주는 한 곳도 없었으며 뉴욕 주의 투표율은 불과 28.8%에 그쳤다(The Editorial Board 2014).[8] 특히, 최근 일련의 선거에서 민주당을 지원해 온 청년, 여성 또는 소수 인종 유권자 그룹 등 소위 오바마 연합을 포함한 유권자 전반의 낮은 투표참여율은 이번 선거에서 민주당에게 특히 불리하게 작용했을 수 있다. 실제로 선거 전인 2014년 10월에 실시된 퓨 리서치 센터의 여론조사 결과에 따르면, 등록 유권자 기준으로 공화당 유권자들 중 77%가 반드시 투표하겠다고 응답한 반면, 민주당 유권자들은 이보다 작은 71%만이 그러하겠다고 대답했다. 이번 중간선거에 대한 관심도 측면에서도 공화당 유권자들은 민주당 유권자들에 비해 평소 더 많이 생각하고(68% 대 54%), 선거 관련 뉴스에도 더 주의를 기울이고 있는(35% 대 25%) 것으로 조사되었다(Pew Research Center 2014b). 뿐만 아니라, CNN이 조사한 출구조사 결과에 따르면, 투표에 참여한 18~29세의 청년 유권자 구성비는 2년 전 대선의 19%에서 13%로 6% 포인트 하락한 반면, 45~64세의 중장년층 유권자 비율은 2012년의 38%에서 2014년에 43%로 그리고 65세 이상의 노

---

8) 참고로, 가장 높은 투표율을 기록한 곳은 59.3%의 메인 주(Maine)였고, 가장 낮은 곳은 인디애나 주(Indiana)로서 28%의 유권자 참여율에 그쳤다.

년층 유권자 비율은 16%에서 22%로 각각 증가하였다. 흑인 및 히스패닉 투표자 구성비 또한 2012년의 13%와 10%에서 12%(흑인) 그리고 8%(히스패닉)로 각각 다소 감소된 수치를 보였다. 이들 소수인종 유권자들의 낮은 구성비는 히스패닉 유권자 그룹이 미국 전체 인구 내에서 차지하는 비율이 최근 지속적인 상승세에 있다는 사실에 비추어보면 눈여겨볼 만하다.

다음으로 제기될 수 있는 민주당의 패배에 대한 대안적 또는 보완적 설명으로는 부동층 유권자(swing voters)들을 충분히 설득하기에는 다소 부족했던 당의 저조한 국정수행의 결과라고 할 수 있을 것이다. 실제로 선거 약 6개월 전인 4월 23~7일에 실시된 퓨 리서치 센터의 여론조사 결과에 나타난 무당파(independents) 유권자들 사이에서 공화당이 갖는 우위는 16% 차이로 무려 49%의 무당파 유권자들이 11월 선거에서 공화당 후보를 뽑겠다고 대답한 반면, 오직 33%의 무당파 유권자들만이 민주당 성향을 드러냈다(Pew Research Center 2014a). 또한 같은 여론조사 결과에 의하면 당파성에 상관없이 모든 응답자들은 2014년 중간선거에서 가장 중요한 선거 이슈로 취업 및 고용 안정성 문제를 꼽았으며(48%), 이어서 의료보험 문제(42%), 그리고 재정적자 문제(38%)를 언급했다. 이는 이번 중간선거에서 경제관련 이슈나 경기회복이 무엇보다도 중요한 관건이었음을 암시해 주고 있다. 특히 실제 경제지표보다도 국민들이 직접 느끼는 체감경기가 이번 선거에서 중요하게 작동했으리라 관측되는데, 실제로 2010년에 비해 미국의 실업률은 9.5%에서 5.9%(2014년 9월 기준)로 감소하는 등, 전반적인 경제지표는 호전되었으나, 여전히 많은 수의 미국 일반 유권자들은 미국경제 상황이 나쁘다고 인식하고 있는 것으로 조사되었다(Pew Research Center 2014b).[9)]

---

9) 퓨 리서치 센터의 2014년 10월 여론조사 결과에 따르면, 조사에 참여한 미국 유권자들은 오직 21%만이 미국 경제상황이 좋다고(2%: excellent, 19%: good) 응답한 반면, 44%의 시민들은 여전히 미국경제를 그냥 평범하다(only fair)고 대답하거나 또는 나쁘다(33%: poor)고 인식하고 있는 것으로 드러났다.

2. 정책 이슈별 유권자들의 정당과 대통령에 대한 평가

먼저, 이번 중간선거운동 기간 동안 제기되거나 불거졌던 주요 정치·경제 및 사회이슈를 중심으로 민주당과 공화당의 상대적 우위를 살펴보자. 퓨리서치 센터의 선거 전 여론조사 결과에 따르면(〈그림 1〉 참고), 선거에 등록된 여론조사 응답자들은 의료보험 이슈를 제외한 경제나 외교·안보 그리고 이민자 문제 등 주요 선거 및 정치 이슈에서 공화당의 상대적 우위를 점유하고 있다고 평가했다. 특히, 테러리스트의 위협으로부터의 대처나 재정적자 문제에 대한 대처 능력 부분에서 유권자가 평가한 양당 간의 격차는 15% 포인트를 상회한 것으로 조사되었다. 이러한 주요 정치 이슈에서의 공화당의 우위 추세는 선거 직후 치러진 여론조사에서도 그대로 재확인되는데(〈표 1〉 참조), 유권자들은 오바마 대통령이 아닌 의회 다수당을 차지한 공화당이 환경 이슈를 제외한 재정, 경제성장, 실업, 이민, 외교, 에너지, 의료보험, 그리고 사회보장 등 거의 모든 분야에서 더 적절한 대처 능력을 갖는 것으로 평가했다(Pew Research Center 2014c). 특히 이 조사에서 이민 이슈에 있어서 공화당이 민주당 오바마 정권에 대해 갖는 상대적 우위가 눈에 띄는데, 34%의 응답자, 즉 미국인 3명 중 1명은 미국의 이민정책에 있어서 의회 다수당인 공화당이 민주당 오바마 정권에 비해 더 적절한 입장을 견지하고 있다고 응답하였다.[10] 더욱이 불법 이민 문제나 이민법 개정에 더욱 민감한 히스패닉 유권자들 중 절반에 육박하는 47%의 응답자가 민주당 오바마 정권과 공화당 사이에 이민정책에 있어 차별성을 인지하지 못하겠다고 대답하였는데, 이는 히스패닉 유권자 그룹이 전통적으로 오바마 대통령과 민주당 성향을 보여 왔다는 점에서 주목할 만하다. 이는 이민정책이나 이민법 개혁에 있어서 적절한 이니셔티브를 행사하지 못하고 다소 주저하는 자

10) 민주당 오바마 정권이 더 나은 이민정책을 펴고 있다고 응답한 유권자는 28%이고, 두 정당 간에 정책적 차이가 없다고 응답한 비율은 33%에 달했다(Pew Research Center, 2014c).

〈그림 2〉 주요 선거 이슈와 정당 이미지를 중심으로 살펴본 민주당과 공화당의 비교

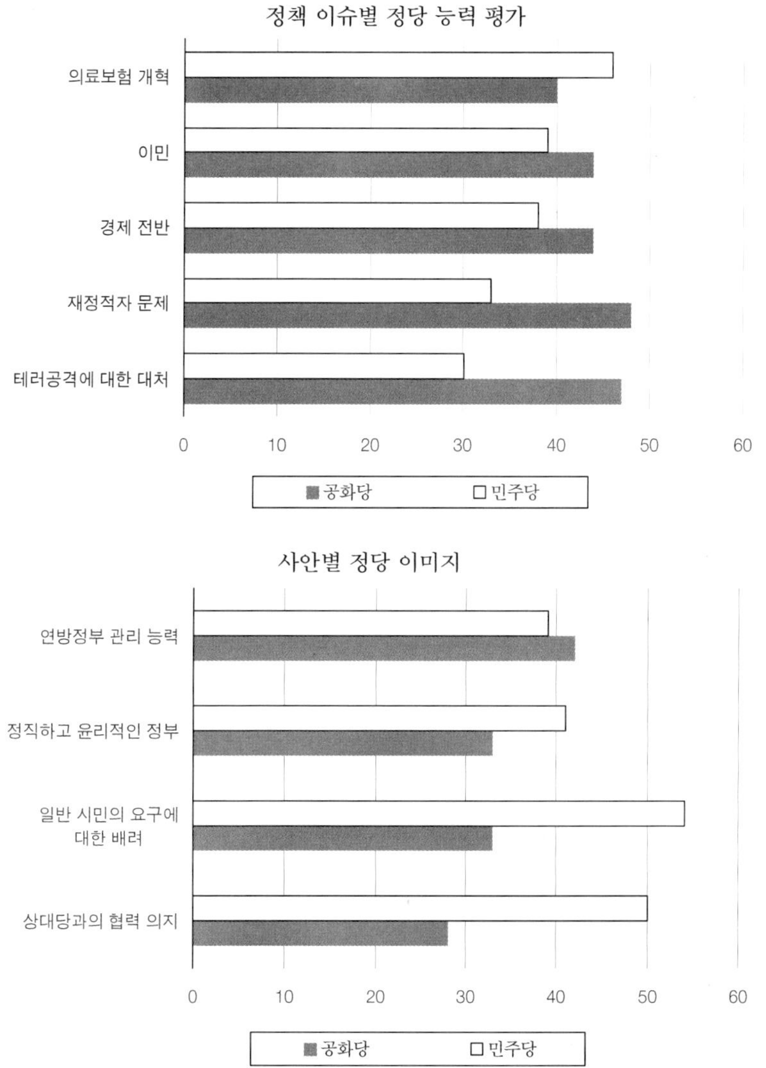

출처: Pew Research Center, "As Midterms Near, GOP Leads on Key Issues, Democrats Have a More Positive Image"(Oct, 2014)

세를 취한 민주당이 히스패닉 유권자를 이번 중간선거에서 투표소로 효과적으로 동원하지 못한 한 이유일 수도 있음을 암시한다. 이것은 결국 중간선거 패배 직후 오바마 대통령이 불법체류자의 추방을 유예하는 내용을 골자로 한 이민개혁 행정명령(executive order)을 발표한 사실과 무관하지 않을 것이다.

한편, 주요 정치 이슈에 대한 대처 능력 측면에서 갖는 상대적 열세에도 불구하고, 민주당은 정당 신뢰도나 유권자 공감능력 그리고 야당과의 협상 의지 등으로 측정된 전반적 정당이미지 측면 공화당에 대한 상당한 우세를 나타냈다(Pew Research Center 2014b). 즉, 이 여론조사 결과는 민주당이 선거에서 패배하였다면 그것은 정당 자체가 갖는 추락된 이미지 때문이라기보다는 그것은 유권자의 눈에 비친 민주당의 국정 수행 능력의 열세에 기인

〈표 2〉 주요 정치 이슈를 통해 바라본 오바마 대통령과 공화당의 비교 우위 (중간선거 이후)

제시된 국정 이슈에 대해 누가 더 비교우위를 갖는가에 대해 … (%)				
	의회 공화당	오바마 대통령	차이 없음	**공화당 우위**
재정적자	35	22	39	+13
세금	34	25	37	+9
직업 및 경제성장	35	29	32	+6
이민	34	28	33	+6
외교정책	31	26	38	+5
의료보험 개혁	35	34	29	+1
에너지	30	29	35	+1
사회보장	28	27	40	+1
환경	20	35	41	−15

출처: Pew Research Center, "Little Enthusiasm, Familiar Divisions after the GOP's Big Midterm Victory"(Nov, 2014)

한다고 하는 편이 적절한 분석일 것이다. 실제로 정당 이미지에 대한 유권자 평가 항목에서 민주당이 유일하게 공화당에 열세를 보인 지표는 "연방정부를 잘 운영할 수 있다"는 문항이었다.

이번 중간선거에서 공화당은 오바마 대통령의 정책 실패를 부각시키기 위해 다양한 네거티브 선거전략을 동원한 것으로 알려졌다. 하지만 퓨 리서치 센터에 따르면 일반적 생각과 달리 이번 중간선거에서 오바마 대통령의 영향은 그다지 크게 부각되지 않는 것으로 조사되었는데, 전체 응답자들 중 약 54%가 이번 중간선거를 대통령에 대한 평가로 생각하지 않는다고 응답한 반면, 오직 26%만이 오바마에 대한 반대의 의미 또는 오바마에 대한 지지로 이번 선거를 인식한다고 대답하였다(Pew Research Center 2014a). 이는 예년의 선거 여론조사 결과와 비교해도 그렇게 큰 변화를 나타내는 수치는 아닌데, 현직 대통령이 중간선거에서 그다지 중요한 요인이 아니라고 응답한 비율은 그간 2010년 선거(51%, 2월 조사), 2006년 선거(46%, 4월 조사), 2002년 선거(50%, 2월 조사), 그리고 1998년 선거(59%, 3월 조사) 등에서 비교적 고르게 나타났다. 더욱이 에볼라 확산 공포나 중동의 ISIS 문제 등 선거를 앞두고 국내외에서 전개된 일련의 부정적인 사건들에도 불구하고 오바마 대통령에 대한 10월 중순의 지지율은 이전의 조사에 비해 크게 하락하지 않은(43% 지지 vs. 51% 반대) 것으로 나타났다(Pew Research Center 2014b). 다만, 2010년 선거에 비해 오바마 대통령에 대한 개인적 지지를 통한 민주당원들의 동원 효과가 53%(2010년)에 비해 크게 떨어진 38%로 조사되었다는 것은 눈여겨볼 만하다. 이에 반해 61%의 공화당원들은 이번 중간선거를 오바마 대통령에 대한 저항(vote against)으로 인식한다고 대답했는데, 이 수치는 2006년 중간선거에서 민주당 유권자들이 당시 대통령이었던 공화당의 조지 부시(George W. Bush) 대통령에 대한 반감으로 인식한다고 응답했던 비율(66%)에 육박한다(Pew Research Center 2014b).

오바마 대통령의 대표적 업적인 동시에 이번 중간선거에서 주요한 선거 의제로 거론된 건강보험개혁법에 대한 의견을 살펴보면, 의보개혁법에 대한 유권자들의 찬반 견해는 큰 변화폭 없이 지난 4년간(2010~2014년) 비교적 일관된 추세를 보여준다 할 수 있다. 다만 건강보험개혁법에 대한 찬성 비율이 2010년 조사의 40%에서 41%로 거의 움직이지 않았다면, 반대 비율은 44%에서 55%로 다소 상승하였다는 사실이 눈에 띈다(Pew Research Center, May 2014). 특히 이 조사에서 공화당 성향 유권자들 사이에 티파티(Tea Party) 지지 여부와 그들의 건강보험 개혁법에 대한 태도 사이에 일정한 상관성이 나타났는데, 티파티를 지지하는 공화당 유권자들의 경우 의보개혁법에 대해 더 높은 반대율(97%)을 드러낸 반면, 비(非) 티파티 성향의 공화당 유권자들은 이보다 낮은 83%의 반대율을 나타냈다.

IV. 민주당 선거전략은 잘못된 선택이었는가?

2014년 중간선거 결과를 민주당과 공화당의 선거전략과 결부시킨 설명은 크게 세 가지로 나눌 수 있다. 첫째, 민주당의 선거전략이 잘못되었다. 둘째, 민주당의 선거전략은 옳았지만 선거운동 기간 중의 상황이 민주당에게 불리하였다. 셋째, 공화당의 선거전략이 너무 좋았다.

우선, 민주당의 선거전략이 문제였다고 주장하는 측은 배넉 스트리트 프로젝트가 별 효과를 거두지 못했고 오바마 대통령과의 거리두기가 잘못되었다고 주장한다. 앞서서 살펴보았듯이 민주당이 배넉 스트리트 프로젝트에 6천만 달러의 막대한 선거자금을 투입했음에도 불구하고 중간선거의 투표율은 제2차 세계대전 이후 최저치를 기록하였다. 민주당의 주요 지지층들이 선거 당일에 투표장을 찾지 않은 것이다. 더욱이 민주당 선거운동원들의 잦은 유권자 개별 접촉은 오히려 많은 유권자들의 반감을 사기도 했다. 컴퓨터 시스템이 특정 유권자들을 열성적 혹은 잠재적 민주당 지지자로 분류함으로써 운동원들이 이들에게 연락을 반복적으로 했기 때문에 발생한 문제였다.[11] 또한 선거운동과정에서 오바마 대통령을 배제함으로써 한편으로는 대통령의 국정 운영이 실패했다는 것을 인정하는 역효과를 낳고 다른 한편으로는 젊은 연령대와 흑인 유권자의 외면을 받았다는 지적도 있다. 차라리 오바마 대통령 집권 기간의 경제성과와 건강보험개혁법의 긍정적인 효과를 부각시켰다면 더 나은 선거결과를 가져왔을 것이라는 것이다. 끝으로 민주당이 최저임금제나 이민개혁법안 추진에 적극적이지 않았기 때문에 이에 대한 공화당과의 차별성을 보여주지 못하고 저소득층과 히스패닉의 표를 충분히 결집하지 못했다는 비판도 있었다(Sarlin and Seitz-Wald 2014).

다음으로 민주당의 선거전략은 옳았지만 선거 직전 상황이 민주당에게 너무 불리했다는 주장도 있다. 민주당 상원 캠페인 위원회 의장이었던 이스라엘(Steve Israel)에 따르면 민주당이 다른 선거전략을 선택했다면 공화당에서 더 큰 승리를 안겨주었을 것이라고 한다. 다만, ISIS의 세력 확대, 우크라이나 분쟁, 에볼라 바이러스의 확산 등과 같은 국제적인 위기상황으로 인해 민주당 지도부가 오바마 행정부의 경제적 성과나 국내적 정책 이슈를 전면에 내세우기 어려웠으며 선거운동의 영향력이 제한적으로 발휘될 수밖에 없었다는 것이다(DelReal 2014; Ball 2014; Dovere, Raju and Bresnahan 2014). 또한, 만약 민주당이나 오바마 행정부가 이민정책 개혁을 추진했었다면 히스패닉 유권자의 투표율을 높일 수는 있었겠지만 모든 상원선거에서 민주당의 득표율을 3% 하락시키는 부정적 효과를 낳았을 것이라는 평가도 있다(Dovere, Raju and Bresnahan 2014).

여기에 덧붙여 베넥 스트리트 프로젝트가 선거결과에 긍정적인 효과를 끼쳤다는 분석 역시 나왔다. 브루킹스 연구소의 블레이베르크(Joshua Bleiberg)와 웨스트(Darrell M. West)에 따르면 베넥 스트리트 프로젝트가 실시된 10개주의 경우 2014년 중간선거에서 민주당 평균 득표수가 2010년 중간선거에서 얻은 평균득표수보다 76,471표나 많았던 반면에, 베넥 스트리트 프로젝

---

11) Daily Kos, "Remember the Bannock Street Project?" http://www.dailykos.com/story/2014/11/10/1343752/-Remember-the-Bannock-Street-Project(검색일: 2015.3.10).

트가 실시되지 않은 주의 경우 2014년 민주당 평균 득표수는 2010년 평균 득표수보다 5,118표가 적었다(Bleiberg and West 2014). 그런 측면에서 오히려 민주당이 네거티브 TV 광고에 썼던 많은 선거자금을 베넥 스트리트 프로젝트와 같은 선거운동원과 유권자의 면대면 방식을 통한 지지층 동원에 보다 적극적으로 썼더라면 더 나은 결과를 가져왔을 것이라는 지적도 있다.

마지막으로 많은 선거 전문가들은 민주당의 선거전략이 성공하기에는 공화당의 전략이 좋았다는 평가를 내린다(Judis 2014; Ball 2014; Dovere, Raju and Bresnahan 2014). 사실 2010년과 2012년 공화당이 상원에서 다수당이 되지 못했던 것은 주 예비선거에서 리처드 머독(Richard Murdock)이나 크리스틴 오도넬(Christine O'Donnell)처럼 티파티운동에 지지를 받은 극단적 보수주의자들이 공화당 후보로 선출되었기 때문이다. 공화당 지도부나 지지단체들은 이를 방지하기 위해 당선 가능성이 높은 중도 성향의 후보자를 예비선거과정에서 지원했고 그 결과 민주당이 극단주의자로 몰고 가기 어려운 후보자들이 공화당 상원후보로 선출되었다(Judis 2014). 또한 전국공화당상원위원회(National Republican Senatorial Committee)는 후보자들이 2년 전 "합법적인 강간(legitimate rape)"을 당한 여성의 경우 거의 임신하지 않는다는 발언으로 유권자들의 반발을 산 토드 아킨(Todd Akin)의 실수를 되풀이하지 않도록 후보자 교육프로그램을 연다. 대부분의 공화당 후보자들은 이틀 동안 열린 이 프로그램에 참석하여 아킨이나 머독과 같은 후보자들이 대중매체와의 인터뷰나 선거활동 중에 했던 잘못을 저지르지 않도록 훈련받음으로써 별다른 문제없이 선거운동을 진행할 수 있었다(Dovere, Raju and Bresnahan 2014).

V. 결론

2014년 중간선거 결과는 민주당의 완패였다. 이로 인해 오바마 대통령은 남은 2년의 임기기간동안 국정운영의 주도권을 잃게 되었다. 하지만 이것이 상하원에서 모두에서 다수를 점하게 된 공화당이 민주당과의 협의 없이 일방적으로 새로운 정책을 추진할 수 있다는 것을 의미하지는 않는다. 2015년 2월 25일 오바마 대통령의 키스톤 XL 송유관(Keystone XL Pipeline) 건설 법안에 대한 거부권 행사에서 볼 수 있듯이 공화당의 일방적인 정책추진은 대통령에 의해 제지당할 수 있기 때문이다.

결국 2014년의 중간선거 결과가 가지는 정치적 의의는 2016년 대통령선거 이후에야 명확해질 것이다. 현재 하원에서의 민주당과 공화당의 의석수의 큰 격차를 고려해볼 때 만약 공화당이 2016년 대통령선거에서 승리하고 적어도 상원의원선거에서 현재의 의석을 유지할 수 있다면 2014년 중간선거는 2016년 이후 공화당이 국정을 주도할 수 있는 추진력을 주었다는 데 그 의의를 갖게 된다. 그것은 마치 2006년 민주당의 중간선거에서의 승리가 2009년 오바마 대통령이 취임 직후 건강보험개혁법을 추진할 수 있는 발판이 된 것과 마찬가지이다. 설사 2016년 대통령선거에서 공화당이 진다고 하더라도 하원에서 다수당의 지위를 유지할 가능성이 높기 때문에 2014년 중간선거는 공화당에게 민주당을 견제할 수 있는 최소한의 힘을 주었다는 데서 그 의의를 가질 수 있다.

그런 측면에서 다급한 측은 민주당이다. 만약 2016년 대통령선거에서 패배한다면 공화당 주도의 정책결정을 막기가 힘들어지기 때문이다. 그러므로 민주당은 2012년 대통령선거에서는 성공적인 결과를 거두었지만 2014년 중간선거에서는 실패한 현재의 선거전략을 2016년에도 고수할지 아니면 새로운 선거전략을 세워나갈지 지금부터 심각하게 고민해야 할 것이다.

▌참고문헌▐

Ball, Molly. 2014. "The Republican Wave Sweeps the Midterm Elections." *The Atlantic*, November 5, 2014.

Benjy Sariln, and Alex Seitz-Wald. 2014. "Why the Democrats Lost, According to Everyone." http://www.msnbc.com/msnbc/why-the-democrats-lost-idterms-according-everyone(검색일: 2015.3.10).

Bleiberg, Joshua, and Darrel M. West. 2014. "Did the Democrats' Digital Voter Outreach Plan Fail? Examining the Bannock Street Project." http://www.brookings.edu/blogs/techtank/posts/2014/11/17-digital-voter-outreach-bannock-street(검색일: 2015.3.10).

Cambell, James E. 1985. "Explaining Presidential Losses in Midterm Congressional Elections." *The Journal of Politics* 47(1): 1140-1157.

______. 1987. "The Revised Theory of Surge and Decline." *American Journal of Political Science* 31(4): 965-979.

______. 2014. "The Republican Wave of 2014: The Continuity of the 2012 and 2014 Elections." *The Forum* 12(4): 609-626.

DelReal, Jose A. 2014. "Outgoing DCCC Chair State Israel: We Fundamentally Made the Right Decisions." *The Washington Post*, November 17, 2014.

Dovere, Edward-Issac, Manu Raju, and John Bresnahan. 2014. "How the Democrats Lost the Senate. *Politico*, November 5, 2014.

Dovere, Edward-Issac. 2014. "Dems Desperately Seek and Obama Midterm Strategy." Politico, May 20, 2014.

Fowler, Erika Franklin, and Travis N. Ridout. 2014. "Political Advertising in 2014: The Year of the Outside Group." *The Forum* 12(4): 663-684.

Issenberg, Sasha. 2014. "How the Democrats Can Avoid Going Down This November: The New Science of Democratic Survival." *The New Republic*, April 27, 2014.

Judis, John B. 2014. "Here's Why the Democrats Got Crushed and Why 2016

Won't Be a Cakewalk." *The New Republic*, November 5, 2014.

McCants, William. 2014. "2014 Midterms: ISIS and the Campaign Trail." http://www.brookings.edu/blogs/fixgov/posts/2014/10/30-2014-midterms-isis-campaign-mccants(검색일: 2015.3.10).

Pace, Julie. 2014. "Obama Seeks to Do No Harm to Democrats in Midterms." http://www.bigstory.ap.org/article/obama-seeks-do-no-harm-democrats-midterms(검색일: 2015.3.10).

Parker, Ashley. 2014. "Democrats Aim for a 2014 More Like 2012 and 2008." *The New York Times*, February 6, 2014.

Peters, Jeremy W., and Michael D. Shear. 2014. "Democrats, as Part of Midterm Strategy, to Schedule Votes on Pocketbook Issues." *The New York Times*, March 25, 2014.

Pew Research Center. 2014a. "Midterm Election Indicators Daunting for Democrats." May 5, 2014.

______. 2014b. "As Midterms Near, GOP Leads on Key Issues, Democrats Have a More Positive Image." October 23, 2014.

______. 2014c. "Little Enthusiasm, Familiar Divisions after the GOP's Big Midterm Victory." November 12, 2014.

Rucker, P., Robert Costa, and Matea Gold. 2014. "Unlike Previous Midterm Election Years, No Dominant Theme Has Emerged for 2014." *The Washington Post*, November 29, 2014.

Shafer, Byron E., Regina L. Wagner, and Par Jäson Engle. 2014. "The 2014 Midterm in the Longest Run: The Puzzle of a Modern Era." *The Forum* 12(4): 591-608.

Stonecash, Jeffrey M. 2014. "The 2014 House Elections: Political Analysis and the Enduring Importance of Demographics." *The Forum* 12(4): 639-651.

The Editorial Board. 2014. "The Worst Voter Turnout in 72 Years." *The New York Times*, November 11. 2014.

공화당의 2014년 중간선거 전략 분석

장혜영 | 중앙대학교

I. 서론

2014년 11월 4일에 실시된 미국의 중간선거 결과는 많은 전문가들 및 언론의 예측대로 공화당의 승리로 귀결되었다. 총 100석의 상원의원 의석 중 33석을 선출하는 2014년 중간선거는 비단 상원의원의 1/3을 새로 선출하는 선거라는 의미 이외에도 제113회 미국의회의 다수당을 가늠하는 선거라는 점에서 지속적인 관심을 불러 일으켰다. 이와 동시에 이번 중간선거에서의 공화당의 승리는 2007년 이후 다수당을 점한 민주당의 다수당 우위의 지위를 공화당이 재획득하는 기회로서 향후 2기 오바마 행정부의 정책결정 과정에서 공화당과 민주당의 첨예한 대립이 예상된다. 특히 이번 선거에서 공화당은 기존 45석에서 54석으로 다수를 획득하였고, 총 득표율 또한 51.7%로 43.8%를 획득한 민주당을 크게 앞선 결과를 보였다.

2012년 대통령선거에서 패배한 공화당은 2014년 중간선거의 승리를 위하여 치열한 당 내 공방을 벌였고 특히 티파티 지도자들과의 지속적인 경쟁을 벌여야만 했다.[1)] 특히 공화당의 현직 후보 12명 중 8명이 티파티 후보들과 당내 경합을 벌이는 과정에서 공화당의 현직자들은 티파티 후보자들의 거센 도전에서 우세를 보임과 동시에 공화당은 중간선거를 시작하기도 전에 이미 당 내의 다양한 갈등을 경험해야하는 어려움에 처해 있었다. 그렇다면 티파티 지지 후보자들의 적극적인 공세, 미국경제의 더딘 회복, 여전히 다수를 점하고 있는 민주당 우위의 의회와 같은 당 내외의 장애를 극복하고 의회의 다수를 획득한 공화당의 2014년 선거 승리 전략은 무엇이었는가?

이 글에서는 2014년 공화당의 선거 승리를 둘러싸고 공화당의 선거 승리 전략을 살펴보고자 한다. 물론 선거에서의 승리가 단순히 많은 선거자금을 투입한 화려한 선거 캠페인의 산물 그 이상의 의미가 있음은 자명하다. 또한 2014년 선거에 즈음하여 공화당의 승리를 점치는 많은 의견이 있었기 때문에 마치 이번 선거에서의 공화당의 승리는 자연스런 투표결과로 받아들여지기도 한다. 그러나 앞서 지적한 대로 공화당 내·외부의 여러 어려움 속에서 공화당이 선거 승리를 위하여 어떠한 노력을 기울였는지를 살펴보는 것은 향후 정당의 반응성에 대한 이해를 높이는 측면에서 의의가 있을 것이다. 이를 위하여 우선 공화당의 선거 결과를 간략하게 살펴보고, 주요 경합주에서 나타난 공화당의 투표결과를 통하여 세대, 성별, 인종 등과 같은 전통적인 사회경제적 요인이 이번 선거에서 공화당의 선거 승리에 어떠한 영

---

1) 한 예로 티파티 전략가 인 칼 로브(Karl Rove)는 Conservative Victory Project를 창설하여 공화당상원의원 예비선거에서 자신들이 지지하는 후보자들을 당선시키기 위한 지속적인 캠페인을 주도하였다. 그러나 이러한 일부 티파티 지도자들의 노력은 티파티 내에서도 다양한 비판을 야기하였고 특히 공화당 후보들에 대한 이들의 도전이 지지보다 비난을 받게 되었다. New York Times, "New Rove Effort Has G.O.P. Aflame," (2014. Feb. 6)(검색일: 2014.12.30). 이와 동시에 지난 번 상원의원선거에서 티파티의 적극적인 공세로 인하여 인디애나 주의 Dick Lugar와 유타 주의 Bob Bennett이 예비선거에서 고배를 마신 사례가 있었기 때문에 티파티 지지 후보자들의 거센 공격을 막아내는 것이 공화당 지도부로서도 중요한 선택이 되었다. "Tea partiers line up to tackle GOP senators"(2013. December 11), http://www.politico.com/story/2013/12/tea-party-gop-senators-100988.html(검색일: 2015.1.10).

향을 미쳤는지를 알아보고자 한다.

II. 2014년 공화당의 중간선거 환경 및 이슈

1. 선거 환경

2014년 미국 중간선거는 기존의 민주당을 지지하던 선거 요인들인 인종, 젠더, 환경 등에 대한 선거 이슈의 정책 우선순위가 더욱 낮아진 선거로 요약할 수 있다. 백인 중산층 및 노동 계층은 무엇보다 경제를 가장 중요한 선거 이슈로 놓았고 인종이나 젠더 영역에서 전국적 관심을 유발시키는 사건이 사실상 존재하지 않았다는 점에서도 민주당의 전통적 지지층인 여성, 소수인종, 전문가 집단이 집합적인 선거 블록을 형성하기 어려운 환경을 조성하였다. 이와 함께 미국경제의 장기 침체는 유권자들로 하여금 경제 이슈가 선거에서 중요한 순위를 차지하도록 하였다. 특히 백인 중산층 및 노동자층에서 경제 문제를 우선 고려한다는 의견이 지배적이었고, 대학교육을 받지 않은 유권자들의 공화당 지지 성향이 뚜렷한 선거였다. 예를 들어, 한 여론조사에서는 백인이며 대학교육을 받지 않은 유권자의 62%가 이번 선거에서 공화당을 지지했다고 밝혔는데 이는 20년 전 백인, 노동자 층 다수가 민주당 성향을 보였던 사례와 비교하여 큰 변화라고 할 수 있다. 이와 함께 중산층의 공화당 선회가 두드러진 선거라고 할 수 있는데 이는 점진적인 미국 경제회복의 결과가 전체 계층으로 확산되는 것이 아니라 상위 계층에 집중되는 상황에 대한 불만을 드러낸 것이라고 할 수 있다.

2. 선거 이슈

2014년 중간선거는 사실상 전국을 뒤흔든 압도적인 선거 이슈가 없는 선거였고 그중 사람들의 관심을 유발한 것은 점차 심화되고 있던 소득불평등, 오바마케어, 그리고 이민 문제였다. 이와 함께 2014년 선거에서 영향을 줄 것으로 생각했던 Keystone Pipeline 이슈[2]는 사실상 큰 영향을 주지 못하였고 이에 대한 환경론자들의 관심은 오히려 기후변화 및 온실가스배출 규제와 같은 측면으로 전환하였다. 따라서 환경 문제 역시 2014년 중간선거에서 투표 결과에 영향을 행사할 수 있는 중요 요인으로 작용하지 않았다.

이와 함께 국제 이슈가 어느 정도 이번 중간선거에 영향을 주었는가에 대한 분석은 현 오바마 정부의 외교 정책능력에 대한 부정적 평가와 맞물리면서 민주당에 불리한 선거 환경으로 작용하였을 것이라는 점이 일반적인 견해이다. 오바마 대통령의 이른바 '말뿐인 외교정책(over-promised and under delivered)'은 지속적으로 오바마 행정부의 정책 능력에 대한 회의를 불러일으켰고 이에 대한 공화당 지지층의 부정적 시각은 더욱 커져갔다. 예를 들어, 2014년 4월 한 여론조사에 의하면 43%의 미국인들이 오바마 대통령의 외교정책에 지지를 보낸다고 응답하였지만 상당수의 응답자들은 오바마 행정부의 아프가니스탄, 우크라이나 그리고 이라크 이슈에 대한 대응 방식에 부정

---

2) 키스톤 파이프라인 프로젝트(Keystone XL pipeline project) 는 캐나다의 오일모래지역으로부터 원유를 수입하여 미 중서부지역의 파이프라인을 통해 텍사스의 정유시설로 운반하는 계획이다. 2010년 이후 본격적으로 논의된 이 프로젝트는 많은 환경주의자들의 반발을 불러일으켰으며, 이를 통하여 이번 중간선거에서 환경 문제로서 키스톤 파이프라인 프로젝트가 선거에서 중요한 이슈로 작용할 가능성을 제기하였으나 실질적으로 이 문제가 민주당의 선거 캠페인에 긍정적인 효과를 거두지 못한 것으로 나타났다. 실제로 11월 6일부터 9일까지 실시된 Pew Research Center의 여론조사에 의하면 민주당 지지층에서도 키스톤 파이프라인 프로젝트에 대한 지지층(43%)과 반대층(45%)이 거의 비슷한 비율을 나타냈었다(Pew Research Center, 2014, November 12, "Little enthusiasm, Familiar Divisions after the GOP's Big Midterm Victory," http://www.people-press.org/2014/11/12/little-enthusiasm-familiar-divisions-after-the-gops-big-midterm-victory/(검색일: 2015.2.10).

적인 견해를 보냈다. 이와 함께 중간선거에서 외교정책이 차지하는 영향력이 상대적으로 크지 않음을 제시하는 견해에 따르면 사실상 중간선거 및 상

〈표 1〉 2014년 중간선거의 주요 이슈들[3)]

이슈	내용
투표율	- 1948년 이후 대통령선거 투표율이 중간선거 투표율보다 평균 10~15% 높았음 - 일반적으로 민주당 지지층으로 분류되는 젊은층, 여성, 소수인종의 투표율이 중간선거에서 낮게 나타남 - 오바마 행정부를 탄생시킨 중요 선거블록인 라티노 유권자들의 투표율이 1988년 이후 약 7% 감소하였음
상원선거 경쟁	- 공화당이 다수당이 될 확률이 높음 - 전통적으로 보수주였던 아칸사스, 루이지애나, 몬태나 및 알래스카 주의 민주당 상원의원들은 오바마 대통령 및 민주당의 쇠락한 지지율에 고전을 할 것이라는 전망이 높음
의료보험 논쟁	- 오바마 대통령 임기 중 지속되고 있는 의료보험 관련 논쟁이 여전히 지속되고 있음
이민법 개정	- 2013년 마르코 루비오 공화당 상원의원의 이민법 개정안(수백만 불법이민자들에게 시민권을 부여하는 방법을 제시한)은 사실상 하원에서 강력한 반대에 직면할 것임 - 이에 대한 공화당 및 티파티 지지자들의 반대도 심화될 것임
에너지 정책: 키스톤 파이프라인 정책	- 오바마 대통령이 키스톤 파이프라인 프로젝트에 대한 명확한 입장을 보이지 않음 - 공화당 의회는 키스톤 파이프라인 건설을 지지함
경제 이슈: 일자리 확대 및 경제회복 촉진 방안	- 공화당 주도의 의회에서는 경기부양정책(stimulus)을 고려하지 않고, 일자리 확대 또한 기업 세제개정을 통하여 이루어지도록 하는 입장을 견지하고 있음

출처: “Midterm Elections 2014: Key Political Issues to Watch”

3) 2014년 4월 조사.

하원 의원선거에서 외교정책이 선거에 미치는 영향력은 대통령 지지율과 밀접한 관계가 있다.[4] 특히 외교정책이 의원선거에 미치는 영향이 대통령 지지율을 통한 간접 효과이며 이러한 효과는 사실상 시간에 따라 변화하고, 이슈의 성격이 국내정책과 밀접한 관계를 가질수록 변화의 폭이 크다는 점을 감안하면 이번 중간선거에서 외교정책이 중요한 선거 환경의 변수로 작용할 가능성이 크지 않았다. 〈표 1〉은 2014년 중간선거에서 중요한 이슈로 작용할 것으로 전망된 사례들이다.

표에서 언급한 이슈들은 일반적으로 미국의 선거에 영향을 줄 수 있는 정치, 경제 요인들이다. 그러나 이러한 요인들 모두가 이번 중간선거에서 결정적 영향을 미친 것은 아니다. 특히 지속적으로 오바마 행정부와 반목을 이루고 있는 공화당 주도 의회의 정책 갈등이 얼마나 공화당의 선거결과에 긍정적 영향을 미쳤는지에 대한 구체적 연구가 필요하다. 그럼에도 불구하고 2014년 중간선거는 사실상 전국적인 이슈로 유권자들의 투표 결정을 좌우할 수 있는 중대 요인이 사실상 없었다는 점에서 공화당의 우세를 예견하는 의견이 다수를 이루고 있었다.

3. 선거 이슈 선호

앞서 설명한 대로 이번 중간선거는 전국적 주요 선거 이슈가 존재하지 않은 조용한 선거였지만 선거에서의 이슈 선호는 전체 유권자, 민주당 지지층, 공화당 지지층에서 각각 다르게 나타났다. 〈표 2〉는 갤럽에서 실시한 유권자들의 선거 이슈 선호를 나타낸 것이다. 이 조사에 의하면 유권자들이 2014년 중간선거에서 가장 중요하다고 응답한 13개의 선거 이슈 중 7개의

4) the Hill, Does foreign policy affect midterm elections?(2014. Aug. 07), http://thehill.com/blogs/pundits-blog/foreign-policy/214243-does-foreign-policy-affect-midterm-elections(검색일: 2015.2.14).

이슈에 대해 공화당을 지지하는 것으로 나타났다. 특히 경제 전반, 연방정부의 운영방식, 이라크와 시리아의 이슬람 무장단체 상황, 연방정부의 적자 예산 문제에 관하여 공화당을 지지하는 것으로 나타난 반면 민주당 지지층은 "여성의 동등한 급여 "이슈에 대해서만 공화당보다 민주당에 지지를 보인 것으로 나타났다(갤럽 10월 13일). 이 결과는 9월에 동일한 여론조사 기관에서 "어느 정당이 각각의 중요한 이슈를 더 잘 다룰 수 있는가"를 질문한 결과라는 점에서 이미 공화당의 승리를 어느 정도 예측할 수 있었다.

이 표에서 가장 중요한 선거 이슈에 대한 질문에 응답자의 88%가 경제 문제가 가장 중요한 이슈라고 응답하였고, 86%의 응답자가 일자리 창출 문제가 중요하다고 하였다. 선거 이슈 중 가장 낮은 선호도를 보인 것이 기후 변화였는데 이는 환경 문제가 선거에 미치는 영향이 여전히 저조함을 보이는 것이었다. 전체 응답자의 선거 이슈 선호와 함께 민주당 및 공화당 지지자들의 응답을 비교하면 경제 문제가 중요한 요인으로 자리 잡고 있음을 확인할 수 있다. 우선 민주당 지지층이 가장 중요한 선거 이슈로 밝힌 것은 일자리 문제(89%), 여성의 동등한 급여 문제(87%), 경제(86%)임에 비해 공화당 지지층의 경우 경제(91%), 이라크와 시리아에서의 이슬람 무장단체 문제(85%), 일자리(83%)로 응답하여 민주당 지지층이 오히려 경제 문제에 더욱 민감한 것으로 나타났다.

경제 문제와 관련하여 연방정부의 적자 예산과 여성의 동등한 급여 부분에서 전체 응답자와 민주당 및 공화당 지지층의 응답을 비교하면 민주당과 공화당 지지층이 바라보는 경제 문제가 여성 문제와 결부될 때 달라짐을 알 수 있다. 전체 응답자의 경우 연방정부의 운영방식이 3번째로 중요한 선거 이슈라고 응답한 반면, 민주당 지지층의 경우 연방정부 운영방식(81%)은 공화당 지지층의 응답(82%)보다 순위는 높았으나 응답률은 낮은 결과를 보였다. 반면 여성의 동등한 급여 문제가 중요한 선거 이슈라고 응답한 층은 민주당 지지층(87%)인 반면 공화당 지지층의 경우 58%만이 이 문제가 선거에서 중요한 이슈가 될 것이라고 응답하였다. 또한 연방정부 예산 적자 문제의 경우에도 공화당 지지층은 82%의 높은 응답율을 보인 반면 민주당 지지층의 경우 63%만이 연방정부 예산 적자 문제가 중요한 이슈임을 인식하고 있었다. 이는 공화당 지지층이 오바마 행정부에 대한 회의적 시각을 뚜렷하게 나타내는 것으로 이슬람 무장단체 이슈와 같은 특정한 국제 문제에 대처하는 오바마 행정부에 대한 강한 불신 및 연방정부 운영 및 예산에 대한 회의적 시각이 공화당 지지층의 일관된 시각임을 다시 한번 보여주는 결과였다.

이와 함께 미국사회의 소득불평등에 대한 중요도 또한 전체 응답자 및 공화당 지지층의 응답 순위가 동일했고(11위), 기후변화와 같은 환경 문제가 최하위를 기록하였다. 흥미로운 것은 민주당 지지층에서 이민 문제가 가장 낮은 선거 관심 이슈로 나타난 점이다. 이민과 관련한 이슈에서 공화당 지지층이 오히려 더 큰 관심을 보인 것으로 조사되었는데 이민법 개정안에 대한 공화당 지지층의 관심이 전통적 민주당 지지층의 관심분야인 이민정책 분야에서 높아졌다는 점에서 향후 이민법 개정안이 다시 한번 사회적 관심분야가 될 수 있음을 암시한다.

이번 선거는 특히 외교정책의 중요도가 낮았다는 특징이 있다. 2014년 전세계를 떠들썩하게 한 에볼라 바이러스의 창궐, 이슬람 무장단체인 ISIS 이슈, 러시아의 우크라이나 침공 등 다양한 국제 문제가 나타난 해였음에도 불구하고 미국 중간선거에서 이러한 외교정책 및 국제 이슈가 유권자들의 관심을 끌지 못했다. 10월 30일부터 11월 1일까지 조사된 한 여론조사에 의하면 경제 문제 및 일자리 창출을 가장 중요하게 지적한 응답자가 23%임에 비해 ISIS나 이라크, 시리아 등지의 이슬람국가(the Islam State)에 대한 군사행동이 중요하다고 응답한 사람은 7%에 불과하였고, 에볼라 바이러스 이슈는 단지 2%였다. 이는 동일한 기관이 실시한 10월 8일~12일 여론조사에서 나타난 결과에서 이슬람무장세력에 대한 군사행동의 중요성을 12%의 응답자들이 답한 것과 비교하여 선거일이 다가올수록 유권자들이 더욱 국내 경제 문제를 고려한다는 점을 알 수 있었다.[5]

---

5) NBC news/Wall Street Journal Survey, http://newscms.nbcnews.com/sites/news

〈표 2〉 중간선거의 주요 선거 이슈[6]

순위	이슈	%	민주당/민주당 성향	%	공화당/공화당 성향	%
1	경제	88	일자리	89	경제	91
2	일자리	86	여성의 동등한 급여	87	이라크와 시리아에서의 이슬람 무장단체	85
3	연방정부의 운영방식	81	경제	86	일자리	83
4	이라크와 시리아의 이슬람 무장단체 상황	78	연방정부의 운영방식	81	연방정부 예산 적자	82
5	여성의 동등한 급여	75	미국에서의 소득과 부의 분배	75	연방정부의 운영방식	82
6	연방정부 적자 예산	73	이라크와 시리아에서의 이슬람 무장단체	72	세금	77
7	세금	69	오바마케어	64	이민	75
8	외교정책 문제	69	외교정책	64	외교정책	73
9	이민	65	세금	63	오바마케어	64
10	오바마케어	64	연방정부 예산 적자	63	여성의 동등한 급여	58
11	미국에서의 소득과 부의 분배	64	기후변화	61	미국에서의 소득과 부의 분배	54
12	낙태 및 피임도구에의 접근	50	낙태 및 피임도구에의 접근	60	낙태 및 피임도구에의 접근	43
13	기후변화	40	이민	57	기후변화	19

cms/files/141503_late_oct_nbc-wsj_pre-election_quickie_poll.pdf(검색일: 2015.1.20).

6) 갤럽, http://www.gallup.com/poll/178133/economy-government-top-election-issues-parties.aspx(검색일: 2014.12.4).

경제 이슈를 다루는 각 정당의 능력에 대하여 민주당과 공화당의 지지층 간 시간이 지나면서 더욱 큰 격차를 벌이는 요인이 되었고 이러한 정당 지지층 간의 격차는 4월과 9월 사이의 여론조사에서 크게 벌어진 것으로 나타났다. 더 많은 공화당 지지층이 시간이 지나면서 경제 이슈를 다루는 공화당의 능력을 인정한 반면, 민주당 지지층의 민주당에 대한 신뢰는 낮아진 것으로 나타났다. 공화당은 이외에도 연방정부의 예산 적자 문제, 이라크와 시리아의 이슬람 무장단체 문제, 연방정부의 기능과 관련한 이슈에서도 민주당의 앞선 지지를 확보한 것으로 나타났다. 특히 공화당이 전통적으로 테러리즘, 국가안보 분야에서 거의 대부분 민주당을 앞서 왔다는 점을 감안하면 공화당의 자신의 고유한 유력 지점에서 지지층을 잃지 않았음을 확인할 수 있다. 공화당과 민주당이 서로 우세를 보이는 선거 이슈를 살펴보면 민주당이 우세를 보이는 선거 이슈들은 유권자들이 선거에서 전반적으로 낮은 중요도를 보이는 분야라는 점에서 민주당의 선거 결과는 예상된 패배를 확인할 수 있었다. 이는 양 정당의 지지자들이 인지하는 주요 선거 이슈가 상당히 다름을 제시한다.

III. 공화당 선거 전략 분석

1. 선거 결과 일반

중간선거 결과는 이미 많은 선거전문가들이 예측한 대로 공화당의 승리로 귀결되었고 공화당은 상원의원선거에서 총 54석을 획득하여 46석 획득에 그친 민주당을 제치고 의회 다수당이 되었다. 2007년 이후 한 번도 상원에서 다수당의 지위를 획득하지 못했던 공화당이 이번 중간선거로 다수당이 되면서 향후 오바마 행정부와 공화당 주도의 의회 간 갈등의 심화가 예견되

〈표 3〉 경합주 선거 결과

경합주	승리	현직자	투표율 차이
알래스카	공화당	민주당 현직자 패배	4
아칸사스	공화당	민주당 현직자 패배	18
콜로라도	공화당	민주당 현직자 패배	3
조지아	공화당	공화당 현직자 은퇴	8
아이오와	공화당	민주당 현직자 패배	8
캔자스	공화당	공화당 현직자 재선	11
켄터키	공화당	공화당 현직자 재선	15
루이지애나	공화당	민주당 현직자 패배	1
몬태나	공화당	민주당	14
뉴햄프셔	민주당	민주당 현직자 재선	4
노스캐롤라이나	공화당	민주당 현직자 패배	2
사우스다코타	공화당	민주당 현직자 은퇴	20
웨스트버지니아	공화당	민주당 현직자 은퇴	28

고 있다. 특히 경합주에서의 공화당의 승리는 제115대 의회에서 다루어져야 하는 다양한 정책들(이민정책 포함)에서 오바마 행정부의 정책 영향력이 약화될 수 있음을 시사한다. 〈표 3〉의 경합주 선거 결과는 민주당 현직 의원들이 공화당 후보에게 패배하였음을 확인할 수 있다. 이들 경합주에서 민주당의 패배는 공화당에 대한 유권자들의 선호도 반영이라는 의견과 오바마 행정부에 대한 유권자들의 실망의 결과라는 두 가지 의견이 상충하는 가운데 나타난 것이라는 점에서 공화당의 선거 승리 전략에 대한 관심이 높아질 수 있다.

2014년 중간선거의 결과는 2006년과 2010년 선거와의 비교를 통하여 공화당이 획득한 성별, 연령별 결과의 차이를 살펴볼 수 있는데 이를 통하여 2014년 중간선거에서 남성 유권자들의 공화당 지지가 점차 증가하고 있으

〈그림 1〉 2006년~2014년 성별, 연령별 정당 투표 비교

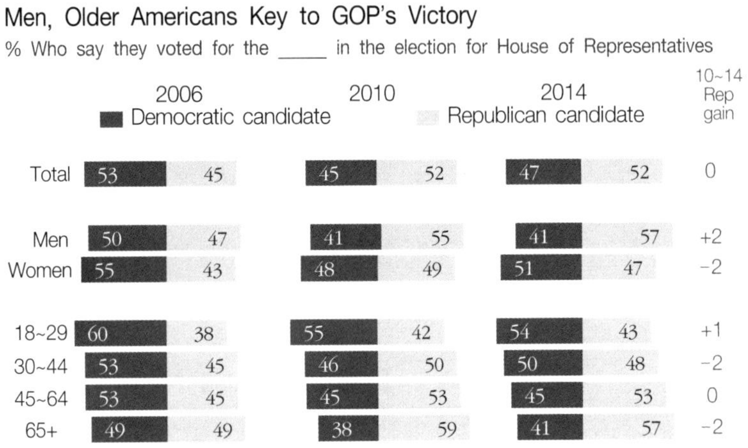

Men, Older Americans Key to GOP's Victory

% Who say they voted for the _____ in the election for House of Representatives

■ Democratic candidate ■ Republican candidate

	2006 Dem	2006 Rep	2010 Dem	2010 Rep	2014 Dem	2014 Rep	10~14 Rep gain
Total	53	45	45	52	47	52	0
Men	50	47	41	55	41	57	+2
Women	55	43	48	49	51	47	-2
18~29	60	38	55	42	54	43	+1
30~44	53	45	46	50	50	48	-2
45~64	53	45	45	53	45	53	0
65+	49	49	38	59	41	57	-2

Exit poll conducted by Edison Research for the National Election Pool, as reported by NBC and the New York Times.

출처: Pew Research Center[7]

며, 연령별 지지율에서도 30세 이상 유권자 층에서 공화당의 지지 변화의 폭이 민주당보다 작은 것을 확인할 수 있다. 〈그림 1〉은 2006년부터 2014년 선거에서 성별, 연령별 정당 투표를 비교한 것이다.

〈그림 1〉에서 확인할 수 있는 것은 남성 유권자들의 공화당 선호 투표가 2006년 47%였던 것과 비교하여 2014년 57%로 증가한 반면, 남성 유권자들의 민주당 선호는 2006년 50%에 비하여 2010년 41%로 줄어든 이후 회복되지 않고 있다. 이와 함께 전통적으로 민주당을 선호하는 것으로 나타난 여성 유권자 층에서도 공화당 선호가 2006년과 2010년 사이 꾸준히 증가하였다.

7) http://www.pewresearch.org/fact-tank/2014/11/05/as-gop-celebrates-win-no-sign-of-narrowing-gender-age-gaps/(검색일: 2015.2.2).

2. 공화당의 선거 승리 전략

그렇다면 많은 정치평론가들이 예측한 공화당의 선거 승리는 무엇에 기인한 것인가? 여기에 대한 해답을 찾는 것은 단순히 오바마 행정부에 대한 유권자들의 실망의 결과 혹은 공화당에 대한 지지층의 증가 가능성이라는 관측만으로는 불충분하다. 따라서 2014년 미국 중간선거에서 공화당의 선거 승리 전략은 티파티와의 관계, 정책 이슈에 대한 공화당 후보들의 유권자들과의 조응성, 라티노 유권자들에 대한 전략, 그리고 핵심 이슈에 대한 low key 접근방식 등으로 살펴볼 수 있을 것이다.

1) 티파티와의 관계

2014년 중간선거에서 공화당의 승리는 티파티 지지층과의 관계를 통하여 이해할 수 있다. 비록 티파티운동이 2014년 중간선거에서는 2010년과 비교하여 현저하게 낮은 영향력을 발휘한 것으로 보이지만 티파티 공화당 지지층(Tea Party Republican)은 그렇지 않은 층보다 투표에 더 많은 관심을 보였다. 9월 25일부터 30일에 조사한 갤럽 조사에 의하면 응답자 중 티파티 공화당원이라고 밝힌 응답자의 73%가 투표에 지대한 관심이 있다고 응답한 반면 일반 공화당원의 57%가 기꺼이 투표를 할 의향이 있다고 밝혔다.[8] 티파티 공화당원으로 자신의 정체성을 밝힌 전국 유권자가 약 18%임을 감안한다면 티파티와 공화당원의 정체성을 동시에 가지고 있는 강력한 투표의향자들은 비 티파티 지지층보다 기꺼이 투표할 가능성이 높음을 시사한다. 이는 공화당에 대한 충성스러운 지지투표자들이 민주당보다 견고해질 수 있음을 나타내는 것으로 공화당을 지지하는 티파티 운동가들의 상대적으로 높은 투표율은 공화당의 승리를 견인하는 요인으로 작용하였음을 알 수 있다.

물론 공화당의 중간선거를 위한 예비선거에서 티파티 영향력이 2010년

8) Gallup, Tea Party Republicans Highly Motivated to vote in Midterms, http://www.gallup.com/poll/178814/tea-party-republicans-highly-motivated-vote-midterms.aspx(검색일: 2015.2.20).

선거보다 약화되었다는 부분이 있지만 여전히 공화당의 강력한 지지기반으로서의 티파티는 투표 블록으로서 영향력을 행사할 수 있다. 즉, 대부분의 티파티 지지자들이 공화당 지지층이거나 공화당에 대해 선호를 가지고 있으므로 이들이 선택하는 후보자들은 공화당 후보자일 확률이 높다. 따라서 비록 티파티가 지지하는 후보자가 아니지만 공화당 후보자의 경우 티파티 지지층의 투표를 얻을 수 있다.

티파티와 공화당의 후보자 선발을 둘러싼 당내 경쟁은 2014년 중간선거에서 티파티에 대한 공화당의 승리라는 관측을 불러일으켰지만 유권자 층으로서의 티파티 지지층은 여전히 공화당 후보에 대한 지지층으로서 긍정적 효과를 얻을 수 있다. 또한 주요 티파티 그룹들이 2014년 중간선거에서 21명의 후보자를 지지하였고 이 중 10명의 후보가 예비선거에서 승리한 반면 11명이 예비선거에서 공화당 후보에게 패배하여 48%의 예비선거 승률을 기록하였다.[9] 주목할 만한 것은 티파티가 지지한 하원의원 후보자 중 41명이 예비선거에서 승리하고 18명이 탈락하여 69%의 승률을 올렸다는 점이다. 이 중 하원의원선거에서 주요 티파티 그룹이 지지한 후보들 중 2/3가 현직 후보라는 점에서 이제 적어도 하원의원선거에서 주요 티파티 그룹이 새로운 도전자가 아닌 현직 후보들을 지지하여 승률을 높이는 전략을 지속적으로 사용할 가능성이 있다. 이는 향후 티파티 그룹과 공화당 간의 예비선거 경쟁은 이제 상원과 하원의원선거로 구분하여 분석할 필요성을 제시한다.

2) 정책 이슈에 대한 유권자들과의 조응성

앞서 살펴본 유권자들이 고려한 2014년 중간선거 이슈 우선순위와 달리 선거 후보자들이 예비선거에서 고려한 선거 이슈는 순위에서 차이를 보였다. 예비선거에서 후보자들이 가장 많이 언급한 선거 이슈는 다음과 같다.

9) Institute for Research and Education on Human Rights, "Tea Party Endorsed Candidates Dominate Election 2014," https://www.irehr.org/issue-areas/tea-party-nationalism/tea-party-news-and-analysis/610-tea-party-election-2014(검색일: 2015.3.1).

〈표 4〉 후보자들이 바라 본 선거 이슈 우선 순위

이슈 랭킹	공화당 후보	%	민주당 후보	%
1	오바마케어	78.9	오바마케어	62.2
2	세금	75.8	기후변화	54.2
3	부채	74	최저임금	50.9
4	규제	69	이민	50.3
5	이민	58.5	세금	50

출처: Brookings Institute[10]

공화당과 민주당 후보 모두 오바마케어에 대한 관심이 가장 높았으나 두 번째로 높은 관심을 보인 부분은 공화당과 민주당 후보 간 큰 차이를 보였다. 공화당 후보의 경우 예비선거에서 두 번째로 많이 언급한 것이 세금 문제(75.8%)인 반면 민주당 후보는 기후변화(54.2%)를 들었는데 이는 유권자들이 낮은 순위의 선거 이슈로 꼽은 기후변화 및 환경 문제에 대한 관심이라는 점에서 유권자들의 관심 이슈와의 조응성 부분에서 민주당 후보들이 약했음을 보여준다.

중간선거는 일반적으로 대통령을 배출하지 않은 정당에 유리한 선거로 알려져 있으며 공화당은 이러한 중간선거의 전형적 속성이 주는 이점을 최대한 살렸다고 볼 수 있다. 그러나 앞서 살펴본 정책 이슈에 대한 공화당 후보의 조응성과 관련하여 민주당에 대한 유권자들의 지지가 사라진 것이 아니라는 점을 함께 살펴볼 필요가 있다. 중간선거 직전에 실시된 한 여론조사에서 공화당에 대한 전반적인 이미지는 민주당에 비해 여전히 부정적인 평가가 강하지만 정책 수행 능력에 대한 평가는 보건 의료 분야를 제외한

10) Elaine C. Kamarck and Alexander R. Podkul, "The 2014 Congressional Primaries: Who Ran and Why," Center for Effective Public Management(Brookings Institute, 2014).

대부분의 이슈에서 공화당이 적어도 5% 이상 높은 지지를 받고 있는 것으로 나타났다. 예를 들어, 테러리스트의 위협에 대한 대응의 경우 47%의 응답자들이 공화당이 더 나은 기능을 수행할 것이라고 응답한 반면, 단지 30%만이 민주당의 수행 능력을 선호한다고 응답하였다.[11] 이와 함께 더 많은 공화당 응답자들이 중간선거를 오바마에 대항하는 선거로 인식하고 있었으며, 동일한 여론조사에서 61%의 공화당 투표자들이 이번 선거를 오바마 대통령에 대항하는 선거로 인식하는 것으로 나타났다.

결국 중간선거에서 공화당의 선전은 공화당의 이미지에 대한 개선이라기보다 공화당의 정책능력에 대한 유권자들의 평가가 더 앞선 것으로 평가할 수 있으며 이는 공화당과 유권자들 간의 이슈 조응성에서 공화당이 더 높은 지지를 확보하였음을 나타낸다. 따라서 공화당은 기존의 정당 이미지에 대한 개선에 주력하기보다 유권자들의 선호 정책에 대한 관심을 지속하고, 유권자 선호 이슈와 공화당의 이슈 우선순위가 유사하다는 점을 유권자들에게 알리는 데 성공하였다고 볼 수 있다.

동시에 2014년 중간선거에서 공화당의 이슈 포지셔닝은 이미 기존 선거에서 반복된 것이었기 때문에 이번 중간선거에서 공화당의 이슈 포지셔닝이 급격한 변화를 가져온 것이 아니었다. 예를 들어, 이민법 개혁, 낙태권리, 동성애, 오바마케어에 대한 지속적인 반대는 이미 2010년 선거에서도 나타났으며, 2010년 이전 선거에서도 주요 정책에 대한 공화당의 지속적 반대로 인하여 이미 유권자들의 입장에서 공화당의 정책 위치는 분명하게 각인되어 있었다. 따라서 특정 이슈에 대한 공화당의 입장이 급작스럽게 변하지 않았다는 점에서도 공화당 지지 기반의 표 이탈이 사실상 적었다는 점 또한 공화당의 선거 승리에 긍정적으로 작용하였을 것으로 추론할 수 있다.

---

11) Pew Research Center, "As midterms Near, GOP Leads on Key Issues, Democrats Have a More Positive Image," http://www.people-press.org/2014/10/23/as-midterms-near-gop-leads-on-key-issues-democrats-have-a-more-positive-image/(검색일: 2015.2.2).

3) 라티노 유권자와의 관계

2014년 중간선거에서 라티노 유권자들의 반응과 공화당의 선거 승리는 어떠한 관계가 있을까? 라티노 유권자들의 투표 향방은 최근 미국 선거에서 중요한 이슈가 되고 있다는 점은 이미 많은 문헌 및 여론조사를 통하여 확인되었다. 특히 몇몇 정책 이슈 분야에서 라티노 표의 결속과 방향은 선거 결과에 중요한 영향을 줄 수 있을 정도의 파괴력을 가진 것이 사실이다. 예를 들어, 이민법 개혁과 관련한 라티노 유권자들의 관심은 이민법 개혁 이슈가 선거의 중요한 정책 이슈가 되는 경우 선거 승리를 도출 할 수 있는 주요 변인이 될 수 있다. 그렇다면 2014년 중간선거에서 이민법 개혁이 차지하는 비중에 따라 이번 선거에서의 라티노 유권자들의 영향을 확인할 수 있을 것이다. 먼저 이번 선거에서 이민법 개혁과 관련한 라티노 유권자들의 표 이탈이 우려되었으나 라티노 표의 심각한 이탈이 일어나지 않았다는 것이 일반적인 관측이다. 이와 동시에 라티노 유권자들이 최근 일련의 선거에서 보여 준 낮은 투표율은 예상한 것과 달리 라티노 유권자들의 투표 블록이 선거에서 큰 영향을 미치기 어려울 수 있다는 가능성을 제공한다.

2012년과 2014년 선거에서 나타난 라티노 유권자들의 변화를 살펴보면 2014년 선거에서 라티노 유권자 비율은 전체 유권자의 8%를 기록하여 2010년과 큰 차이를 보이지 않았다. 이와 동시에 투표 가능한 라티노 유권자의 숫자는 2006년 1,730만 명을 기록하였고 2014년 그 숫자가 2,500만 명을 상회하게 되었다(NALEO). 이러한 라티노 유권자의 급격한 증가와는 달리 라티노 유권자의 투표율은 다른 유색인종 그룹과 비교하여 가장 낮은 것으로 나타났다. 2010년 라티노 유권자들의 투표율은 31.2%인 반면 백인 48.6%, 흑인 44%, 아시안 31%로 라티노 유권자의 투표율이 가장 낮은 것으로 나타났다.[12] 따라서 급증하는 라티노 유권자의 숫자가 곧바로 투표율의 상승으로 이어지는 것이 아니며, 이에 따른 라티노 유권자 투표 블록 효과는 더욱 다양한 연구 분석을 필요로 한다.

---

12) 5 takeaways about the 2014 Latino vote, Pew Research Center.

〈그림 2〉 라티노 및 전체 유권자들의 선거 이슈 선호(출구조사)

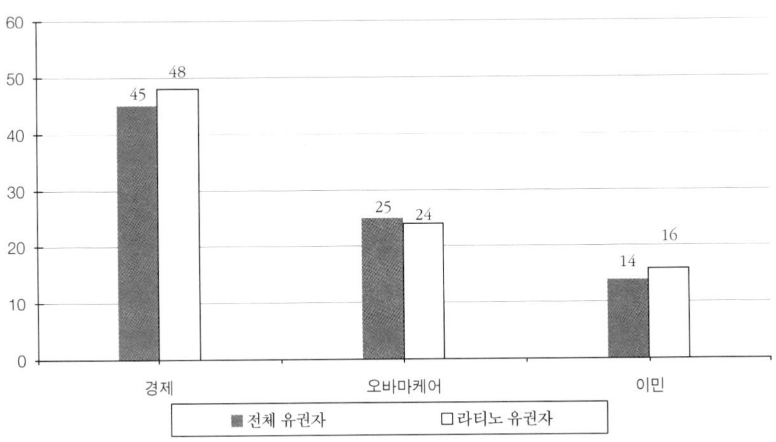

출처: 5 takeaways about the 2014 Latino vote, Pew Research Center[13)]

선거 이슈와 관련하여 라티노 유권자들의 가장 큰 관심은 이민정책이 아닌 경제 이슈였다. 흥미로운 것은 중간선거 전 여론조사에서 라티노 유권자들의 선거 이슈 우선순위는 단연 이민정책이었던 것에 비해 선거 이후 조사에서 나타난 라티노 유권자들의 가장 큰 선거 이슈는 경제였다는 점이다.

흥미로운 것은 라티노 유권자들의 중요 관심사인 이민정책과 관련한 설문조사에서 이민정책과 라티노 유권자들의 투표행태가 결정적인 관계가 없다는 결과가 나왔다. 이민정책과 관련하여 "유권자 자신의 견해에 반대하는 후보자에게 투표할 것인지" 묻는 질문에 다음과 같은 응답을 보였다.

등록되어 있는 라티노 유권자들 중 절반이 넘는 응답자들이 후보자와 자신들의 이민정책에 대한 견해가 다르더라도 그 후보자에게 투표하겠다고 응답한 반면 36%는 투표하지 않겠다고 밝혔다. 또한 공화당원이거나 공화당

13) Pew Research Center, "5 takeaways about the 2014 Latino vote," http://www.pewresearch.org/fact-tank/2014/11/10/5-takeaways-about-the-2014-latino-vote/ (검색일: 2015.2.20).

〈표 5〉 이민정책과 투표 행태

	투표하지 않을 것이다	투표할 것이다
공화당/공화당 지지성향(라티노)	26	62
모든 라티노 유권자	36	54
민주당/민주당 지지성향(라티노)	50	52

출처: Chapter 5: Hispanics and their views of immigration reform. Pew Research Center. Hispanic Trends[14)]

지지성향을 보인 라티노 유권자들의 경우 이민정책과 후보자에 대한 투표가 큰 관련이 없음을 보여준 반면, 민주당 성향 라티노 유권자들은 후보자의 이민정책 견해가 중요한 투표동력임을 확인하였다. 이는 일반적으로 이민정책이 라티노 유권자들의 투표행태에 대단히 중요한 영향일 미치는 요인으로 판단했던 과거 선거와는 달리 이번 중간선거에서 오바마 정부의 이민정책은 라티노 유권자들로 하여금 강력한 지지 혹은 저항 투표 블록을 형성할 수 있을 정도의 파괴력을 갖지 못했다. 동시에 이번 선거가 라티노 유권자들의 민주당 지지 투표 블록을 구성하는 선거 환경이 아니었다는 점에서 공화당에게 불리한 선거가 아니었다.

이와 동시에 2014년 선거에서 경합주의 라티노 인구 및 유권자 비율이 높지 않은 것으로 나타난 것도 공화당의 선거 승리에 라티노 유권자들이 줄 수 있었던 부정적 영향을 최소화하는 환경이 조성되었다. 증가하는 라티노 등록 유권자 숫자는 주목할 만 하지만 전체 유권자에서 라티노 유권자가 차지하는 비율은 2014년 중간선거에서 여전히 낮다. 예를 들어, 상원의원선

14) Pew Research Center, 2014, Chapter 5: hispanics and their Views of Immigration Reform, http://www.pewhispanic.org/2014/10/29/chapter-5-hispanics-and-their-views-of-immigration-reform/(검색일: 2015.2.22).

〈그림 3〉 주요 경합주의 라티노 유권자 비율[15]

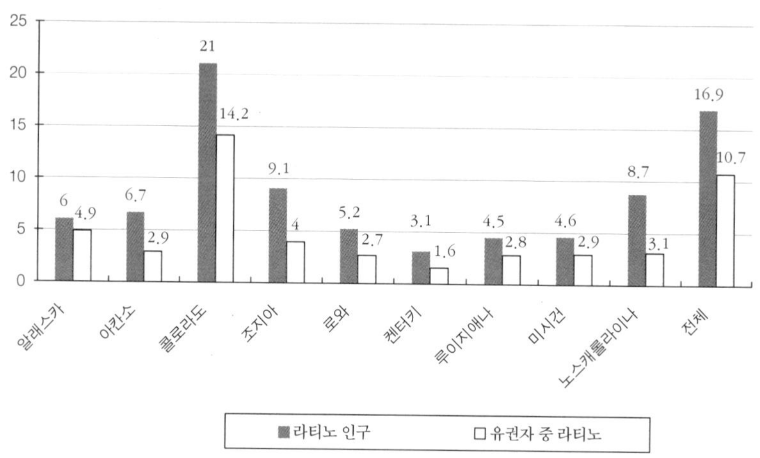

거에서 라티노 유권자의 비율은 전체 유권자 중 4.7%이며, 주지사선거의 경우 7.9%, 그리고 하원의원선거는 13.6%를 기록하고 있다.[16]

4) 쟁점 이슈에 대한 소극적 대응 전략: 후보자 측면

2014년 중간선거에서 공화당의 선거 승리는 공화당의 훌륭한 캠페인 전략의 산물인지, 오바마 대통령에 대한 계속된 비판과 이를 방어하지 못한 민주당의 전략적 실패인지에 대한 평가는 향후 이번 선거에 대한 다양한 분석을 통하여 가능할 것이다. 그럼에도 불구하고 공화당의 승리는 공화당 후보들의 쟁점 이슈 접근 전략에서도 그 원인을 찾을 수 있을 것이다. 공화

15) http://www.pewresearch.org/fact-tank/2014/09/08/latino-vote-is-small-in-nearly-all-states-with-hot-senate-races/(검색일: 2015.2.20).

16) Pew Research Center, 2014, Latino Voters and the 2014 Midterm Elections: Geography, Close Races and Views of Social Issues, http://www.pewhispanic.org/2014/10/16/latino-voters-and-the-2014-midterm-elections/(검색일: 2015.2.25).

당은 이번 선거에서 쟁점 이슈에 대하여 부각시키기보다 오바마 대통령의 실정에 대한 강조를 우선 순위에 두어 선거 캠페인을 이끌어 나아갔다. 즉 쟁점 이슈에 대해 침묵하고 공화당에 유리한 정책적 측면을 강조하여 정책 수행능력의 우수성을 부각시키는 방식을 통하여 상원의원선거를 주도하였다. 선거 캠페인이 시작되면서 공화당은 단순한 선거전략을 수립하였다. "실수를 하지 말 것. 모든 것은 오바마 대통령의 탓으로 돌릴 것. 백악관에서 나오는 모든 실수는 공화당의 선거 광고에 이용할 것. 민주당 후보에 대한 공격은 이들이 오바마 대통령을 지지하여 투표한 부분을 부각시킬 것"[17) 등이었다. 이 전략 중 어느 곳에도 기존의 쟁점 이슈에서 대해 공화당의 이슈 포지셔닝을 공고하게 한다는 부분이 들어있지 않다. 즉, 기존의 선거전략은 각 정당이 보여주는 정책 포지셔닝을 다시 한번 확인하여 기존 지지층을 공고하게 하는 것을 기본으로 삼고 있었지만 이번 선거에서 공화당은 자신의 정책 위치를 부각하기보다 오바마 대통령의 낮은 인기를 더욱 강조하는 전략을 수립하였던 것으로 보인다.

치열한 경합주 중 하나였던 콜로라도 주 선거는 공화당이 이번 선거에서 쟁점 이슈에 대하여 소극적 접근법을 취했음을 보여준다. 공화당 후보였던 코리 가드너(Cory Gardner)는 민감한 이슈(예를 들어, 낙태 이슈)에 대해 기존의 공화당 후보들이 보여준 뚜렷한 pro-life의 견해보다 상당히 유연한 견해를 보였다. 가드너의 중요한 선거전략은 "바보같은 이야기를 하지 않는다(hasn't said anything stupid)"였으며 이는 치열한 접전을 벌이는 경합주의 경우 민주당 성향의 유권자들을 자극하지 않는 동시에 부동층을 확보할 수 있는 가능성을 높인다는 점에서 효과적인 선거 동원 전략이었던 것으로 평가한다. 가드너와 유사한 이른바 '빗겨가는' 전략을 선택한 공화당 후보들은 다양한 이슈 분야에서 기존의 공고한 '공화당 색채'를 조금 덜어내는 유연

17) Philip Rucker and Robert Costa, Washington Post, "Battle for the Senate: How the GOP did it"(2014. Nov. 5), http://www.washingtonpost.com/politics/battle-for-the-senate-how-the-gop-did-it/2014/11/04/a8df6f7a-62c7-11e4-bb14-4cfea1e742d5_story.html(검색일: 2015.2.10).

한 전략을 채택하였다. 켄터키의 강성 공화당 후보였던 미치 맥커넬(Mitch McConnell)의 경우 공식적으로 반대를 표명해 온 오바마케어에 대한 입장을 켄터키 주 보건정책 변화와 관련하여 주의 의료보건 정책에 대해 온건한 자세를 취하였다. 또한 뉴햄프셔의 공화당 하원의원 후보였던 메리린다 가르시아(Marilinda Garcia)는 동성혼과 관련하여 이 주제는 "더 이상 전쟁이 아니니다. 시간이 지나면 좀 더 새로운 이슈에 봉착할 것이라고 생각한다"고 언급하여 사실상 동성혼에 대한 찬, 반 논쟁을 빗겨나갔다.[18)]

이와 같은 후보자 레벨에서의 쟁점에 대한 소극적 접근방식은 선거전략 분야에서 결정적인 선거 승리를 가져다주는 요인은 아닐 수 있다. 또한 모든 공화당 후보들이 이와 유사한 전략을 수립하였을 가능성도 높지 않다. 그럼에도 불구하고 쟁점 이슈에 대한 공화당 후보들의 소극적 접근은 기존의 강성 이미지를 고수하여 전통적 지지층을 확보하는 전략으로부터 새롭게 출발하여 장기간 지속된 민주당 주도의 의회를 공화당이 탈환하는 데 일익을 담당하였다는 점은 부인하기 어렵다. 더욱이 소극적 접근 전략이 경합주의 후보들로부터 나왔다는 점은 이들 경합주에서의 공화당 승리에 긍정적 영향을 준 선거 승리 전략으로서 의미를 부여할 수 있을 것이다.

IV. 결론

2014년 미국 중간선거에서 나타난 공화당의 승리는 오바마 대통령의 낮은 인기도와 민주당에 대한 높은 실망감, 그리고 공화당의 선거 승리 전략이

---

18) NPR, The Republican Party's Remarkable Non-Transformation(2014. Nov.4), http://www.npr.org/2014/11/04/361214063/the-republican-partys-remarkable-non-transformation(검색일: 2015.3.1).

어우러진 결과이다. 많은 전문가들은 이미 2014년 초부터 공화당의 선거 승리를 예견하였고, 이러한 예측은 선거일이 다가오면서 점차 현실화되었다. 더욱이 오바마 대통령의 낮은 지지도가 민주당의 선거 캠페인에 부정적인 영향을 주고 있다는 비판이 민주당 내에서 나오는 상황 속에서 공화당은 자신에게 '불리하지 않은' 선거 환경 속에서 다양한 선거 승리 전략을 추진하였다.

공화당의 선거 승리 전략은 티파티와의 예비선거 경쟁에서 상당 부분 주도권을 확보하면서 본격적으로 효과를 얻기 시작하였다. 비록 티파티 후보가 공화당 예비선거에서 패배하였지만 다수의 티파티 지지층은 여전히 공화당에 대한 충실한 지지를 보여주었다. 이와 함께 유권자들의 지향하는 선거 이슈의 우선순위와 공화당의 선거 이슈가 상당 부분 조응성을 보인 데 비해 민주당의 선거 이슈는 유권자들의 선호와 거리가 있었다. 따라서 선거 이슈에 대한 정당의 반응 측면에서 공화당이 민주당에 비해 높은 수준을 유지하였고 이는 유권자들의 투표 방향에 영향을 주었을 것으로 추론할 수 있다.

라티노 유권자는 민주당의 전통적 지지 기반이며 최근 투표 가능한 등록 유권자의 수가 급격하게 증가하면서 공화당의 선거 캠페인에 부정적 영향을 줄 것으로 관측되었다. 더욱이 이민정책과 관련하여 공화당의 이민정책 반대 움직임은 라티노 유권자의 투표 블록이 민주당으로 쏠릴 수 있다는 우려를 낳게 되었다. 그러나 출구조사 결과, 라티노 유권자들이 공화당의 대항하여 민주당에 몰림표를 제공한 것이 아니라는 것을 확인하게 되었고, 이는 공화당의 선거 환경을 악화시키지 않는 요인으로 작용하였다. 마지막으로 쟁점 이슈에 대한 공화당 후보자들의 소극적 접근은 기존의 강성 공화당 후보들의 이미지를 유연하게 하여 치열한 접전을 벌인 경합주에서 공화당 후보들이 선전을 할 수 있는 발판을 마련해 주었다.

2014년 중간선거에서 나타난 공화당의 선거 승리 전략이 2016년 대통령 선거에서도 유용할 것인가? 분명한 것은 공화당의 집권 의지는 기존 공화당의 강성 정책 이미지를 유연하게 할 만큼 강력해지고 있으며 이에 대한 유연한 선거 승리 전략은 2016년 선거에서도 일정 부분 지속될 가능성이 있다. 변모하는 공화당의 선거 승리 전략이 새로운 공화당의 선거 캠페인의 전략으로 자리매김할 수 있을지 향후 진행될 대통령선거를 주시할 필요가 있다.

▌참고문헌▐

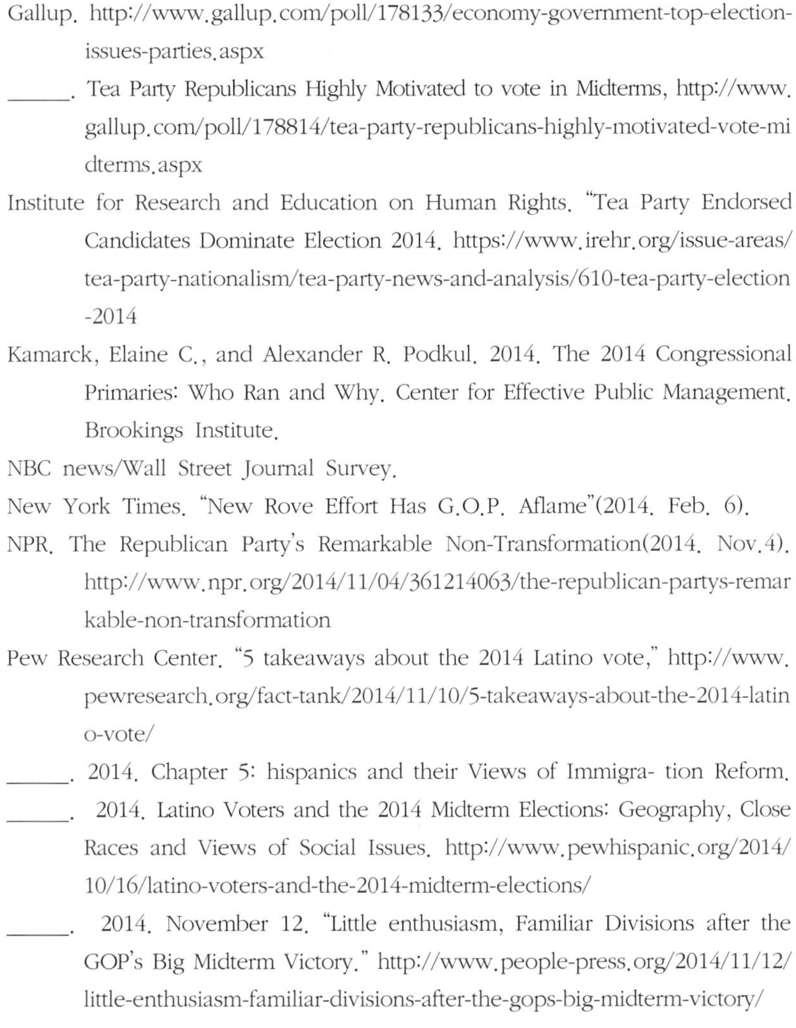

Gallup. http://www.gallup.com/poll/178133/economy-government-top-election-issues-parties.aspx

______. Tea Party Republicans Highly Motivated to vote in Midterms, http://www.gallup.com/poll/178814/tea-party-republicans-highly-motivated-vote-midterms.aspx

Institute for Research and Education on Human Rights. "Tea Party Endorsed Candidates Dominate Election 2014. https://www.irehr.org/issue-areas/tea-party-nationalism/tea-party-news-and-analysis/610-tea-party-election-2014

Kamarck, Elaine C., and Alexander R. Podkul. 2014. The 2014 Congressional Primaries: Who Ran and Why. Center for Effective Public Management. Brookings Institute.

NBC news/Wall Street Journal Survey.

New York Times. "New Rove Effort Has G.O.P. Aflame"(2014. Feb. 6).

NPR. The Republican Party's Remarkable Non-Transformation(2014. Nov.4). http://www.npr.org/2014/11/04/361214063/the-republican-partys-remarkable-non-transformation

Pew Research Center. "5 takeaways about the 2014 Latino vote," http://www.pewresearch.org/fact-tank/2014/11/10/5-takeaways-about-the-2014-latino-vote/

______. 2014. Chapter 5: hispanics and their Views of Immigra- tion Reform.

______. 2014. Latino Voters and the 2014 Midterm Elections: Geography, Close Races and Views of Social Issues. http://www.pewhispanic.org/2014/10/16/latino-voters-and-the-2014-midterm-elections/

______. 2014. November 12. "Little enthusiasm, Familiar Divisions after the GOP's Big Midterm Victory." http://www.people-press.org/2014/11/12/little-enthusiasm-familiar-divisions-after-the-gops-big-midterm-victory/

Politico. "Tea partiers line up to tackle GOP senators"(2013. December 11). http://www.politico.com/story/2013/12/tea-party-gop-senators-100988.html

Rucker, Philip, and Robert Costa. Washington Post. "Battle for the Senate: How the GOP did it"(2014. Nov. 5). http://www.washingtonpost.com/politics/battle-for-the-senate-how-the-gop-did-it/2014/11/04/a8df6f7a-62c7-11e4-bb14-4cfea1e742d5_story.html

http://newscms.nbcnews.com/sites/newscms/files/141503_late_oct_nbc-wsj_pre-election_quickie_poll.pdf

http://www.pewhispanic.org/2014/10/29/chapter-5-hispanics-and-their-views-of-immigration-reform/

http://www.pewresearch.org/fact-tank/2014/09/08/latino-vote-is-small-in-nearly-all-states-with-hot-senate-races/

http://www.pewresearch.org/fact-tank/2014/11/05/as-gop-celebrates-win-no-sign-of-narrowing-gender-age-gaps/

경합주에서 선거운동의 효과: 2014년 연방 상원선거

박영환 | 영남대학교

I. 서론

집권 6년차에 접어든 오바마 행정부의 국정운영이 총체적 난맥상을 드러내면서 2014년 중간선거는 오바마 대통령과 그 행정부에 대해 심판을 요구하는 미국 시민들의 염원이 그대로 표출된 장이 되었다. 시민들이 피부로 느끼는 체감경기의 더딘 회복, 경기회복의 혜택이 일부 부유층에 집중되면서 더욱 커져가는 소득불균형, 오바마케어(Obamacare)에 대한 중산층 이상의 거부감, 대외정책의 무기력감은 민주당에 비우호적인 선거 환경을 만들었다. 그 결과 민주당의 참패로 선거는 막을 내렸다. 저조한 투표율이 민주당에 불리하게 작용을 하기는 했지만 공화당은 오바마 행정부의 실정과 효율적인 선거운동으로 의회권력을 차지할 수 있었다. 공화당은 하원에서 13석을 추가하여 247석을, 상원에서 9석을 추가하여 54석을 획득하면서 8년 만에 상·하원을 모두 장악하는 기염을 토해내면서 과반수 정당이 되었다. 또 주지사선거에서도 2곳을 더 얻어 총 31개 주에서 공화당 출신의 주지사를 갖게 되었다.

이 장은 2014년 중간선거에서 민주당이 참패를 하고 공화당이 완승을 하게 된 배경으로 선거운동의 효과에 주목한다. 특히 경합주(battleground state)에서의 선거결과가 연방선거의 성격을 규정하는 만큼 경합주를 중심으로 민주·공화 양 후보들의 선거운동의 양상과 선거결과에 미친 영향력을 조망해 보고자 한다. 선거운동의 효과를 분석하는 데 있어 이 글은 경합주에서 연방 상원선거로 그 분석대상의 범위를 줄이고자 한다. 그 이유는 분석 수준에서 단순함, 자료 확보의 용이함, 선거운동 효과의 평가에 있어 간단명료함 때문이다. 물론 2014년 경합주의 연방 상원선거에서 선거결과에 미친 요인들은 다양하다. 앞에서 언급한 것처럼 투표율, 당파성, 유권자의 개인적 수준에서 인구통계학적 요인, 사회경제적 배경 등이 선거결과에 영향을 미쳤을 것이다. 그러나 이 글은 2014년 연방 상원선거 결과에 대해 모든 요인들을 고려한 포괄적인 분석을 시도하는 것이 아니다. 앞서 밝혔듯이 정당과 후보자들의 선거운동 양상과 전략에 초점을 맞추어 연방 상원선거 결과를 설명하는 데 그 목적이 있다. 이를 위해 2014년 연방 상원선거와 관련한 각종 통계자료와 인터넷 자료를 활용하여 경합주에서의 선거운동의 효과를 분석하고자 한다.

II. 선거운동의 요소와 평가

기존 문헌에 따르면 선거운동이 선거결과에 미치는 영향력은 대체로 존재하지 않거나 제한적이다. 유권자들이 가지고 있는 기존의 신념과 정보 때문에 선거운동의 영향력은 유권자들의 태도를 바꾸어 후보자의 지지를 철회하게 하고 다른 후보자에 지지를 보내게 하는 것은 사실상 불가능하며 그나마 특정 후보자에 대한 유권자의 지지를 공고화하는 것에 불과하다는 것이다

(Brady et al. 2006; Finkels 1993; Lazardsfeld et al. 1948). 그러나 우리는 집합적인 수준에서 득표율의 변화가 선거운동에 의해 자주 영향을 받는 것을 목격한다(Campbell 2000; Shaw 1999; Wlezien and Erikson 2001, 2002). 특히 박빙의 접전이 펼쳐지고 있는 선거에서는 선거운동이 선거결과에 결정적으로 작용할 수 있다. 왜냐하면 팽팽한 선거 대결 구도에서 특정 이슈에 대한 후보자의 입장, 후보자의 실수와 그에 대한 다른 후보의 신랄한 공격, 선거자금 등은 예측 불가능한 선거결과에 유의미한 차이를 만들어낼 수 있기 때문이다. 이런 주장이 맞는다면 민주·공화 양당에 의해 치열하게 선두 다툼을 벌인 경합주(battleground state)는 선거운동의 영향력을 분석하는 데 더없이 훌륭한 분석단위가 된다. 이 장은 2014년 미국 연방 상원선거에서 경합주를 중심으로 선거운동의 영향력을 살펴보는 데 그 목적이 있다.

분석을 위해 먼저 경합주 선정에 대해 설명하고자 한다. 2014년 연방 상원선거가 시작되면서 미국의 많은 언론들은 대략 13개 지역을 경합주로 분류하는 데 이견이 없었다. 13개 주들은 알래스카, 아칸소, 콜로라도, 조지아, 아이오와, 캔자스, 켄터키, 루이지애나, 몬태나, 뉴햄프셔, 노스캐롤라이나, 사우스다코타, 웨스트버지니아이다. 그러나 선거가 본격적인 레이스에 접어들면서 몬태나, 사우스다코타, 웨스트버지니아는 사실상 공화당 후보에게 승부의 축이 기울어졌다는 예상과 보도가 지배적이었다. 이 글에서는 이들 3개 지역을 제외한 나머지 10개 지역을 중심으로 선거운동의 영향력을 검토해보고자 한다.

다음으로 선거운동의 효과를 검토하고자 한다면 구체적으로 선거운동의 어떤 요소 및 양상에 주목하여 그 효과를 살펴보아야 할 것인가에 대한 질문에 봉착하게 된다. 즉 선거운동의 구체적 측정은 무엇을 대상으로 이루어져야 하는가에 관한 물음이다. 이 글에서는 선거운동의 요소에 후보자의 선거구도 짜기, 개별 주의 이해관계에 따른 이슈화와 후보자의 이슈 입장 변화, 후보자의 실수 및 실수에 대한 공세, 유력인사의 지지 표명 및 유세 지원, TV 광고, 선거자금을 포함시킨다. 즉 이들 요소들에 초점을 맞추어 선거결과에 미치는 선거운동의 영향력을 살펴보고자 한다.

1. 선거구도 짜기: 민주당 후보자를 오바마 대통령과 동일화시키기

경합주에서 오바마 대통령에 대한 국정수행 지지도는 전국 평균을 밑도는 수치로 나타났다. 전국적으로 오바마 대통령의 국정수행에 대해 만족하는 비율은 45퍼센트였으나 경합주에서는 38퍼센트에 불과하였다. 낮은 지지율은 오바마 대통령의 경제 분야 직무수행에 대한 부정적 평가가 결정적이었다. 사실 전반적인 미국 경제지표의 경우 이번 2014년 중간선거에서 그리 나쁘지도 않았고 오히려 과거에 비해 호전되었다. 〈표 1〉이 보여주듯이 4년 전과 비교해서 2014년 10월 현재 실업률 감소, 소비자 신뢰지수 상승, 다우존스 산업지수(Dow Jones Industrial Index) 상승, 재정적자 축소 등 제반 경제지표는 나아졌다. 그럼에도 불구하고 이번 중간선거에서 민주당의 패배는 전반적인 경제 상황이 개선되었음에도 미국 유권자들이 느끼는 체감경기 회복으로 이어지지 않았기 때문으로 설명될 수 있다. 부정적인 체감경기의 상황을 오바마 행정부의 실정 탓으로 돌린 미국 유권자들은 2014년 중간선거에서 오바마 행정부와 민주당을 심판하였다. 특히 문제의 심각성은 선거에 결정적 영향을 미칠 경합주에서 오바마 대통령의 직무수행 평가가 낮았다는 것이다. 따라서 오바마 대통령의 경제 분야 직무수행에 누구보다 실망했을 경합주의 주민들에게 이번 연방 상원선거는 오바마 대통령과 오바마 행정부를 심판할 좋은 기회였을 것이다. 이 과정에서 공화당 후보들은 오바마 대통령과 민주당 후보를 일체화시키는 선거운동을 펼침으로써 초접전 양상이 펼쳐진 경합주의 연방 상원선거에 공화당의 승리를 밑받침하는데 결정적인 기여를 하였다.

경합주에서 공화당 후보들은 민주당 후보들을 오바마, 그리고 오바마 행정부와 동일화시키는 선거운동을 구사하면서 유권자들에게 민주당 후보에 대한 심판은 곧 오바마와 오바마 행정부에 대한 심판이라는 인식을 심어주었다. 한 여론조사에 따르면 경합주의 유권자의 54퍼센트는 공화당이 상원에서 다수당이 되어 오바마 행정부를 견제하고 오바마 행정부의 아젠다를 통제해주기를 원하였다.[1)] 구체적으로 각 경합주에서 공화당 후보들이 민주

〈표 1〉 오바마 행정부의 경제성과 비교: 2010년(10월)과 2014년(10월)

	2010년 10월	2014년 10월
실업률	9.6%	5.8%
소비자 신뢰지수(미시건대학교)	67.7	86.9
다우존스 산업지수 평균	11,434	17,383
GDP 대비 재정적자 규모	1조 3천억 달러(9.3%)	5천 6십억 달러(2.9%)

출처: Patric R Romain, "Commentary: The 2014 US Midterms — The democratic election that wasn't," *The Weakly Leaf*(2014) 에서 일부 인용. http://theweeklyleaf.com/014/11/11/commentary-the-2014-us-midterms-the-democratic-election-that-wasnt(accessed February 25, 2015)

당 후보들을 어떻게 오바마와 동일화시켰는지를 살펴보자. 공화당이 상원에서 과반 의석을 차지하기 위한 필수적인 조건은 민주당 후보와 적게는 1~2퍼센트 내에서 초박빙의 접전을 벌이는 경합주에서의 승리이다. 2014년 연방 상원선거에서 대표적인 경합주의 하나로 꼽히는 콜로라도 주는 지난 선거 결과들이 말해주듯 양당의 대결이 치열하게 펼쳐지는 곳이었다. 2000년 이후 대통령선거에서 공화·민주 각 진영은 두 번씩 번갈아가며 콜로라도에서 승리를 하였고, 지난 2010년 연방 상원선거에서는 민주당의 베넷(Michael Bennet) 후보가 공화당의 벅(Ken Buck) 후보를 불과 1.7퍼센트 차로 누르고 승리하였던 곳이다. 또 2012년 연방 하원선거에서는 콜로라도 주에 걸린 총 7개의 의석 중 공화당이 4석을, 민주당이 3석을 차지하는 팽팽한 대결 구도를 보였다. 2014년 상반기 갤럽 조사에 따르면 민주당과 공화당 지지자의 비율이 각각 42퍼센트로 각 정당의 지지세가 콜로라도 주에서 동일한 형세를 보였다.[2] 2014년 10월 재선에 나서는 민주당 후보 우달(Mark Udall)과

1) http://www.resurgentrepublic.com/research/democrats-in-trouble-in-senate-battleground-states(accessed February 25, 2015).

2) http://www.gallup.com/poll/177305/colorado-politics-divided.aspx(accessed Feb-

공화당 후보 가드너(Cory Gardner)의 지지율도 45퍼센트 대 46퍼센트로 두 후보 간 우열을 가리기가 힘들었다.[3] 그러나 콜로라도 주에서 오바마 대통령의 지지도는 그리 높지가 않았다. 같은 시기 오바마 대통령의 국정수행에 대해 콜로라도 주민의 40퍼센트는 만족을, 54퍼센트는 불만족을 보였다.[4] 민주당 후보보다 더 낮은 대통령의 지지율은 공화당 후보의 가드너에게 더없는 공격의 소재거리가 되었다. 가드너는 우달 의원의 상원에서 표결이 오바마 대통령의 정책과 거의 모든 부분에서 일치하였고 단지 그는 오바마 대통령의 정책결정을 추인하는 '고무도장'의 역할에 불과했다고 비판하면서 오바마와 우달을 일치시키는 연계전략을 펼쳤다(The Economist 10/11/2014, 33). 오바마 대통령에 대한 지지도가 낮은 콜로라도 주에서 민주당 후보를 오바마의 조력자로 몰아붙이는 전략은 선거 경쟁이 치열하게 전개되는 상황에서 유의미한 차이를 만들어낼 수 있는 효과적인 전략이 아닐 수 없었다.

위와 같은 상황은 남부의 경합주의 하나인 루이지애나 주에서도 일어났다. 민주당의 현역 상원의원인 랜드류(Mary Landrieu) 후보는 공화당 후보인 캐시디(Bill Cassidy)로부터 오바마와 동일화시키는 전략으로 선거기간 내내 시달렸다. 특히 오바마케어(Obamacare)에 불만이 많은 루이지애나 주에서 캐시디는 랜드류 의원이 오바마케어를 적극적으로 찬성했던 사실을 널리 알리면서 전통적으로 공화당 지지세가 강한 루이지애나 주에 오바마 정책과 랜드류 의원의 입법행태의 일치성을 부각시키는 선거전략을 통해 선거를 오바마 정부의 심판구도로 몰아갔다. 역시 오바마의 지지도가 낮은 노스캐롤라이나에서도 민주당 현역인 헤이건(Kay Hagan)은 공화당의 선거전략에 맞서 자신을 오바마와 멀리하는 데 애를 먹어야 했다. 상대 후보인 공화당의 틸리스(Thom Tillis)는 헤이건을 오바마와 연계시키기 위해 그의

ruary 25, 2015).

3) http://elections.huffingtonpost.com/pollster/polls/nbc-marist-21031(accessed February 25, 2015).

4) http://elections.huffingtonpost.com/pollster/polls/nbc-marist-21031(accessed February 25, 2015).

상원에서 활동을 집요하게 공격하였다. 상원의 군사위원회 소속인 헤이건은 오바마 행정부의 또 다른 실패한 정책으로 인식되고 있는 ISIS 문제에 대해 수수방관 내지 오바마 행정부와 궤를 같이 하였다고 비판을 하면서 헤이건과 오바마를 일치시켜 나갔다. 특히 틸리스는 헤이건이 상원 군사위원회 회의에 자주 빠진 기록을 공개하면서 오바마 대통령의 외교적 무능과 헤이건의 대외정책 과정에서 무관심을 부각시켜 선거를 틸리스에게 유리한 구도로 이끌어나갔다.

켄터키 주에서 공화당 상원 원내대표로서 6선에 도전하는 매코널(Mitch McConnell)에게도 민주당의 상대 후보인 그라임스(Alison Lundergan Grimes)를 공격하는데, 위와 같은 선거전략은 초반 백중세를 극복하는 데 유용하였다. 켄터키 주에서 높지 않은 인기도와 경선을 통과하는 데 어려움을 겪은 매코널이 치열한 본선에서 맞이한 상대 후보는 주 국무장관 출신의 그라임스였다. 2012년 대선에서 켄터키 주는 오바마를 지지하지 않았다. 당시 대선에서 오바마는 롬니에게 무려 23퍼센트나 뒤진 인기없는 정치인이었다. 2014년 연방 상원선거에서 오차범위 내에 선두를 주고받던 매코널에게 있어 그라임스를 오바마와 연계시키는 전략은 훌륭한 선택이었다. 2012년 대선 당시 주 국무장관이었던 그라임스에게 매코널은 선거 때 대선 후보 중 누구에게 투표를 하였는지 물었고 이에 그라임스는 주 국무장관의 업무상 답변할 수 없다고 대응을 하였다. 하지만 이것으로 자신을 오바마와 분리시키려는 그라임스의 노력은 성공적이지 못했다. 오바마와 관련한 그라임스의 애매모호한 태도는 켄터키 유권자들에게 오히려 실망스런 모습으로 비쳐졌고 매코널이 그라임스를 앞서나가는 데 어느 정도 역할을 하였다.

캔자스 주는 현역 공화당 후보로서 지역에 인기 없는 정치인 로버츠(Pat Roberts)와 민주당 후보였던 테일러(Chad Taylor)의 선거기간 중 후보직 사퇴로 사실상 야권의 단일 후보가 되어버린 무소속 오먼(Greg Orman) 간에 일대일 대결로 재편성되면서 경합주로 돌아선 곳이다. 로버츠의 낮은 지지율은 전통적으로 캔자스 주의 이해관계에 반하는 그의 입법행태와 예비선거기간 동안에 불거진 그의 후보등록지 논란 때문이다. 로버츠는 의정활동을 하면서 농업 관련 법안에 반대표를 던졌으며 또 자신이 역점을 두고 추진했던 캔자스 연구기관의 기금 확보에 그 스스로 반대를 하면서 캔자스 주민을 당황시켰다. 또 캔자스에는 자신 소유의 집이 없는 대신에 캔자스 후보등록지로 자신의 지지자 집을 이용하면서 그가 과연 캔자스에 대해 애정을 갖고 캔자스 주민을 대표하는지에 관해 캔자스 주민들은 깊은 실망과 의심의 눈초리를 보냈다. 2014년 8월 한 여론조사의 결과에 따르면 로버츠의 의정수행에 만족을 하는 캔자스 주민의 비율은 고작 27퍼센트에 불과했다.[5] 캔자스 상원선거가 본격적인 레이스에 접어들면서 중앙정치를 멀리하는 무소속 후보 오먼의 인기도가 올라가자 로버츠의 선거 캠프 진영은 과거 2008년에 민주당 후보로 상원선거에 입후보한 경력이 있는 오먼을 '오바마 민주당원(Obama Democrat)'이라 부르면서 그를 오바마와 일치시키는 전략을 구사했다. 그러나 오먼은 이에 대해 이렇다 할 아무런 대응도 하지 않음으로써 10월 중순 이후 지지율이 역전이 되는 현상을 초래하고 말았다.

나머지 경합주들—알래스카, 아칸소, 아이오와, 조지아, 뉴햄프셔—에서도 공화당 후보들은 민주당 후보들을 오바마, 또는 오바마 행정부의 정책과 연계시키는 전략을 구사하면서 안 그래도 이들 지역에서 인기가 없는 오바마 대통령을 연방 상원선거에 적극 활용하여 선거 구도를 중간심판으로 몰고나가는 데 노력하였다. 이런 전략은 승부 예측이 불가능한 초접전 양상이 벌어지고 있는 경합주에서 유의미한 선거결과를 가져오는 데 성공한 전략이라고 평가내릴 수 있다.

2. 맞춤형 이슈 공략

치열한 선거전에서 지지 확보에 유리한 조건과 환경을 만드는 선거운동

5) http://www.publicpolicypolling.com/main/2014/08/roberts-brownback-both-struggling-in-kansas.html(accessed February 25, 2015).

전략들 중 선거구도 짜기 외에 생각해 볼 수 있는 것은 후보의 지역 이슈의 현저화, 또는 지역의 상황에 맞는 이슈 개발과 이슈 선점을 들 수 있다. 이와 함께 선거 환경을 유리하게 이끌어가기 위한 방편의 일환으로서 후보의 이슈 입장 변화, 그리고 상대 후보의 이슈 공세에 대한 유연한 대응도 선거운동 전략의 범주에 포함될 수 있다. 민주·공화 양당이 팽팽하게 맞대결을 벌인 경합주에서 각 후보들의 이러한 맞춤형 이슈 전략이 어떻게 전개되면서 2014년 연방 상원선거 결과에 영향을 미쳤는지 살펴보자.

아이오와 주는 민주당 상원인 하킨(Tom Harkin)의 불출마 선언으로 공석(open seat)이 된 곳이다. 이를 연방하원으로서 민주당 후보가 된 브레일리(Bruce Braley)와 주 상원의원이자 2003년 이라크전쟁에서 육군 중대장으로 복무한 공화당의 언스트(Joni Ernst) 후보가 대신해서 맞대결을 펼쳤다. 아이오와 주는 미국 50개 주에서 각 당의 대선 후보들이 가장 먼저 예비선거를 치르는 코커스(caucus)가 열리는 곳으로 초판 대선 판세의 향방을 알리는 풍향계와 같은 역할을 담당하는 곳이다. 2014년 10월 현재 아이오와 주 국무부 자료에 따르면 유권자로 등록된 민주당원 수와 공화당원의 수는 각각 600,439명과 618,775명으로 거의 비슷하였고 무당파는 703,955명에 달하였다.[6] 〈표 2〉가 보여주는 것처럼 2014년 8월부터 선거 이틀 전인 11월 2일까지 두 후보는 앞서거니 뒤서거니를 반복하며 지지율 평균 1퍼센트 내외로 치열한 접전을 이어나갔다. 이런 상황에서 승부의 향방은 무당파층을 어떻게 공략하는가에 달려 있다. 이를 위해 각 후보들이 취할 수 있는 선거전략은 자신은(특정 이슈에 대해) 중도적인 입장으로 약간 선회하면서 상대 후보를 극단적인 당파주의자로 몰아붙이는 것이다. 이런 관점에서 본다면 공화당 후보인 언스트는 성공적인 선거운동을 펼쳤다고 볼 수 있다. 언스트는 과거 주 상원의원직에 있을 때 강력하게 낙태를 반대했던 입장에서 중도층과 여성 유권자를 의식해 각종 유세나 토론 때 한 발 물러서는 모습을 보였고, 또

6) Iowa Secretary of State(2014), "https://sos.iowa.gov/elections/pdf/VRStatsArchive/2014/CoOct14.pdf."(accessed February 25, 2015).

〈표 2〉 아이오와 주 연방 상원선거 주요 입후보자 지지율 추이
(2014년 8월 11일~11월 2일)

여론조사 기관	기간	브레일리(민주당)	언스트(공화당)
Quinnipiac University	10/30~11/2, 2014	47%	47%
Rasmussen	10/28~10/30	47	**48**
CNN/ORC	10/27~10/30	47	**49**
Marist	10/24	46	**49**
Loras College	10/21~10/24	**45.3**	44.2
Quinnipiac University	10/23	46	**48**
Monmouth University	10/18~10/21	46	**47**
Public Policy Polling	10/15~10/16	**48**	47
Selzer's	10/3~10/8	46	**47**
Quinnipiac University	9/10~9/15	44	**50**
CNN/ORC	9/8~9/10	**49**	48
Public Policy Polling	8/28~8/30	43	**45**
Suffolk University/USA Today	8/23~8/26	40	40
Public Policy Polling	8/22~8/24	**41**	40
Rasmussen Reports	8/11~8/12	43	43
평균		**45.22**	**46.15**

출처: Ballotpedia, 2014, "United States Senate elections in Iowa, 2014," http://ballotpedia.org/United_States_Senate_elections_in_Iowa,_2014(accessed February 25, 2015)

2014년 10월 11일에 있었던 TV토론에서는 아이오와 주의 천연자원의 원활한 사용을 위해 환경 규제를 담당하는 연방 환경보호국(EPA: Environmental Protection Agency) 폐지를 주장하던 기존 입장에서 물러서는 완화된 입장을 보였다. 그 결과 언스트는 10월 중순 이후부터 지지율에서 근소한 차이로 브레일리를 앞서 나가기 시작했다. 한편 언스트는 2003년 이라크에서

육군 중대장으로 복무했던 경험을 강조하며 대외정책에서 강한 미국을 내세우며 보수적인 노년층의 지지를 공략하는데도 성공하였다.

2014년 5월 20일 주 예비경선이 끝난 켄터키에서도 공화당 후보이자 소수당 원내대표인 매코널(Mitch McConnell)과 민주당 후보인 그라임스(Alison Lundergan Grimes) 간에 선두 경쟁이 치열하게 벌어졌다. 5월 중순부터 10월 중순까지 두 후보의 평균 지지율은 45.93퍼센트 대 44퍼센트로 불과 2퍼센트여 차이로 매코널이 근소하게 앞섰다. 선거 초·중반 그라임스가 매코널을 상대로 불꽃튀는 대결을 펼쳤던 것이 가능했던 이유는 켄터키 주의 특성을 잘 반영한 선거운동에 기인한 것으로 볼 수 있다. 켄터키 주는 사회·문화적으로는 보수적 성향이지만 경제적으로는 다른 주에 비해 상대적으로 가난한 주에 속하여 진보적인 성격을 드러낸다. 따라서 선거기간 중 복지 문제, 최저임금 문제 등이 켄터키 주의 핫이슈가 되었다. 그라임스는 매코널의 최저임금 인상 반대를 꼬집으면서 켄터키 유권자의 표심을 파고들었다. 또 같은 당의 상원의원이자 금융·주택·도시업무위원회(Committee on Banking, Housing, and Urban Affairs) 소속 의원인 워렌(Elizabeth Warren)을 유세에 대동하여 학생들의 학자금 대출 경감을 공약하였고, 일자리 창출을 위해서도 최선을 다할 것을 다짐했다. 한편으로 그라임스는 불법이민자에 대해 사면과 납세 혜택을 허용한 매코널을 공격하여 보수적 유권자의 지지를 끌어오기 위해 노력하기도 하였다. 이처럼 그라임스는 주 특성에 따라 사회적 이슈와 경제적 이슈에 유연하게 대처하는 선거운동을 구사하면서 매코널과 치열한 선두 다툼을 벌여나갈 수 있었다.

한편 10월 중순 이후로 매코널이 그라임스의 추격을 여유있게 따돌리게 되는데 이것이 가능했던 것도 매코널의 선거운동 전략이 한몫을 하였다. 켄터키 주의 주요 산업은 석탄 산업이다. 이번 선거에서도 석탄 이슈는 켄터키 주의 주요 이슈 중의 하나였다. 석탄 이슈가 선거결과에 중요한 영향을 미칠 것이라는 것을 알고 있었던 그라임스는 오바마 대통령의 에너지 정책을 비판하면서 친석탄(pro-coal) 정책을 옹호하였다. 그러나 매코널은 자신이 상원에 있으면서 오바마 행정부의 에너지 정책에 대해 줄곧 반대를 해왔으며, 특히 그 누구보다 켄터키 주의 친석탄 정책을 옹호하는 데 의정활동을 열심히 하였다는 것을 강조했다. 그리고 결정적으로 매코널은 그라임스가 한 선거자금 모금행사에 참석해서 석탄 이슈에 대한 어떤 언급도 하지 않은 것을 문제삼으며 석탄 이슈에 대한 그라임스의 진정성을 물고 늘어졌다. 그리고 그라임스가 상원의원이 된다면 민주당 지도부의 환경보호 우선 정책의 방침에 따라 친석탄 정책을 포기할 것이라고 맹공을 가하였다. 켄터키 주의 주요 산업인 석탄 산업을 든든히 지켜줄 수 있는 사람은 워싱턴에서 다수당의 상원 원내총무가 되어 영향력을 발휘할 수 있는 자신이 그 적임자라는 것을 유권자들에게 설득을 하면서 매코널은 약 15퍼센트 차이로 비교적 여유있게 그라임스를 따돌리고 6선에 당선되었다.

콜로라도 주에서도 한 치 앞을 모를 정도로 민주당 현역인 우달(Mark Udall) 후보와 공화당 후보인 가드너(Cory Gardner) 간에 치열한 격전이 오갔다. 2014년 6월 말부터 10월 말까지지 두 후보의 평균 지지율은 각각 44퍼센트로 우열을 가리기 힘들었다. 원래 콜로라도 주는 1964년 이후로 클린턴 전 대통령과 오바마 대통령을 제외하고 어떤 민주당 대선 후보도 승리를 거두지 못했던 곳으로 공화당의 지지세가 강했던 주였지만, 최근 히스패닉 유권자의 증가와 공화당과 민주당에 일체감을 가지고 있는 유권자들의 비율이 비슷해지면서 경합주로 그 성격이 변하였다. 그런데 정당일체감에서 당파 간 호각지세를 이루는 경쟁 구도에서 민주당에 대한 일체감을 가지고 있는 여성들의 비율에 주목을 할 필요가 있다.

〈표 3〉에 따르면 민주당에 일체감을 가지고 있는 여성 지지자의 비율은 46퍼센트로서 민주당에 대한 일체감을 가지고 있는 남성 지지자들보다 9퍼센트나 많았고, 역시 공화당에 대한 일체감을 가지고 있는 여성 지지들보다 9퍼센트가 많았다. 결국 선거에서 민주당 성향의 여성 유권자를 어떻게 공략하는가가 선거 결과를 가르는 주요한 요인이 되었던 것이다. 이런 맥락에서 여성 이슈 특히 낙태 문제가 콜로라도 상원선거에서 주요 이슈로 부상한 것에 대해 의심의 여지가 없다. 연방하원으로서 가드너는 낙태 문제에 대해 강경한 입장을 견지해왔다. 박빙의 선두 다툼이 벌어지고 있는 상황에서 표

를 확보하는 데 도움이 되는 민주당 지지 성향의 여성 유권자를 투표장으로 이끌어내기 위해 낙태 이슈는 우달에게 더 좋은 공격거리가 되지 않을 수 없었다.

우달의 신랄한 비판에 직면하자 가드너는 낙태 이슈에 대한 자신의 입장을 중도로 이동하면서 선거결과에 결정적인 요인이 될 수 있는 민주당 지지층의 여성 유권자를 겨냥하는 선거전략을 펼친다. 태아가 언제부터 인간의 지위를 가지게 되는지에 관한 논쟁에서 종래의 보수적인 입장을 과감히 내던져 버리고 처방전 없이도 피임약을 구입할 수 있다고까지 선언하면서 낙태 문제에 대한 자신의 입장을 좌클릭하였다. 이런 노력을 통해 한때는 극단적 보수주의자로까지 불리던 가드너는 자신의 이미지를 실용적이고 중도적인 모습으로 바꾸는 데 어느 정도 성공을 거두었다. 결과적으로 낙태 이슈에 대해 우달과 가드너 간 격렬하게 오갔던 공방은 서로에게 유리한 선거환경을 만들어 팽팽한 대결 구도로 이어지게 하는 데 어느 정도 기여하였다고 평가할 수 있으며 여성 문제에 좀 더 유연하게 대처한 가드너의 선거전략이 박빙의 선거전에서 최종적으로 승리를 낚아채는 데 주효했다고 볼 수 있다.

보수적인 남부의 조지아 주는 공화당의 아성으로서 공화당의 손쉬운 낙승이 예상되는 곳이었다. 그러나 공화당의 상원 현역이었던 챔블리스(Saxby Chambliss)가 은퇴를 선언하면서 무주공산이 된 이곳에 공화·민주 두 후보

〈표 3〉 콜로라도 주의 성별 정당일체감 비율(2014년 1월 1일~6월 30일)

	합계	남자	여자
공화당	42%	47%	37%
무당파	13	13	13
민주당	42	37	46

출처: Gallup, 2014, "Gallup Daily tracking Jan. 1~June 30, 2014," http://www.gallup.com/poll/177305/colorado-politics-divided.aspx(accessed February 25, 2015)

가 팽팽한 맞대결을 펼치면서 누구도 승리를 장담할 수 없게 되었다. 공화당으로서는 상원의 다수당 지위 확보는 물론 본거지를 내주었을 때 일어날 수 있는 파장을 막기 위해서라도 조지아 주를 사수해야 할 입장에 서 있었다. 2014년 8월 말에서 10월 말까지 각종 여론조사 기관에서 수행한 지지도 조사를 보면 민주당의 넌(Michelle Nunn) 후보와 공화당의 퍼듀(David Perdue) 후보의 지지율 평균은 각각 44.54퍼센트 대 44.65퍼센트로 사실상 동률이었다. 공화당 지지 성향이 강한 남부 주에서 민주당 후보의 높은 지지율은 예외적이라 할 수 있다. 민주당 후보가 선전하게 된 배경에는 경쟁력이 높지 않은 공화당 후보의 개인적 측면과 공화당 후보의 약점을 잘 이용한 민주당 후보의 선거운동 전략을 꼽을 수 있다.

2014년 연방 상원선거에서 조지아 주의 선거 이슈는 실업률, 일자리 창출과 같은 경제적 쟁점이었다(Carson 2014). 넌은 상대 후보 퍼듀의 기업가로서 과거 행적을 집요하게 물고 늘어지면서 선거 판세를 박빙으로 몰고 갔다. 공화당 후보인 퍼듀는 스포츠웨어 브랜드인 리복(Reebok)과 수퍼마켓 체인인 달러제너럴(Dollar General)의 최고경영자 출신으로 과거 정리해고, 해외로 분사(outsourcing), 여성 직원 2,000명으로부터 성차별로 고소를 당한 이력 때문에 넌에게 거센 공격을 받았다. 퍼듀의 이러한 과거 행적은 조지아 주가 직면한 실업률 해소나 일자리 창출과 같은 문제를 해결하는 데 부적합하다는 것을 넌은 유권자들에게 적극 홍보하였다. 이와 함께 넌은 부시(George H.W. Bush) 전 대통령이 운영하는 한 자선단체에서 과거 7년 동안 일을 했던 경험을 강조하며 자신은 민주당의 강경 노선 대신 중도를 걸을 것이라고 천명하면서 부동층과 보수층의 표심을 파고들었다. 넌은 법인세 인하와 중소기업 지원 문제에 관한 퍼듀의 입장과 다르지 않다고 이야기하면서 초당적 합의를 이끌어낼 적임자로서 자신이 연방 상원이 되어 그 역할을 다할 것이라고 다짐하였다.

만일 넌의 파상 공세에 퍼듀가 굴복을 하였다면 최종 선거에서 퍼듀는 승리할 수 없었을 것이다. 퍼듀의 선거운동 전략도 치열한 선거 레이스에서 넌의 공세를 방어하고 연방 상원선거에서 최종 승리를 하는 데 결정적으로 작용하였다고 평가할 수 있다. 퍼듀는 넌이 절대로 중도 노선을 걸을 수 없다고 주장을 하고 넌은 오바마 대통령과 리드(Harry Reid) 민주당 상원 원내대표가 엄선한 민주당 후보임을 강조하였다. 또한 과거 넌이 오바마 대통령을 존경한다는 영상을 내보내 넌의 이중적 태도를 문제삼았으며, 무엇보다 자신이 상원이 되어 성공한 기업 운영의 경험을 정책 입안 과정에 적극 반영할 때 조지아 주의 경제 문제를 해결할 수 있다는 것을 유권자들에게 홍보하였다. 퍼듀의 이런 선거운동 전략이 막판 공화당 보수주의자들의 투표 유인을 자극하는 데 도움이 되었던 것으로 보인다.

노스캐롤라이나 주 역시 미국의 대표적인 경합주 중의 하나로서 2014년 연방 상원선거에서 공화·민주 양 후보 간에 불꽃튀는 대결이 있었다. 지난 2008년 대선에서 오바마는 노스캐롤라이나에서 승리를 거두었지만 재선으로 나선 2012년에는 공화당 후보인 롬니에게 패배를 하였다. 2014년 10월 동안 각종 여론조사 기관에서 실시한 오바마의 국정수행에 대한 노스캐롤라이나 주민들의 만족도는 그리 높지 않았다(40.92%). 오바마의 낮은 지지도는 재선 가도에 나선 민주당 현역 헤이건(Kay Hagan)에게 불리하게 작용하였다. 더욱이 헤이건이 오바마케어를 지지하였고 상원에서의 투표기록이 오바마 행정부의 정책과 96퍼센트나 일치한다는 TV 광고가 나오면서 연방 상원선거는 예측 불가능한 혼돈의 상황으로 빠져들었다.

불리한 상황에서도 헤이건은 상대 후보인 공화당의 틸리스(Thom Tillis)보다 10월 평균 지지율이 44.53퍼센트 대 42.83퍼센트로 약 2퍼센트 앞섰다. 헤이건이 근소하나마 선두를 유지할 수 있었던 까닭은 적극적인 이슈 공략과 상대 후보의 약점 이용이었다. 2014년 연방 상원선거에서 노스캐롤라이나 주의 주요 선거 이슈 중의 하나는 교육 문제였다(Jason Husser 2014). 전통적으로 교육 문제는 연방선거에서 잘 다뤄지지 않는 이슈였지만 헤이건은 교육 문제를 상원선거에서 이슈화하는 데 성공함으로써 비우호적인 정치 상황을 극복하고 틸리스와 박빙의 싸움을 전개해 투표 전날까지 아슬아슬하게 1위를 유지하는 데 원동력이 되었다. 만일 노스캐롤라이나의 투표율이 올라갔으면 최종 선거 결과는 헤이건의 승리로 끝났을지도 모른다.

헤이건은 현 주 하원의장인 틸리스가 노스캐롤라이나 주의 교육 예산을 대폭 삭감하는 데 앞장섬으로써 교육시설 건립 및 유지, 학생들을 위한 교과서와 학급비품 제공 등을 어렵게 만들어 주 공교육을 붕괴 일보 직전까지 몰아넣었다고 비판하였다. 주 교육 문제에 대한 심각성은 여론에서도 잘 나타났다. 〈표 4〉는 한 비영리 보수단체(the Civitas Institute)가 2014년 8월 23일에서 25일 동안 유권자 등록을 한 노스캐롤라이나 주의 무당파 400명을 대상으로 여론조사를 한 결과이다. 노스캐롤라이나 주민들은 현재 노스캐롤라이나 주가 직면한 가장 심각한 문제로 교육을 꼽았고(35%), 다음 순으로 교사 봉급, 오바마케어 등을 꼽았다. 이처럼 헤이건은 노스캐롤라이나 주의 현안이 무엇인지 잘 인지하였고 이를 자신의 선거운동 전략으로 이슈화함으로써 상대 후보의 해당 이슈에 대한 입장에 날선 공격을 가하여 선거 국면을 유리하게 이끌어 나갔다.

그러나 연방 상원선거에서 승리를 한 주인공은 틸리스였다. 효과적인 TV 선거광고와 여성 이슈, 특히 낙태 문제에서 피임약을 허용하는 중도 입장으로 변경하면서 틸리스는 강경 보수의 이미지를 희석시켜 나갔다. 그리고 주 하원의장으로서 교육 예산 삭감은 인정하였지만 대신에 삭감된 예산으로 교

〈표 4〉 현재 노스캐롤라이나 주가 직면한 가장 심각한 문제
(2014년 8월 23일~25일)

이슈	응답률(%)
교육	35
교사 봉급	18
오바마케어	13
투표권/투표제한법	10
도덕/가치	9

출처: The Civitas Institute, 2014, "Civitas Poll Reveals Views of Unaffiliated Voters"에서 일부 발췌. http://www.nccivitas.org/2014/civitas-poll-reveals-views-unaffiliated-voters/(accessed February 25, 2015)

사 처우 개선과 봉급 인상에 앞장섰다는 사실을 널리 홍보하였다. 한편 상원 군사위원회 소속인 헤이건의 불성실한 의정활동과 대외 이슈에 대한 오락가락한 입장을 집요하게 물고 늘어지면서 초반의 열세를 딛고 선거를 예측불허의 상태로 몰고 갔다. 특히 ISIS 문제로 오바마 행정부의 대외정책 수행에 대한 심각한 물음이 제기되는 상황에서 현안을 다루는 군사위원회 회의에 헤이건이 참석하지 않았다는 점과 에볼라 문제와 관련하여 제기된 해외여행 제한 및 검역에 대해 헤이건이 일관적인 모습을 보여주지 못한 점을 들어 정치지도자로서 자질과 리더십에 비판을 가하였다. 결국 이런 선거운동 전략이 효과를 거두어 틸리스는 상원 현역이자 이슈를 선점하면서 선거 레이스에 근소하게 앞섰던 헤이건을 막판에 제칠 수가 있었다.

전통적으로 공화당 지지세가 강한 캔자스에는 무소속 돌풍이 일어났다. 오먼(Greg Orman)은 민주당 후보의 사퇴로 민주당 지지자와 의회를 불신하고 중앙정치를 혐오하는 일반 유권자들의 지지를 엮어 공화당 현역인 로버츠(Pat Roberts)와 1위 자리를 주고받으면서 치열한 접전을 벌였다. 무소속 후보 오먼의 돌풍으로 캔자스 주가 경합주가 된 데에는 앞에서도 지적한 것처럼 로버츠의 개인적 자질 문제와 여야 간 극한 대치로 인한 잦은 입법교착에 따른 의회 불신의 팽배를 들 수 있다. 농업주에 반하는 그의 의정활동이라든지 상원에서 4선으로 재임하는 동안 농업위원회 회의에 2/3이상 빠졌다는 폭로가 이어지면서 로버츠의 인기는 하락하기 시작했다. 특히 공화당 경선에서 로버츠의 후보등록지 문제가 불거지면서 캔자스 주에서 5선에 도전하는 여유있고 안정적인 현역의 모습은 찾아볼 수 없었다.

반대로 오먼은 기존 정치인과 차별화된 전략으로 당파적 이념에 갇혀 파행을 일삼는 구태 정치에 반기를 드는 선거운동을 전개하였다. 그는 민주·공화 양당 사이에 조정자 역할을 하면서 초당적 의정 활동을 하겠다고 공언하면서 중앙정치에 식상한 캔자스 유권자들의 표심을 흔들어 놓았다. 오먼은 유권자들과 손쉬운 접촉, 효과적인 소통을 위해 소셜미디어를 활용한 선거운동에 집중하였다. 그 결과 본선에서의 승리에 대한 기대치를 높였다. 그러나 로버츠의 네거티브 선거운동과 TV 광고의 물량 공세, 외부 유력인사 지원 등으로 인해 오먼은 무릎을 꿇었다. 특히 로버츠의 네거티브 TV 광고 공세에 대해 적극적인 대응이나 해명을 하지 않음으로써 캔자스 주민들에게 자신의 잘못을 인정하는 듯한 뉘앙스를 풍긴 것이 오먼의 패착으로 꼽히고 있다.

루이지애나 주는 2014년 연방 상원선거에서 민주당 현역이 재선 가도에 어려움을 겪었던 7개의 주들 중의 하나였다. 민주당 후보인 랜드류(Mary Landrieu)는 공화당 후보인 캐시디(Bill Cassidy)와의 혈투에서 승리하기 위해 의정활동을 하면서 자신이 잘했던 일에 대해서는 적극 홍보를 하고 루이지애나 주에 현안으로 떠오르고 있는 보수적인 쟁점에 대해서는 기존 입장에서 약간 후퇴를 하는 선거운동을 전개하였다. 랜드류는 상원의 에너지및천연자원위원회의 위원장직을 수행하면서 자신이 루이지애나 주의 에너지, 정유 관련 산업 분야의 일자리 창출에 크게 기여하였다는 점을 유권자들에게 선전하였다. 루이지애나 주지사 진달(Bobby Jindal)이 낙태 제한 법안에 서명하면서 현안으로 떠오른 낙태 이슈에 관해서는 수정란을 인격체로 인정하면서도 생명체의 마지막 단계에서만 낙태를 불허하는 약간은 보수적인 입장을 수용하는 듯한 태도를 보였다. 그리고 결선투표(run-off)에 대비해서 승리의 관건이 되는 투표율을 고취시키기 위해 여성과 흑인 유권자를 대상으로 투표 참여를 독려하는 선거운동을 펼쳐나갔다.[7] 반면 캐시디는 랜드류를 오바마와 일체화시키는 전략 외에 보수적 유권자에게 반발을 살 수 있는 랜드류의 과거 이슈입장을 꼬집어 집중 공략하는 선거운동을 전개하였다. 총기 규제에 대한 반대, 세금을 걷어 임신중절 시술 재원 마련, 퇴역 군인보다 불법 이주자에게 혜택을 주는 법안 찬성 등 랜드류의 과거 행적들을 들추어내면서 사실은 랜드류가 루이지애나 주의 보수적 성향과 거리가 먼 후보임을 강조하였다. 이러한 전략이 어느 정도 먹혀들어 2014년 12월 6일에 치러진 결선투표에서 캐시디는 당선될 수 있었다.

이상으로 박빙의 선거에서 선거 결과에 영향을 미칠 수 있는 요인으로

7) 루이지애나 주는 조지아 주와 함께 연방 상원선거에서 과반득표자가 나오지 않을 경우 1·2위 득표자 간 결선투표(run-off)를 치러야 되는 선거 규정을 가지고 있다.

선거운동, 그중에서도 입후보한 후보들의 이슈의 현지화 전략, 이슈에 대한 대응, 지역의 이해관계에 부합하는 이슈 입장 옹호와 변화 등을 살펴보았다. 2014년 연방 상원선거에서 치열한 접전이 펼쳐졌던 경합주를 대상으로 사례분석을 한 결과 후보들의 위와 같은 맞춤형 이슈 전략은 투표 당일까지 지지세를 유지하고 최종 결과를 만들어내는 데 결정적인 역할을 하였음을 알 수 있다.

3. 실수, TV 광고, 후보 지지

팽팽한 선거에서 승부를 결정짓는 선거운동의 요소들 중 또 하나는 후보들의 실수와 후보자들의 TV 토론 및 광고, 외부 유력인사의 지지 등을 들 수 있다. 이번 2014년 연방 상원선거에서 후보자들의 실수가 혼전을 거듭하던 선거에 승부를 가르는 결정적인 요인으로 작용한 경우가 적지 않았다.

아이오와 주에서 언스트가 선거 초반 브레일리에 뒤지다가 점차 따라붙고 역전까지 할 수 있었던 이유도 브레일리의 말 실수에서 기인한 바가 크다. 브레일리는 한 선거모금 행사에서 아이오와 주의 또 다른 공화당 상원의원인 그래슬리(Chuck Grassley)를 빗대어 로스쿨에 간 적이 없는 농사꾼이 상원 법사위원장을 맡는다고 연설하였다. 이것은 미국 중부의 곡창지대를 대표하는 아이오와 주와 아이오와 주 농민을 모독하는 현명하지 못한 언행이었다. 게다가 민주당 후보인 브레일리를 위해 지원 유세 차 들른 대통령 영부인 미셸 오바마와 빌 클린턴 전 대통령은 자당 후보의 이름조차 제대로 부르지 못하는 실수를 저질렀다. 이런 실수들은 아이오와 주 유권자들의 자존심을 떨어뜨리고 브레일리에 대한 신뢰감을 상실하는 데 크게 작용하였다. 이에 반해 상대 후보인 공화당의 언스트는 유년기 시절 농장에서 자신이 직접 수퇘지를 거세한 것을 화제로 한 TV 광고를 내보내면서 브레일리와는 대조적인 모습으로 농촌 지역에 대한 각별한 애정을 강조하는 전략을 펼쳤다. 이 TV 광고 이후 언스트의 인기는 치솟았다. TV 광고를 통해 농업에 친근한 이미지를 보인 언스트의 선거운동 전략은 유권자들의 표심을 자극하여 득표를 극대화하는 데 효과를 발휘했음은 물론이다.

켄터키 주에서는 민주당 후보인 그라임스의 실수가 팽팽했던 선거 판세를 매코널 쪽으로 무게추를 기울이는 데 한몫을 했다. 그라임스는 2012년 대선에서 누구에게 투표했는지를 묻는 거듭된 질문에 주 국무장관으로서 지켜야 하는 신성한 의무라는 이유로 답변을 회피하였다. 오바마와 자신을 분리하는 노력이 오히려 유권자들에게 우유부단한 모습으로 비쳐지면서 그라임스의 선거전략은 역효과를 가져왔다.

캔자스 주에서는 공화당 현역인 로버츠의 주소지 문제가 지지에 악영향을 미쳤다. 실제 캔자스에는 자신의 집이 없었고 캔자스를 방문할 때마다 지지자의 집에 머문다는 것을 폭로한 언론의 보도에 로버츠의 인기는 급감하였다. 그러나 로버츠는 공화당 유력인사들의 지지와 유세 지원으로 불리한 여론을 반전시킬 수 있었다. 공화당으로서는 공화당 지지세가 강하고 또 현역이 재출마한 지역이라서 상원의 다수당이 되기 위해서는 캔자스 주의 사수가 필요하였다. 존 매케인, 사라 페일린, 테드 크루츠, 젭 부시, 랜 폴과 같은 유력 정치인과 차기 대선 후보들의 방문과 지지 표명으로 로버츠의 지지는 올라갔다. 그리고 10월 초순 무렵에 집중적으로 쏟아 붓기 시작한 TV 광고에 로버츠는 오먼보다 2백만 달러를 더 많이 써서 오먼의 약점을 공격하는 데 성공하여 4선을 달성할 수 있었다.

한편 루이지애나 주의 민주당 현역인 랜드류도 자신의 집 주소 문제로 곤욕을 치렀다. 워싱턴 D.C.에 집주소를 둠으로써 상대 후보인 캐시디로부터 공격의 빌미를 제공했던 것이다. 또 랜드류는 선거운동을 위해 연방 예산으로 주 항공기를 이용하였던 것이 도덕성의 시비를 일으켰다. 랜드류의 이런 실수들은 한 치 앞도 내다볼 수 없을 정도로 치열하게 전개되었던 캐시디와의 선거전에 부정적 영향을 미친 것으로 나타났다. 그리고 공화당 후보 캐시디의 막판 압도적인 TV 광고 공세는 민주당 후보 랜드류를 누르고 공화당이 상원의 과반수를 획득하는 데 기여를 하였다. 2014년 12월 6일 결선투표를 대비해 민주·공화 양당은 8백만 달러에 달하는 TV 광고를 구매했다. 이 중 3/4에 달하는 6백만 달러가 공화당 후보인 캐시디를 지지하는 광고비로 지출되었던 것이다.

노스캐롤라이나 주에서는 교육 이슈가 뜨거운 선거 쟁점으로 등장하였다. 이 과정에서 헤이건과 틸리스 두 후보 간에 수백만 달러가 들어간 TV 광고는 불꽃 튀는 선거 경쟁을 예고하였다. 헤이건은 주 하원의장이자 경쟁 상대인 틸리스가 교육 예산 삭감에 앞장섰다는 광고를 내보냈다. 이에 대해 틸리스는 교사들의 급료를 7퍼센트나 올렸다는 점을 TV 등에 대대적으로 선전하였다. 팽팽한 TV 광고 대결은 두 후보 간 지지율 격차를 2퍼센트 내외로 유지하게 하는 데 역할을 한 것으로 평가된다.

조지아 주의 민주당 후보 넌은 전직 대통령인 부시(George H.W. Bush)의 자선단체에서 과거 7년 동안 함께 일한 사실을 TV와 다른 언론 매체 홍보를 통하여 보수 성향의 조지아 주에서 진보적인 색채의 자신의 모습을 희석시키려는 이미지 전환을 꾀하였다. 그 결과 상대 후보인 퍼듀와 예측 불허의 선거 대결을 벌이면서 남부 보수의 중심지에서 파란을 일으킬 정도로 예상을 뛰어넘는 치열한 접전을 펼쳤다.

때로는 상대 후보를 효과적으로 공략하고 후보 자신의 이미지를 긍정적으로 각인시키려는 일환으로 활용되는 TV 광고, 그리고 예기치 못한 후보들의 작은 실수 등은 팽팽한 대결이 펼쳐지는 선거전에 유의미한 결과를 낳을 수 있다는 것을 위와 같은 사례분석을 통해 확인할 수 있었다. 그리고 선거운동 요소 중 하나인 유력인사들의 방문, 지원 유세, 지지 표명도 지지자를 단합하고 지지세를 확장하는 데 도움을 주었음을 알 수 있었다.

4. 외부 선거자금

2014년 연방 상원선거는 경합주에서 치열한 선거 경쟁으로 인해 외부단체에 의한 선거자금 지출이 미국 역사상 최대 규모로 기록되어졌다. 현대에 들어와서 매스미디어를 활용한 선거운동이 활성화되면서 선거비용도 천문학적으로 증가하게 된다. 경험적 연구에 의하면 선거자금 지출의 경우 현직자에 도전하는 후보자에게 인지도를 높여 득표를 하는 데 효과적이라는 결과가 보고되고 있다(Jacobson 1978). 현직자도 자신의 공약을 널리 홍보하고 도전자의 공약과 약점을 공격하기 위해 선거자금이 필요하다. 사실상 선거자금 없이 선거운동을 한다는 것은 현대 선거전에서 불가능하다. 선거운동에 필요한 유세 비용, 광고 및 홍보 비용, 선거조직 운영비, 인건비, 교통비, 기타 경상비 등 선거자금은 선거운동에 필요불가결한 요소이다(이현우·박영환 2014).

2014년 연방 상원선거에서 지출된 선거자금 규모는 책임정치센터(Center for Responsive Politics)에서 제공하는 외부자금 자료를 활용해 추적할 수 있다. 외부 선거자금은 기업, 노조, 이익단체, 개인 등에 운영되는 수퍼팩(Super PAC)이나 비영리단체에 의해 사용되는 선거자금으로서 특정 후보를 지지하거나 반대를 하는 데 쓰이며 그 지출에 상한선이 없다. 현재까지 연방 상원선거에서 개인 후보에 의해 지출된 선거비용은 통계로 잡힌 자료가 없다. 따라서 책임정치센터에서 제공하는 2014년 연방 상원선거 외부자금 지출 자료를 중심으로 경합주의 연방 상원선거에 미친 선거자금의 영향력을 살펴보겠다.

〈표 5〉는 2014년 연방 상원선거에서 주별 상위 10위까지의 외부자금 지출 규모를 보여준다. 상위 10개 주 중 미시건 주를 제외한 나머지 9개 주가 경합주들이다. 9개의 경합주들 중 8곳이 민주당 현역이거나 민주당 현역이 불출마를 선언하여 공석이 된 곳이다. 민주당은 상원 다수당 지위를 지키기 위해 막대한 선거자금을 이들 지역에 쏟아 부었다. 노스캐롤라이나 주는 이번 선거에서 선거 역사상 가장 많은 외부자금이 지출되는 기록을 남겼다. 선거 막판까지 헤이건과 틸리스 간에 펼쳐진 손에 땀을 쥐는 접전은 최종 투표 결과 약 1퍼센트 차이로 공화당의 틸리스가 승리를 하면서 막을 내렸다. 치열한 싸움이 전개된 만큼 천문학적 규모의 외부 선거자금 지출이 뒤따랐다. 어떻게 보면 두 후보들의 천문학적 선거비용이 사상 유례없는 박빙의 선거 레이스를 가능하게 했는지도 모른다. 두 후보를 찬성하고 반대하는

〈표 5〉 2014년 연방 상원선거 주별 외부단체 선거자금 지출 규모 (상위 10위)

주	총액
노스캐롤라이나	$ 82,355,511
콜로라도	$ 69,459,161
아이오와	$ 61,108,179
알래스카	$ 40,553,026
아칸소	$ 39,695,636
켄터키	$ 34,749,514
뉴햄프셔	$ 31,975,396
조지아	$ 30,723,643
미시건	$ 29,971,688
루이지애나	$ 26,893,696

출처: Center for Responsive Politics, 2014, "2014 Outside Spending, by Super PAC," https://www.opensecrets.org/outsidespending/summ.php?cycle=2014&disp=R&pty=A&type=S(accessed February 26, 2015)

데 쓰인 선거비용은 자그마치 8천2백만 달러가 넘는다. 이 액수는 1억 달러가 훌쩍 넘는 노스캐롤라이나의 총 선거지출 비용 중 2/3가 넘는 것으로 외부단체에 의해 쓰여진 것이다.

외부 선거자금 지출 규모의 2, 3위는 콜로라도 주와 아이오와 주 순으로 돌아갔다. 콜로라도 주에는 거의 7천만 달러에 육박하는 선거자금이, 그리고 아이오와 주에는 6천만 달러가 넘는 선거자금이 외부단체에 의해 투하되었다. 상위 10위까지 총 외부자금 지출 규모액 중 상위 3개 주의 외부자금 지출 규모가 차지하는 비율은 거의 50퍼센트에 육박할 정도로 이들 지역에 외부단체에 의한 선거자금 지출이 집중적으로 이루어졌다. 이들 지역의 선거 결과에 따라 상원의 다수당이 결정되는 까닭에 공화·민주 양당은 서로 물러설 수 없는 대결을 펼쳤다. 선거운동에서 미세한 차이가 선거 결과에 영향을

〈표 6〉 2014년 연방 상원선거 후보자별 외부단체 선거자금 지출 규모(상위 10위)

후보자	총액
틸리스(노스캐롤라이나-공화당)	$ 53,581,998
가드너(콜로라도-공화당)	$ 39,490,670
언스트(아이오와-공화당)	$ 37,488,510
우달(콜로라도-민주당)	$ 29,665,501
헤이건(노스캐롤라이나-민주당)	$ 28,181,571
카턴(아칸소-공화당)	$ 23,628,640
브레일리(아이오와-민주당)	$ 23,416,988
베기치(알래스카-민주당)	$ 20,709,804
설리번(알래스카-공화당)	$ 19,583,606
그라임스(켄터키-민주당)	$ 17,765,939

출처: Center for Responsive Politics, 2014, "2014 Outside Spending, by Super PAC," https://www.opensecrets.org/outsidespending/summ.php?cycle=2014&disp=R&pty=A&type=S(accessed February 26, 2015)

미칠 수도 있으므로 이들 지역에 막대한 선거자금이 투하되었던 것이다.

후보자들을 대상으로 지출된 외부단체의 선거자금도 경합주에 출마한 후보자들에게 집중되었다. 〈표 6〉은 상위 10위 후보자별 외부단체에 의해 지출된 선거자금 규모를 보여주는 것으로 이와 같은 사실을 확인해주고 있다. 그리고 주별 외부 선거자금 지출 규모에서 확인한 것처럼 후보자별 외부 선거자금 지출 규모에서도 상위 7위까지 노스캐롤라이나, 콜로라도, 아이오와에 출마한 공화·민주 양당 후보들이 독차지하였다. 이들에 대해 당선을 돕거나 낙선을 유발하는 강력한 방법은 유권자들에게 손쉽게 접근할 수 있는 매스미디어를 활용하는 것으로 외부단체가 제공하는 선거자금은 이런 홍보 도구를 구매하는 데 유용하다. 이런 까닭으로 경합주 내에서도 초박빙의 대결이 펼쳐지는 곳에 경쟁하는 후보자들에게 외부단체의 선거자금 지출이 집중될 수밖에 없었다.

외부단체 선거자금과 관련하여 관심을 끄는 대목은 재력가들로부터 받은 기부를 활용하여 이번 연방 상원선거에 특정 후부를 지지·반대하는 데 쓰인 비영리단체, 로비단체, 애드보커시(advocacy) 등에 의한 선거자금 지원이다. 연방대법원 판결로 수퍼팩에 대한 개인의 선거자금 기부 총액 제한이 폐지되면서 이번 연방 상원선거에 무제한적으로 막대한 돈이 풀리게 되었다. 특히 코크 형제(Koch brothers)의 외부 선거자금 지원은 유명하다. 코크 형제는 미국의 대표적인 에너지 기업 코크 인더스트리즈(Koch Industries)의 공동 소유자이자 정치활동가들이다. 이들이 세운 비영리단체 '번영을 위한 미국인들(Americans for Prosperity)'은 티파티운동을 지원하는 핵심적인 단체로 유명하다. 코크 형제는 보수적이고 자유방임주의적인 정책을 추구하면서 그들의 이념과 성향에 맞는 정치인에게 무한정 정치자금을 지원하였다. 코크 형제는 2012년 대선에 4억 달러의 선거자금을 지원하였고 이번 2014년 중간선거에서는 약 1억 4천만 달러를 쓴 것으로 추정하고 있다.

코크 형제는 이번 중간선거에서 기후변화 입법을 반대하는 공화당 후보에게 선거자금을 집중적으로 지원하였다. 그리고 상원에서 민주당 다수를 깨트려 오바마케어가 폐지될 수 있도록 하기 위하여 경합주에 입후보한 공화당 후보를 집중 지원하였다. 이와 반대로 헤지펀드 업계의 거물인 스테이어(Tom Steyer)는 기후변화 입법을 찬성하는 민주당 후보를 지원하는 것으로 유명하다. 스테이어는 자신이 이끄는 수퍼팩 '넥스트젠 클라이밋(Next-Gen Climate)'을 통해 이번 연방 상원선거에 입후보한 민주당 후보지원을 위해 1억 달러의 선거자금을 기부하였다. 특히 콜로라도 주의 경우 가드너를 지지하는 코크 형제의 선거자금과 우달을 지원하는 스테이어의 선거자금이 쏟아지면서 〈표 5〉에 나타난 것처럼 콜로라도 주가 외부단체에 의한 선거자금 지출 규모에서 2위를 차지하는 데 기여를 하였다. 이들의 선거자금 지원은 콜로라도 주의 연방 상원선거에 공화·민주 양 후보가 선거 막판까지 치열한 선두 다툼을 벌이는 데 원동력이 되었음은 두말할 나위가 없다. 이밖에도 코크 형제는 오바마케어 입법에 앞장을 선 경합주의 민주당 후보들, 알래스카의 베기치, 루이지애나 주의 랜드류, 노스캐롤라이나의 헤이건에 대해 이들을 공격하는 TV 광고를 내보내는 데 3백5십만 달러를 지출하였다. 이들 지역에서 코크 형제의 선거자금 지원은 공화당 후보들을 근소한 표 차이로 당선되게 하는데 일조를 하였음에 틀림없다. 또 코크 형제의 선거자금은 재선에 어려움을 겪었던 공화당 현역 후보에게도 도움을 주었다. 캔자스 주 상원선거에서 무소속 돌풍을 일으킨 오먼을 상대로 1백6십만 달러를 지출하여 로버츠가 오먼을 제치는 데 기여를 한 것으로 평가되고 있다. 한편 스테이어는 기후변화 대책의 시급성을 강조해온 아이오와 주의 민주당 상원 후보 브레일리에게 '넥스트젠 클라이밋'을 통해서 4백만 달러를 지원하였다. 그 외에 스테이어는 뉴햄프셔, 미시건, 콜로라도 민주당 상원 후보들에게 선거자금을 지원하였다. 스테이어의 선거자금 지원은 불리한 선거구도에 의해 고전을 면치 못하던 민주당 후보들에게 선거 레이스에 뒤처지지 않고 당선의 예상까지 가능하게 한 것으로 평가되고 있다.

켄터키 주에서 공화당 후보인 매코널이 선거 레이스 초반 고전을 하다 반등을 하게 된 계기는 민주당 후보 그라임스를 공격하고 매코널을 지지하는 정치 광고에 '켄터키 기회 연합(Kentucky Opportunity Coalition)'이라는 비영리단체가 1천4백만 달러를 지출하면서부터다. '켄터키 기회 연합'은 그라임스를 오바마와 동일화시키면서 그라임스가 당선이 되면 켄터키의 석탄 산업을 규제할 것이라는 광고를 내보냈다. 조지아 주에서는 공화당 후보 퍼듀를 반대하는 데 쓰인 외부 선거자금이 상대 후보인 민주당의 넌을 반대하는 데 쓰인 외부자금보다 약 3배가 더 많은 것으로 나타나 경합주에서 선거 경쟁을 한 후보들 중 가장 많은 차이가 난 것으로 기록되었다.[8] 이처럼 선거자금은 후보자의 선거운동을 가능하게 해주는 원동력으로서 선거결

8) 공화당 후보 퍼듀를 반대하는데 쓰인 외부 선거자금은 약 5백만 달러였으며, 민주당 후보의 넌을 반대하는 데 쓰인 외부 선거자금은 1천3백만 달러였다(Center for Responsive Politics, 2014, "2014 Outside Spending, by Super PAC," https://www.opensecrets.org/outsidespending/summ.php?cycle=2014&disp=R&pty=A&type=S (accessed February 26, 2015).

과에 직·간접적으로 영향을 미치기도 한다.

III. 결론

이상으로 초박빙 선거전에서 선거결과에 미치는 선거운동의 영향력을 살펴보았다. 분석단위는 2014년 미국 연방 상원선거에서 경합주의 선거운동이고, 선거운동의 구체적 대상은 선거구도 짜기, 주의 이해관계에 따른 이슈화 전략과 후보자의 이슈 입장 변화, 선거운동 기간 중 후보자의 실수와 그 실수에 대한 공세, TV 광고, 유력 인사의 지원 유세와 지지 표명, 선거자금이다. 각종 통계 자료와 인터넷 자료를 활용하여 사례분석을 한 결과, 선거전이 치열할수록 선거운동의 효과는 실질적이고 결정적이라는 사실을 확인할 수 있었다.

후보자 간 한 치 앞도 내다볼 수 없는 팽팽한 대결 구도에서 오바마 행정부 심판이라는 선거 프레임, 지역 상황에 부합하는 이슈의 현저화, 부동층 공략을 위한 이슈 선점, 후보자의 유연한 대응, 선거기간 중 실수 줄이기, 매스미디어를 활용한 선거홍보, 선거전략의 실행을 가능하게 만드는 선거자금은 최종 선거 결과에 유의미하게 영향을 미쳤다. 연방선거의 결과가 경합주의 승부에 달려 있다고 볼 때 이와 같은 결과가 함의하는 바는 크다. 미국의 50개 주 중에서 민주당 지지세가 강한 주와 공화당 지지세가 강한 주가 대부분 정해져 있고 그 지지 패턴이 안정적이라고 한다면 선거에 임하는 정당이나 후보자는 경합주에 모든 화력을 집중할 필요가 있다. 경합주 내의 지지 구성은 거의 균등하게 반분하고 있는 민주·공화 지지자들과 부동층이다. 결국 부동층의 향방이 선거 결과를 좌우하며 이들의 표심을 자극하여 지지를 이끌어내게 만드는 것이 위에서 열거한 요소들이 포함된 선거운동이다.

물론 선거운동만이 선거결과에 영향을 미치는 유일한 요인이라 말할 수 없다. 특히 치열한 선거일수록 투표율 변수는 매우 중요하다. 이번 2014년 연방 상원선거에서 민주당이 참패한 이유 중의 하나는 저조한 투표율인지도 모른다. 일반적으로 낮은 투표율은 민주당에게 불리한 것으로 알려져 있다. 투표에 대한 의무감이 높은 보수적 유권자들은 진보적 유권자들보다 투표 참여를 자주하는 것으로 알려져 있다. 또 소수 인종 유권자들은 백인 유권자들에 비해 소득 수준이 낮으므로 공휴일이 아닌 투표일에 일을 그만두고 투표장에 나갈 시간적 여유가 없을 것이다. 여성은 남성에 비해, 그리고 청년층은 노장년층에 비해 정치적 관심도가 낮아 선거에 무관심할 수도 있을 것이다. 진보적 유권자, 소수 인종 유권자, 여성, 청년층은 바로 민주당의 주요 지지세력으로서 이들의 저조한 투표참여는 결국 민주당의 지지 상실을 의미하게 되는 것이다. 투표율 외에 유권자의 개인적 수준에서 선거결과에 영향을 미치는 요인들은 다양하다.

선거운동의 효과가 일반화되고 체계화되기 위해서는 경험적 분석이 필요하다. 선거운동 외에 거시적·개인적·정당적 수준에서 여러 변수들이 고려되어져야 할 것이다. 그리고 분석수준의 범위를 넓혀 경합주 이외의 주도 분석대상에 포함시켜 분석을 해야 선거운동의 일반화된 효과를 기대해 볼 수 있을 것이다. 이런 과정에서 정교한 데이터 작업과 엄밀한 분석 모델 수립은 일반화된 결과를 도출해내는 데 있어 필요불가결하다. 향후 선거운동과 선거결과의 관계에 관한 연구는 이런 변수들과 분석 수준을 고려하여 선거운동의 효과를 검토해야 할 것이다.

선거에서 선거운동이 의미하는 바는 상당하다. 후보자는 선거운동을 통해 유권자들에게 선택에 필요한 정보를 제공한다. 그리고 후보자는 경쟁적인 선거운동을 통해 더 나은 정책을 개발하여 사회가 직면한 문제 해결을 위해 노력한다. 또 유권자는 후보자나 정당이 펼치는 선거운동에 의해 정치에 대한 관심을 제고시키고 이를 통해 선거 참여와 정치적 효능감을 증진시키게 된다. 선거운동의 의미와 그 활용에 대한 정확한 인식은 유권자의 선호와 일치하는 대표자를 선출하는 데 유용할 뿐만 아니라 대표자의 민주적 책임성을 높이는 데도 도움이 될 것이다.

▌참고문헌 ▌

이현우·박영환. 2014. "연방의회 선거." 미국정치연구회 편. 『미국 정부와 정치 2』. 서울: 도서출판 오름, 297-326.

Ballotpedia. 2014. "United States Senate elections in Iowa, 2014." http://ballotpedia.org/United_States_Senate_elections_in_Iowa,_2014(검색일: 2015.2.25).

Brady, Henry E., Richard Johnston, and John Sides. 2006. "The Study of Political Campaigns." In *Capturing Campaign Effects*, edited by Henry E. Brady, and Richard Johnston, 1-26. Ann Arbor: University of Michigan Press.

Campbell, James E. 2000. *The American Campaign: U.S. Presidential Campaigns and the National Vote*. College Station: Texas A&M University Press.

Carson, Jamie. 2014. "2014 Midterms: Key Issues in the Georgia Senate Race." The Brookings Institution. http://www.brookings.edu/blogs/fixgov/posts/2014/10/28-2014-midterms-georgia-senate-race-carson(accessed February 25, 2015).

Center for Responsive Politics. 2014. "2014 Outside Spending, by Super PAC." https://www.opensecrets.org/outsidespending/summ.php?cycle=2014&disp=R&pty=A&type=S(accessed February 26, 2015).

Finkel, Steven E. 1993. "Re-Examining 'Minimal Effects' Models in Recent Presidential Elections." *Journal of Politics* 55(1): 1-22.

Gallup. 2014. "Gallup Daily tracking Jan. 1~June 30, 2014." http://www.gallup.com/poll/177305/colorado-politics-divided.aspx(accessed February 25, 2015).

Husser, Jason. 2014. "2014 Midterms: Key Issues in the North Carolina Senate Race." The Brookings Institution. http://www.brookings.edu/blogs/fixgov/posts/2014/10/24-2014-midterms-north-carolina-senate-race-husser(accessed February 25, 2015).

Jacobson, Gary C. 1978. "The Effects of Campaign Spending in Congressional Elections." *American Political Science Review* 72(2): 469-491.

Lazarsfeld Paul F., Bernard Berelson, and Hazel Gaudet. 1948. *The People's Choice*. New York: Columbia University Press.

Patric R Romain. 2014. "Commentary: The 2014 US Midterms — The democratic election that wasn't." *The Weakly Leaf*. http://theweeklyleaf.com/014/11/11/commentary-the-2014-us-midterms-the-democratic-election-that-wasnt(accessed February 25, 2015).

Shaw, Daron R. 1999. "A Study of Presidential Campaign Event Effects from 1952 to 1992." *Journal of Politics* 61(2): 387-422.

The Civitas Institute. 2014. "Civitas Poll Reveals Views of Unaffiliated Voters." http://www.nccivitas.org/2014/civitas-poll-reveals-views-unaffiliated-voters(accessed February 25, 2015).

The Economist. "High, Tolerant and Republican?" 33-34(October 11, 2014).

Wlezien, Christopher, and Robert S. Erikson. 2001. "Campaign Effects in Theory and Practice." *American Politics Research* 29(5): 419-438.

______. 2002. "The Timeline of Presidential Election Campaigns." *Journal of Politics* 64(4): 969-903.

공화당 내전과 2014년 미국 중간선거: 연방 상원선거를 중심으로*

정진민 | 명지대학교

I. 서론

2010년 중간선거를 기점으로 강한 보수 성향을 띠고 있는 티파티운동이 본격적으로 선거과정에 참여하게 되면서 공화당 내의 상대적으로 중도적이고 실용적인 주류와 강경 보수 티파티운동 지지세력 간의 내부갈등은 격화된 바 있다. 특히 이러한 주류와 티파티 지지세력 간의 공화당 내 갈등은 예비선거 과정에서 뚜렷하게 부각된 바 있으며 본선거 결과에도 적지 않은 영향을 미친 바 있다. 또한 강경 보수 성향의 티파티 지지세력의 부상은 선거 이후의 입법과정을 포함한 국정운영과 관련해서도 건강보험 개혁, 시퀘스터(sequester)라 불리는 연방예산 자동삭감, 연방 부채상한 증액 등을 포함한 주요 정책 쟁점들을 둘러싸고 공화당의 정책적 양보를 어렵게 함으

* 이 글은 『미국학논집』 46집 3호(2014)에 게재된 바 있음.

로써 민주·공화 양당 간의 대립과 갈등이 심화되는 방향으로 적지 않은 영향을 미친 바 있다.

이에 이 장에서는 2014년 연방 상원선거를 중심으로 공화당 내전(Republican Civil War)으로도 불리는 티파티운동과 공화당 주류 간의 갈등이 공화당 예비선거 과정에서 어떻게 표출되었는지, 그리고 본선거 결과에 어떻게 영향을 미쳤는지 등을 살펴보고, 티파티운동과 공화당 주류 간의 갈등이 1990년대 이후 심화되고 있는 미국의 정당양극화 및 선거 후 정치과정에는 어떻게 작용하게 될 지에 대한 전망을 시도하고자 한다. 이 장에서 2014년 중간선거 중 특히 상원선거에 집중하여 살펴보는 이유는 민주당 행정부와 공화당 하원 구도에 현실적으로 변화가 이루어지기 쉽지 않은 상황에서 연방 상원선거가 미국의 정치지형에 변화를 가져올 수 있는 중요한 변수로 작용할 수 있다고 보기 때문이다.

연방하원 선거지형에서는 공화당이 큰 폭의 우위를 점하고 있는 상황에서 2014년 중간선거에서도 공화당이 다수 의석을 확보할 것으로 일찍부터 예상되었고 실제 선거 결과도 예상대로 나온 바 있다. 이와는 달리 2012년 대선을 포함하여 최근 치러진 대통령선거에서는 히스패닉 등 비백인 유권자 집단의 비율이 빠르게 늘어나고 있을 뿐 아니라, 이들 비백인 유권자들의 투표율이 중간선거의 경우와 비교하여 높아지고 있기 때문에 민주당에 더 좀 유리한 상황이 지속되고 있다. 이러한 추세는 가까운 장래에 크게 바뀔 것 같지 않기 때문에 2016년 대선에서도 민주당이 계속하여 상대적으로 우위에 있다고 볼 수 있다. 이처럼 대체로 공화당이 우위를 점하고 있는 연방하원선거나 민주당이 우세한 대통령선거와는 달리 연방 상원선거의 경우는 공화·민주 양당의 우세주 수가 비슷한 상황에서 경합주에서의 승패에 따라 상원의 다수당이 바뀔 가능성이 많다. 결국 연방 하원선거에서는 공화당이 우세하고, 대통령선거에서는 민주당이 우세한 상황에서 연방 상원선거가 미국의 정치지형을 변화시킬 가능성이 가장 큰 선거가 되고 있는 점을 고려하여 이 장에서는 공화당 주류와 티파티운동 지지세력 간의 갈등을 상원선거에 집중하여 다루고 있다.

II. 티파티운동의 등장과 공화당 갈등

1. 티파티운동과 2010년 및 2012년 연방 상원선거

1) 티파티운동의 등장 배경과 티파티운동 지지자들의 정치적 성향

티파티운동은 20세기 후반 지속적으로 발전되어 온 보수적인 풀뿌리(grassroots) 대중운동을 그 배경으로 하고 있다. 1970년대 후반 캘리포니아 주 등 주로 서부 지역에서 일어났던 세금저항(Tax Revolt) 운동, 그리고 주로 사회적, 문화적, 윤리적 쟁점들에 있어 미국의 전통적인 가치규범을 강조하는 1980년대의 도덕적 다수(Moral Majority), 1990년대의 기독교연합(Christian Coalition), 2000년대의 복음주의(Evangelical) 개신교도 운동들이 이러한 보수적인 풀뿌리 대중운동의 대표적인 예들이라 할 수 있다.[1] 물론 1980년대 도덕적 다수로부터 비롯되는 기독교 우파의 대중운동들처럼 사회적, 윤리적 쟁점들과 관련한 보수적 입장을 갖고 티파티운동에 참여하는 사람들도 많이 있다(Jones and Cox 2010). 하지만 이전의 보수적 대중운동과 비교하여 티파티운동의 경우에는 이러한 사회적 보수 입장보다는 재정지출 및 연방부채 감축과 감세, 정부 규제를 비롯한 정부 역할 축소 등 주로 경제적 쟁점들에서의 보수적 입장이 더욱 강조되고 있다는 점에서 중요한 차이가 있으며(O'Hara 2010; Zernike 2010), 이로 인한 티파티운동 내부의 갈등이 있는 것 또한 사실이다.[2]

이처럼 티파티운동이 이미 이전에 등장하였던 보수적인 풀뿌리 대중운동

---

1) 1970년대 이후 미국의 보수적인 풀뿌리 대중운동 및 등장 배경에 관해서는 유성진·정진민(2011)을 참조할 것.

2) 티파티운동 내에서 사회적 보수주의자들(Social Conservatives)과 경제적 보수주의 또는 자유주의자들(Libertarians) 간의, 즉 기독교 티파티(Christian Tea Party)와 일반 티파티(Regular Tea Party) 간의 갈등에 대한 설명은 스카치폴 등(Skocpol and Williamson 2013, 34-40)을 참조할 것.

조직을 그 배경으로 하고 있지만 티파티운동이 부상하게 된 보다 직접적인 계기는 2008년 대통령선거에서 오바마의 승리에서부터 찾을 수 있다. 특히 2008년 대선에서 흑인 대통령이 등장함에 따라 다양한 진보적 사회집단들과 비백인 집단들이 결합하고 대규모 재정 부담을 가져올 경기부양 정책이나 건강보험 개혁과 같은 진보적 정책의제들이 제시되면서 이에 반발하는 보수적인 백인 유권자들이 빠르게 결집될 수 있었다. 그리고 바로 이러한 보수적인 백인 유권자들의 결집이 티파티운동의 토대가 될 수 있었다. 따라서 티파티운동의 등장은 그동안 진행되어온 인종적, 이념적 양극화의 결과물인 동시에 전체 공화당 지지자들의 절반에 육박하는 티파티운동 지지자들이 후보 선출 및 정책결정 과정을 통하여 공화당을 한층 더 강한 보수 방향으로 밀어 붙이면서 최근 심화되고 있는 미국의 정당양극화를 더욱 촉진시키는 요인으로 작동하는 양면성을 지니고 있다고 볼 수 있다.

실제로 티파티운동 지지자들은 대부분 공화당 지지자들이며 일반 유권자들뿐 아니라 티파티운동을 지지하지 않는 공화당 지지자들과 비교해서도 뚜렷하게 강한 보수적인 이념성향을 갖고 있다. 이러한 티파티운동 지지자들의 강한 보수적 이념성향은 〈표 1〉에서 보여지는 것처럼 주요 경제적 쟁점 및 사회적 쟁점들과 관련하여 같은 공화당 지지자 중에서도 티파티운동 지지자들의 보수적인 입장 비율이 티파티운동을 지지하지 않는 공화당 지지자들과 비교하여 매우 높게 나타나고 있는 데에서도 잘 드러나고 있다. 결국 이처럼 강한 보수 성향을 갖고 있는 티파티운동 지지자들의 입장에서 보자면 현재 공화당의 정책들은 진정한 보수주의를 제대로 반영하고 있지 않으며, 진정한 보수주의 정책을 추진할 의지를 갖고 있지 않은 공화당 지도부를 포함한 공화당 기득권 또는 주류 세력(Republican Establishment)에 대하여 매우 강한 불만을 갖고 있다.[3)]

3) 티파티운동 지지자들은 이들 공화당 기득권 세력을 '이름뿐인 공화당(RINO: Republican In Name Only)'이라고 비하하기도 한다.

〈표 1〉 티파티운동 지지 여부에 따른 공화당 지지자들의 쟁점 입장(%)

	부채 상한 인상		재정 지출 확대		금융 기관 규제		대체 에너지 개발		의료 보험 개혁		노령 연금/ 노인 의료 보호 축소		낙태 합법화		동성 애자 결혼		총기 규제		테러 방지 위한 인권 제한	
	찬성	반대	찬성	반대	찬성	반대	찬성	반대	찬성	반대	찬성	반대	찬성	반대	찬성	반대	찬성	반대	찬성	반대
티파티 운동 지지자	23	69	5	92	19	79	16	73	5	94	73	15	31	61	24	69	7	93	55	31
티파티 운동 비지지자	43	44	28	67	43	53	53	38	17	80	44	46	45	51	39	54	29	68	42	41

출처: Pew Research Center(October 16, 2013)

또한 이들 티파티운동 지지자들은 비백인 인구 증가에 대해서도 강한 우려와 거부감을 갖고 있다(Lepore 2010). 티파티운동 지지자들이 비백인에 대하여 갖고 있는 이러한 강한 우려와 거부감은 미국의 대표적인 비백인 집단인 흑인들에 대한 부정적인 태도에 잘 나타나고 있다. 흑인들이 그동안 차별의 희생자이었는지 그리고 충분히 권리를 보호받지 못하였는지에 대하여 티파티운동을 지지하지 않는 유권자들은 각각 39%와 42%가 동의하고 있지 않지만 티파티운동 지지자들은 각각 74%와 77%가 동의하지 않고 있어 흑인집단에 대한 부정적인 태도가 특히 티파티운동 지지자들에게서 압도적으로 높게 나타나고 있음을 알 수 있다. 마찬가지로 티파티운동을 지지하지 않는 유권자들 중 흑인들은 스스로 더 열심히 노력해야 하고 흑인들에게 특혜를 주어서는 안 된다고 생각하는 사람들의 비율이 각각 36%와 48%인데 반하여, 티파티운동 지지자들의 비율은 각각 66%와 80%로 매우 큰 차이를 보이고 있는데 이 역시 티파티운동 지지자들의 흑인집단에 대한 강한 부정적 태도를 잘 보여주고 있다(Abramowitz 2013).

전체 공화당 지지자들 중 티파티운동 지지자들이 차지하는 비율은 절반에 미치지 못하지만 이들 티파티운동 지지자들이 공화당의 정책결정이나 후보 선출에 미치는 영향은 매우 강력하다. 이는 티파티운동 지지자들이 공화당 지지자 중에서 가장 적극적으로 정치참여를 하는 집단이기 때문이다. 실제로 앱라모위쯔(Abramowitz 2013)의 분석에 따르면 공화당 지지자 중 공직자 접촉, 정치자금 기부, 정치집회 참여의 비율이 티파티운동 지지자의 경우 각각 44%, 22%, 24%인 데 비하여 티파티운동을 지지하지 않는 공화당 지지자들의 경우에는 각각 20%, 9%, 7%로 나타나고 있어 티파티운동 지지자들의 정치참여가 매우 적극적으로 이루어지고 있음을 확인할 수 있다. 특히 티파티운동 지지자들의 이러한 적극적인 정치참여는 각급 선거에 내세울 공화당 후보 선출을 위한 예비선거에서의 적극적인 참여로 이어지고 있어 본선거에 나서기 위해서는 예비선거에서 승리해야 되는 공화당 후보들로서는 주요 쟁점에 대한 입장을 취함에 있어 티파티운동 지지자들로부터 크게 영향을 받지 않을 수 없다.

또한 〈표 2〉가 보여주고 있는 것처럼 티파티운동을 지지하는 공화당 지지자들은 티파티운동을 지지하지 않는 공화당 지지자 또는 민주당 지지자나

〈표 2〉 2014년 중간선거 관심 및 참여의사(%)

	티파티 공화당 지지자	비티파티 공화당 지지자	민주당 지지자/ 무당파 유권자
중간선거에 높은 관심	54	31	27
중간선거에 강한 참여의사	73	57	42

출처: Gallup Survey(2014.9.25~30)

무당파 유권자와 비교하여 2014년 중간선거에 많은 관심을 갖고 있으며 중간선거 참여의사가 훨씬 강한 것으로 나타나고 있다.

2010년 중간선거와 비교하여 2014년 공화당 예비선거 및 본선거 과정에서의 티파티운동의 영향력은 상대적으로 줄어들었고 전체 유권자에서 차지하는 비율은 다소 낮아졌지만 티파티운동 지지자들이 민주당 지지자나 무당파 유권자 그리고 공화당 지지자 중에서도 티파티운동을 지지하지 않는 유권자들보다 2014년 중간선거에 대한 훨씬 높은 관심과 강한 선거 참여의사를 가지고 있어 선거결과에 티파티운동 지지자들은 여전히 큰 영향을 미치고 있다고 볼 수 있다.

2) 티파티운동 등장 이후의 연방 상원선거

티파티운동 지지자들이 공화당 예비선거 과정에서 강력한 영향을 미치기 시작한 2010년 연방 상원선거에서 티파티운동 지지후보 중 플로리다 주의 마르코 루비오(Marco Rubio), 켄터키 주의 랜드 폴(Rand Paul), 펜실베이니아 주의 팻 투미(Pat Toomey), 유타 주의 마이크 리(Mike Lee), 그리고 위스콘신 주의 론 존슨(Ron Johnson) 등 5명이 당선된 바 있다. 하지만 티파티운동의 지지를 받아 공화당 후보가 되었던 네바다 주의 샤론 앵글(Sharron Angle), 델라웨어 주의 크리스틴 오도넬(Christine O'Donnell), 콜로라도 주의 켄 벅(Ken Buck), 알래스카 주의 조 밀러(Joe Miller) 등은 본선거에서 패배하였다. 역시 2012년 연방 상원선거에서도 티파티운동의 지지를 받았던 텍사스 주의 테드 크루즈(Ted Cruz)는 당선되었지만 미주리 주의 토드 아킨(Todd Akin), 인디애나 주의 리처드 머독(Richard Mourdock) 등은 본선거에서 패배한 바 있다.

이처럼 티파티운동 등장 이후 치러진 두 차례의 연방 상원선거, 즉 2010년과 2012년의 상원선거 결과를 보면 티파티운동 지지후보가 본선거에서 패배하는 사례가 적지 않게 나타나고 있는데 이러한 사례들이 티파티운동의 지지를 받았던 후보의 본선거 경쟁력에 대한 의구심을 갖게 하는 배경이 되고 있다. 이는 티파티운동의 지지를 받았던 후보들이 공화당 지지자들 중 예비선거에 참여할 가능성이 많은 티파티운동 지지자들의 높은 지지로 공화당 후보로 선출은 되지만 이들 티파티운동 지지후보들이 본선거에서 다수 유권자들의 지지를 받는 것은 또 다른 문제이기 때문이다. 즉 티파티운동 지지후보들의 강한 보수성향이 티파티운동 지지자들처럼 보수성향이 강한 공화당 지지자들이 주로 참여하는 예비선거 단계에서는 유리하게 작용하지만 폭넓은 유권자집단을 대상으로 하는 본선거 과정에서는 티파티운동 지지후보들의 강한 보수성향이 보다 많은 득표를 하는 데 오히려 걸림돌로 작용할 수 있기 때문이다.

2. 공화당 주류의 2014년 중간선거 전략

티파티운동 지지후보들의 본선거 경쟁력에 대한 의구심은 특히 많은 공화당 주류 지도자들이 강하게 가지고 있다. 즉 이들 공화당 주류 지도자들은 2010년 의회선거 및 2012년 의회선거를 앞두고 치러진 공화당 예비선거에서 티파티운동 단체들이 보수이념의 순수성을 주장하는 후보들을 선출하는 데 성공함에 따라 결국 본선거 경쟁력이 낮은 후보가 양산되는 결과를 가져 와서 이길 수 있었던 의석들을 잃었다는 인식을 갖고 있다. 더욱이 앞서 언급한 것처럼 민주, 공화 양당이 백중세를 보이고 있는 연방 상원선거에서 강한 보수성향의 티파티운동 지지후보들이 공화당 후보로 나서게 되면서 이들의 극단적인 정치 성향이나 정책적 입장이 일반유권자들과 큰 차이를 보였기 때문에 충분히 승리할 수 있는 주들에서 패배하게 되었고 이로 인해 공화당이 상원 다수당이 되지 못하였다는 인식이 공화당 지도부 내에 확산되어 있었다.[4)]

---

4) 2010년 중간선거 과정에서 티파티운동의 강력한 지지를 받았던 델라웨어 주의 오도넬(O'Donnell) 등 강경보수 성향의 공화당 후보들이 본선거에서 어떻게 패배하게 되는지 등에 관한 상세한 설명은 스카치폴 등(Skocpol and Williamson 2013; 157-168)을 참조할 것.

특히 이들 공화당 주류 지도자들은 2010년과 2012년 연방 상원선거에서와 같은 패배를 되풀이하지 않기 위해서 2014년 중간선거에서는 보다 실용적인 이미지를 강화할 필요가 있다고 보고 이를 위해 이민, 동성애자, 낙태와 같은 상대적으로 보다 분열적인 사회적 이슈보다는 경제적 이슈에 초점을 맞추는 게 유리하다는 생각을 갖고 있었다. 이는 분열적인 사회적 이슈가 부각되게 되면 강한 보수성향의 유권자들을 결집시키는 것이 보다 용이해져 보수성향이 강한 티파티운동 지지후보들이 경선 과정에서 유리해질 수 있다고 보았기 때문이다. 또한 2014년 중간선거를 앞두고 베이너(Boehner), 매코널(Mc Connell) 등 주류 공화당 지도부는 이미 2013년 12월 시퀘스터의 부분 양보를 통한 예산 타협안을 통과시키고 2014년 2월 연방부채 상한 증액을 허용하는 등 티파티운동의 지지를 받고 있는 당내 강경보수파 의원들의 반발에도 불구하고 보다 실용적이고 유연하게 대처함으로써 더 이상의 민심 이반을 방치할 수 없다는 입장을 확고히 한 바 있다. 같은 맥락에서 2014년 중간선거 과정에서도 공화당 지도부는 본선거 경쟁력이 높은 현직의원들을 포함하여 상대적으로 실용적이고 온건한 보수성향의 후보들이 예비선거에서 후보로 선출될 수 있도록 보다 적극적인 자금과 조직 지원을 통한 최대한의 체계적인 노력을 경주하였다(Krausharr and Oliphant 2014; Taylor and Joseph 2014).

티파티운동은 에릭 캔터(Eric Cantor) 하원 공화당 대표의 버지니아 주 경선 패배에서 보여지듯이 열성 티파티 지지자들이 결집할 수 있는 지역에서는 위력을 보였던 것이 사실이다. 하지만 공화당 주류 후보들의 경우에 공화당 상원전국위원회(National Republican Senatorial Committee)와 같은 조직을 통하여 체계적인 선거운동이 가능하였지만 티파티운동의 경우에는 단일 지도부를 갖지 못하고 여러 풀뿌리 운동단체들로 구성되어 있어 조직적, 체계적으로 전국적인 선거운동을 전개하는 데 한계를 갖고 있었다. 또한 *티파티 익스프레스(Tea Party Express)*, *티파티 패트리어츠(Tea Party Patriots)*, *프리덤웍스(FreedomWorks)*나 *번영을 위한 미국인(Americans for Prosperity)*과 같은 대표적인 티파티운동 단체들 이외에도, 전 상원의원

드민트(Jim DeMint)가 이끄는 *상원보수기금(Senate Conservatives Fund)*, 상원의원 투미(Pat Toomey)를 지도자로 하는 *성장클럽(Club for Growth)* 등이 티파티운동 지지후보들에게 선거자금을 지원하였다. 하지만 전반적으로 선거자금 부족으로 어려움을 겪었던 티파티운동 지지후보들은 재정적 지원에 있어서도 공화당 상원전국위원회나 미국 상공회의소(U.S. Chamber of Commerce) 등 기업인 단체들로부터 충분한 자금을 조달받고 있는 공화당 주류 지원 후보와 비교하여 크게 열세를 보였다.[5] 또한 미시시피 주의 맥다니엘(McDaniel), 켄터키 주의 베빈(Bevin), 캔자스 주의 월프(Wolf), 노스캐롤라이나 주의 브레넌(Brannon) 등 적지 않은 티파티운동 지지후보들의 경우에는 개인적인 문제가 노출되어 후보 자질의 문제가 제기되기도 하였다.

III. 2014년 연방 상원 공화당 예비선거 과정 및 결과

1. 2014년 상원 공화당 예비선거에서의 경쟁구도

2014년에 연방 상원선거가 치러진 주는 모두 34개 주이고 이들 34개 주 중 사우스캐롤라이나 주와 오클라호마 주에서는 보궐선거가 동시에 치러졌기 때문에 실제로는 36명의 상원의원을 선출하는 선거가 치러졌다. 하지만 공화당 주류와 티파티운동 간의 당내 경쟁은 민주당이 우세한 11개 주에서는 그 의미를 찾기 어렵기 때문에 여기에서는 공화당이 우세하거나 공화당과 민주당이 경합을 벌였던 23개 주의 25명의 공화당 상원의원 후보를 선출

5) 2014년 공화당 예비선거 과정에서 티파티운동을 상대로 한 미국 상공회의소의 공화당 주류의원들에 대한 지원에 관하여는 Haberman(2014)을 참조할 것.

하는 예비선거에 국한하여 보고자 한다. 이들 25개의 공화당 예비선거 중 실제로 공화당 주류 후보와 티파티운동 후보 간의 의미있는 경쟁이 벌어졌던 예비선거(또는 코커스)는 14개 주에서 치러진 바 있는데 14개 주 모두 본선거에서 공화당이 우세하거나 민주당과 경합을 벌였던 주들이었고 민주당이 우세한 주는 한 곳도 없었다.

2014년 연방 상원의원 후보 선출을 위한 공화당 예비선거에서 예비선거에 나섰던 현직의원은 모두 12명이었다. 이들 12명 현직 상원의원 중 티파티운동의 강한 도전을 받았던 상원의원은 텍사스 주의 코닌(John Cornyn), 켄터키 주의 매코널(Mitch McConnell), 미시시피 주의 커크란(Thad Cochran), 사우스캐롤라이나 주의 그래햄(Lindsay Graham), 캔자스 주의 로버츠(Pat Roberts), 그리고 테네시 주의 알렉산더(Lamar Alexander) 등 모두 6명이었다. 이들 6명의 현직 상원의원들은 티파티운동의 지지를 받았던 텍사스 주의 스톡맨(Stockman), 켄터키 주의 베빈(Bevin), 미시시피 주의 맥다니엘(McDaniel), 사우스캐롤라이나 주의 브라이트(Bright), 캔자스 주의 월프(Wolf), 테네시 주의 카(Carr) 등과 경쟁을 벌였다. 이 중 가장 치열한 경쟁이 벌어졌던 주는 결선까지 두 차례의 경선을 치렀던 미시시피 주이었고, 캔자스, 테네시 주 등에서도 경쟁적인 경선을 치른 바 있다. 하지만 미시시피 주에서 티파티운동의 지지를 받았던 맥다니엘(McDaniel) 후보가 결선까지 가는 치열한 접전에도 불구하고 결국 현직 의원인 커크란(Cochran)에게 패배했고 나머지 5개 주에서도 모두 현직 의원의 경선 승리로 마무리되었다.

이외에도 현직 의원과의 경선은 아니었지만 공화당 주류와 티파티운동 간에 경쟁적인 경선을 치렀던 주는 노스캐롤라이나 주(Tillis vs Brannon), 네브래스카 주(Osborn vs Sasse), 아이오와 주(Ernst vs Clovis), 오클라호마 주(Lankford vs Shannon), 조지아 주(Perdue vs Handel), 알래스카 주(Sullivan vs Miller), 사우스다코타 주(Rounds vs Rhoden), 뉴햄프셔 주(Brown vs Smith) 등 8개 주였다. 하지만 티파티운동의 지지를 받았던 후보가 승리한 주는 새스(Sasse) 후보가 승리한 네브래스카 주 1개 주에 불과하였다.

2. 2014년 상원 공화당 예비선거 결과 분석

공화당이 우세하거나 민주당과 경합을 벌였던 23개 주 25개(2개의 보궐선거를 포함하여) 상원 공화당 예비선거 중에서 공화당 주류 후보와 티파티운동 지지후보 간의 의미있는 경쟁이 치러진 14개 예비선거를 제외한 나머지 11개 예비선거의 경우에는 예비선거에서 경쟁이 없었거나 선출된 후보가 70% 이상의 지지를 받아 압도적으로 우세한 주들이다. 〈표 3〉에서는 공화당 우세주나 경합주의 예비선거에 영향을 미칠 수 있는 요인들을 공화당 주류 후보와 티파티운동 지지후보 간의 의미 있는 경쟁이 있었던 〈표 3〉 상단의 14개 예비선거와 의미있는 경쟁이 이루어지지 않았던 표 하단의 11개 예비선거로 나누어서 보여주고 있다. 공화당 주류 후보와 티파티운동 지지후보 간의 의미있는 경쟁이 치러졌던 14개 예비선거의 경우에는 이들 후보 간의 득표율 차이를 보여주고 있으며[6] 네브래스카 1개 주를 제외하고는 모두 공화당 주류 후보가 티파티운동 지지후보에게 승리한 득표율 차이를 보여주고 있다.

의미있는 경쟁이 치러진 14개 주에서 공화당 주류 후보와 티파티운동 지지후보 간의 경쟁을 분석하는 데 있어 영향을 줄 수 있는 요인으로는 공화당 우세주인지 경합주인지 여부, 오바마 대통령에 대한 지지율, 2012년 대선에서 오바마와 공화당 롬니 후보 간의 득표율 차이, 각 주의 공화당 지지자 비율, 각 주의 공화당 지지자 비율과 민주당 지지자 비율의 차이, 각 주의 보수적 이념성향을 갖고 있는 유권자 비율, 각 주의 종교적인 유권자 비율, 각 주의 백인 인구 비율, 각 주의 경제신뢰지수 점수, 공화당 주류 후보와 티파티운동 지지후보의 선거자금 모금액 차이, 그리고 마지막으로 각 주 공화당 예비선거의 현직자 후보 유무 등을 사용하였다. 공화당 주류 후보와

6) 예비선거에서 경쟁이 없었거나 선출된 후보가 70% 이상의 지지를 받아 의미있는 경쟁이 이루어졌다고 보기 어려운 11개 예비선거의 경우에는 공화당 주류 후보와 티파티운동 지지후보 간의 득표율 차이를 표시하지 않았다.

〈표 3〉 2014년 상원 공화당 예비선거 결과 및 영향을 미친 요인들

주	주류/티파티 득표율 차이 (%)	공화당 우세/경합	오바마 지지율 (%)	오바마/롬니 득표율 차이 (%)	공화당 지지자 비율 (%)	공화당/민주당 지지율 차이 (%)	보수적 주민 비율 (%)	종교적 주민 비율 (%)	백인 주민비율 (%)	경제신뢰지수 점수	선거 모금액 차이 (천 불)	현직자 유무
NE	-28.3	우세	37.5	-21.8	50.8	16.3	41.7	46.8	82.1	-9	1,625	무
MS	1.8	우세	41.6	-11.5	45.7	6.4	47.9	61.1	58.0	-23	2,818	유
KS	7.3	우세	35.1	-21.7	52.0	20.7	41.7	46.8	78.2	-18	2,231	유
AK	8.1	경합	33.5	-14.0	48.8	20.0	43.1	37.6	64.1	-32	3,246	무
GA	8.6	경합	45.4	-7.8	43.2	2.9	41.8	52.2	55.9	-17	3,393	무
TN	9.1	우세	38.0	-20.4	45.4	7.3	44.9	54.3	75.7	-25	5,036	유
NC	18.6	경합	43.0	-2.0	41.9	0.6	40.0	49.5	65.3	-19	2,715	무
OK*	22.8	우세	32.1	-33.6	48.6	13.1	45.0	49.2	68.6	-26	674	무
KY	24.8	경합	35.1	-22.7	43.0	-1.5	40.9	48.5	86.3	-28	8,077	유
NH	27.5	경합	44.6	5.6	44.7	3.0	36.9	23.7	92.3	-14	6,223	무
SD	37.3	우세	31.7	-18.0	51.0	17.0	42.7	46.0	84.8	-21	3,228	무
IA	38.2	경합	42.4	5.8	42.7	2.1	40.1	43.2	88.7	-9	2,169	무
TX	40.3	우세	45.6	-15.8	41.9	3.9	40.5	47.5	45.3	-8	9,559	유
SC	41.0	우세	42.1	-10.5	47.8	10.2	45.1	54.3	64.1	-18	6,141	유
ID		우세	32.1	-31.9	53.3	24.4	47.5	47.0	83.9	-27	1,544	유
AR		경합	34.9	-23.7	42.5	3.7	45.2	51.4	74.5	-27	5,613	무
AL		우세	37.3	-22.1	48.5	10.9	44.7	57.4	67.0	-24	972	유
CO		경합	42.3	5.4	44.1	3.8	36.9	35.4	70.0	-11	4,600	무
ME		우세	44.9	6.3	36.8	-6.1	32.6	27.2	94.4	-22	4,139	유
MT		우세	33.1	-13.7	47.6	13.2	45.2	37.7	87.9	-25	4,365	무
OK		우세	32.1	-33.6	48.6	13.1	45.0	49.2	68.6	-26	2,727	유
SC*		우세	42.1	-10.5	47.8	10.2	45.1	54.3	64.1	-18	5,258	유

WV		우세	25.1	-26.8	41.3	-1.3	41.6	42.0	93.1	-44	5,354	무
WY		우세	22.5	-40.8	60.1	40.1	51.4	36.3	85.8	-29	2,885	유
LA		경합	40.0	-17.2	42.6	2.0	44.1	56.1	60.3	-24	4,376	무

출처: http://elections.nytimes.com/2014/calendar;http://www.nytimes.com/newsgraphics/2014/senate-model; Gallup(2014); Federal Election Commission(2012, 2014); U.S. Census(2011)

* 보궐선거

** 주 명칭은 NE(네브래스카), MS(미시시피), KS(캔자스), AK(알래스카), GA(조지아), TN(테네시), NC(노스캐롤라이나), OK(오클라호마), KY(켄터키), NH(뉴햄프셔), SD(사우스다코타), IA(아이오와), TX(텍사스), SC(사우스캐롤라이나), ID(아이다호), AR(아칸소), AL(앨라배마), CO(콜로라도), ME(메인), MT(몬태나), WV(웨스트버지니아), WY(와이오밍), LA(루이지애나)임

티파티운동 지지후보 간의 경쟁에 영향을 주는 요인으로 코커스 또는 폐쇄형, 반폐쇄형, 개방형 예비선거 등 각 주의 후보 선출 방식의 차이도 영향을 줄 수 있을 것으로 예상하였으나 예상과 달리 경쟁에 전혀 영향을 미치고 있지 못하여 제외시켰고, 각 주가 지역적으로 남부인지 비남부인지 여부도 같은 이유로 분석에 사용하지 않았다.

각 요인들이 공화당 주류 후보와 티파티운동 지지후보 간의 경쟁에 어느 정도 영향을 미치고 있는지를 보기 위하여 먼저 의미있는 경쟁이 치러진 14개 주 전체의 각 요인의 평균치를 구하고 평균치를 상회하는 주들과 하회하는 주들의 공화당 주류 후보의 티파티운동 지지후보에 대한 승리격차(margin of victory) 비율의 평균값을 비교하는 분석을 시도하였다. 또한 필요한 경우에는 공화당 주류 후보의 티파티운동 지지후보에 대한 승리격차가 10% 미만으로 근소한 미시시피, 캔자스, 알래스카, 조지아, 테네시 주와 티파티운동 지지후보가 승리한 네브래스카 주 등 6개 주와 공화당 주류 후보의 승리 격차가 40% 전후인 사우스다코타, 아이오와, 텍사스, 사우스캐롤라이나 주 등 4개 주의, 즉 티파티운동 지지후보가 승리하였거나 근소한 차이로 패배한 주와 공화당 주류 후보가 큰 폭으로 승리한 주의 요인별 평균치에 대한 비교분석을 시도하였다. 마지막으로 공화당 우세주/경합주 요인

과 현직자 후보 유무 요인의 경우에는 양변인 별 평균치를 단순 비교 분석하였다.

공화당 주류 후보와 티파티운동 지지후보 간의 의미있는 경쟁이 치러진 14개 주 중 공화당 우세주는 8개 주이고 경합주는 6개 주였다. 공화당 주류 후보의 티파티운동 지지후보에 대한 평균 승리격차는 공화당 우세주가 16.4%, 경합주 21.0%로 공화당 우세주에서 티파티운동 지지후보에 대한 공화당 주류후보의 승리 격차가 경합주보다 적게 나타나고 있다. 이는 경합주보다는 공화당 우세주에서 티파티운동 지지후보가 상대적으로 강세에 있음을 보여주고 있다. 특히 이들 의미있는 경쟁이 치러진 14개 주 중 티파티운동 지지후보가 승리했거나 10% 미만의 격차로 공화당 주류 후보를 추격하고 있는 6개 주로 좁혀서 보면 경합주보다 공화당 우세주에서의 티파티운동 지지후보의 상대적 강세는 더욱 뚜렷해진다. 공화당 주류 후보와 티파티운동 지지후보 간 득표율이 10% 미만으로 근접하고 있는 6개 주 중 공화당 우세주는 4개 주, 경합주는 2개 주의 분포를 보이고 있으며, 티파티운동 지지후보에 대한 공화당 주류 후보의 평균 승리 격차는 공화당 우세주가 -2.5%, 경합주가 8.4%로 우세주와 경합주 간의 차이가 10% 이상으로 확대되고 있다.

티파티운동 지지자들이 공유하고 있고 이들을 결집시키는 대표적 요인 중 하나는 오바마 대통령에 대한 부정적인 태도, 즉 반오바마 정서이다. 의미있는 경쟁이 치러진 14개 주의 오바마 대통령에 대한 평균 지지율은 39.1%이다. 14개 주 중 오바마 대통령 평균 지지율을 상회하는 지지율을 갖고 있는 7개 주의 티파티운동 지지후보에 대한 공화당 주류 후보의 평균 승리 격차가 25.1%인 데 반하여 오바마 대통령에 대한 평균 지지율을 밑도는 지지율을 갖고 있는, 즉 반오바마 정서가 상대적으로 강한 7개 주의 공화당 주류 후보의 평균 승리 격차는 11.6%로 절반 이하의 큰 폭으로 줄어들고 있다.

티파티운동 지지자들을 결집시키는 오바마 대통령에 대한 부정적인 태도가 공화당 주류 후보와 티파티운동 지지후보 간의 경선에 영향을 미치고 있음은 2012년 대선에서 오바마와 롬니 후보 간 득표율 격차와 같은 다른 관련 지표에서도 확인할 수 있다. 공화당 주류 후보와 티파티운동 지지후보 간에 의미있는 경쟁이 치러진 14개 주 중 티파티운동 지지후보가 40% 전후의 큰 격차로 패배한 4개 주의 2012년 대선에서 오바마와 롬니 후보 간의 평균 득표율 격차가 -12.5%인 데 비하여, 즉 공화당의 롬니 후보가 평균 12.5% 앞섰던 데 비하여, 티파티운동 후보가 승리했거나 10% 미만의 격차로 공화당 주류 후보를 추격하고 있는 6개 주의 오바마와 롬니 후보 간의 평균 득표율 격차는 -16.2%로 훨씬 더 벌어져 있음을, 즉 공화당의 롬니 후보가 더욱 크게 승리했음을 확인할 수 있다.

티파티운동 지지자들이 대부분 공화당 지지자임을 고려한다면[7] 공화당 지지자 비율이 높은 주에서 티파티운동이 강세를 보일 가능성이 많다. 의미있는 경쟁이 치러진 14개 주의 주 전체 인구 대비 공화당 지지자들의 평균 비율은 46.3%이고 평균 비율을 하회하는 8개 주에 있어 공화당 주류 후보의 평균 승리 격차는 21.1%이다. 반면에 평균 비율을 상회하는, 즉 주 전체 인구에서 공화당 지지자들의 비율이 상대적으로 높은 6개 주의 공화당 주류 후보의 평균 승리 격차는 티파티운동 지지후보의 강세를 반영하여 14.7%로 크게 줄어들고 있다.

마찬가지로 각 주의 공화당 지지자 비율과 민주당 지지자 비율 간의 격차가 큰 주에서 티파티운동 지지후보가 보다 높은 지지를 끌어냈을 것으로 예상할 수 있다. 실제로 의미있는 경쟁이 치러진 14개 주 중 티파티운동 지지후보가 40% 전후의 큰 격차로 패배한 4개 주에서 공화당 지지자 비율이 민주당 지지자 비율보다 평균 8.3% 우위에 있지만 티파티운동 지지후보가 승리했거나 10% 미만의 격차로 공화당 주류 후보를 추격하고 있는 6개 주에서의 공화당 지지자 비율의 우위는 12.3%로 더욱 확대되고 있다.

티파티운동 지지자들의 강한 보수적 이념성향을 고려한다면 이념적으로 보수적인 성향이 강한 주에서 티파티운동 지지후보가 보다 강세를 보일 가

7) 티파티운동 지지자 중 공화당 지지자 또는 공화당 편향 무당파 유권자의 비율은 92%에 달하고 있음(Pew Research Center 2013).

능성이 많다. 공화당 주류 후보와 티파티운동 지지후보 간에 의미있는 경쟁이 치러진 14개 주 중 티파티운동 지지후보가 승리했거나 10% 미만의 격차로 공화당 주류 후보를 추격하고 있는 6개 주의 보수적인 이념성향을 가진 인구의 평균 비율은 43.5%인 데 반하여 티파티운동 지지후보가 40% 전후의 큰 격차로 패배한 4개 주의 보수적인 인구의 평균 비율은 42.1%로 차이는 크지 않지만 상대적으로 낮게 나타나고 있다.

낙태, 동성애자, 학교예배 등 사회적 쟁점이나 문화적 쟁점들과 같은 비경제적 쟁점들에 대한 입장을 취하는 데 있어 종교적 요인은 큰 영향을 미치고 있다(Abramowitz 2013; Fiorina and Abrams 2011). 즉 얼마나 종교적이냐 또는 세속적(비종교적)이냐에 따라 비경제적 쟁점에 대한 입장은 크게 달라지고 있다. 의미있는 경쟁이 치러진 14개 주 중 티파티운동 지지후보가 승리했거나 10% 미만의 격차로 공화당 주류 후보를 추격하고 있는 6개 주의 종교적인 인구의 평균 비율은 49.8%인데 비하여 티파티운동 지지후보가 40% 전후의 큰 격차로 패배한 4개 주의 종교적인 인구의 비율은 47.8%로 상대적으로 낮게 나타나고 있다.

티파티운동 지지자들은 종교적인 성향이 보다 뚜렷하고 강한 보수성향을 갖고 있을 뿐 아니라 비백인의 비율이 빠르게 증가하면서 백인이 조만간 소수 인종으로 전락할지도 모른다는 불안감과 이로 인해 비백인 인종에 대한 인종적 혐오감을 갖고 있는 경우가 적지 않다. 실제로 티파티운동 지지자들은 인종적으로 백인의 비율이 압도적으로 높다.[8] 이러한 티파티운동 지지자들의 백인 편중 현상을 고려한다면 주 전체 인구에서 백인이 차지하는 비율이 높은 주가 백인 비율이 상대적으로 낮은 주와 비교하여 티파티운동 지지후보의 도전이 더욱 거셀 것이라 예상할 수 있다. 공화당 주류 후보와 티파티운동 지지후보 간에 의미있는 경쟁이 치러진 14개 주의 평균 백인

8) 전체 인구에서 백인이 차지하는 비율이 68%인 데 비하여 티파티운동 지지자 중 백인의 비율은 83%로 전체 인구 중 백인 비율보다 15%가량 높다(Pew Research Center 2013).

비율은 72.1%이고 평균비율을 하회하는 7개 주에 있어 공화당 주류 후보의 평균 승리 격차가 20.2%인 데 반하여 백인 비율이 상대적으로 높은, 평균비율을 상회하는 7개 주의 공화당 주류 후보의 평균 승리 격차는 티파티운동 지지후보의 강세를 반영하여 16.5%로 줄어들고 있다.

보수적인 성향의 티파티운동 지지자들이 종교적 요인의 영향을 많이 받는 사회적 또는 문화적 쟁점들보다 더 많은 관심을 갖고 있는 문제들은 경제적 쟁점들이다. 특히 오바마 행정부 출범 이후 극심한 당파적 논쟁 속에서 진행된 의료보험 개혁(Health Care Reform)으로 인한 재정지출 증가 우려와 금융위기 극복을 위해 투입한 천문학적 규모의 재정지출로 크게 확대되고 있는 재정적자 문제, 또 이로 인해 급속도로 늘어나고 있는 연방부채 문제 등과 같은 경제적 쟁점들이 보수적인 티파티운동 지지자들의 보다 핵심적인 관심 사항이다. 그리고 이러한 경제적인 쟁점들에 대한 티파티운동 지지자들의 반응은 경제적 상황이 상대적으로 좋지 않은 주들에서 보다 민감해질 수 있고 이는 티파티운동 지지후보에 대한 높은 지지로 표출될 수 있을 것이다.

주별 경제신뢰(economic confidence) 지수는 유권자들이 체감하는 각 주의 경제 상황을 반영하는 지표가 될 수 있다. 공화당 주류 후보와 티파티운동 지지후보 간에 의미있는 경쟁이 치러진 14개 주 중 티파티운동 후보가 승리했거나 10% 미만의 격차로 공화당 주류 후보를 추격하고 있는 6개 주의 평균 경제신뢰지수 점수는 −20.7로 티파티운동 지지후보가 40% 전후의 큰 격차로 패배한 4개 주의 평균 경제신뢰지수 점수 −14.0과 비교하여 크게 낮은 것으로, 즉 향후 경제 전망을 훨씬 비관적으로 보고 있는 것으로 나타나고 있다. 이처럼 경제신뢰지수 점수가 상대적으로 낮은 주에서 티파티운동 후보들이 강세를 보이고 있는 것은 낮은 경제신뢰도가 티파티운동 지지자들의 오바마 정부에 대한 반감과 함께 상대적으로 좋지 않은 경제상황으로 인하여 경제적인 쟁점들에 대한 높아진 민감도를 일정 정도 반영하고 있는 것으로 해석될 수 있다.

공화당 주류 후보와 티파티운동 지지후보 간에 의미있는 경쟁이 치러진

14개 주에서 오바마 대통령에 대한 지지율이나 공화당 지지자 비율 못지않게 후보 경선에 강한 영향을 미치고 있는 주요 요인은 선거자금(campaign fund) 모금액 규모이다. 선거자금 모금에 관한 한 14개 주 모두에서 공화당 주류 후보가 티파티운동 지지후보보다 우위에 있는 것으로 나타나고 있다. 미국의 경선을 포함한 선거과정에서 선거자금은 위력을 발휘하고 있기 때문에 공화당 주류 후보와 티파티운동 지지후보 간의 선거자금 모금액 차이가 클수록 두 후보 간 득표율 격차가 더 확대되리라 예상해 볼 수 있다. 실제로 공화당 주류 후보와 티파티운동 지지후보 간의 선거자금 모금액 차이의 평균값은 4,081천 불이고 평균값을 하회하는 9개 주에서 양 후보 간의 득표율 평균 격차가 12.7%인 데 비하여 평균값을 상회하는 5개 주에서 공화당 주류 후보와 티파티운동 지지후보 간의 득표율 평균 격차는 28.5%로 득표율 격차가 두 배 이상 크게 확대되고 있다. 또한 의미있는 경쟁이 치러진 14개 주 중 티파티운동 지지후보가 승리했거나 10% 미만의 격차로 공화당 주류 후보를 추격하고 있는 6개 주의 양 후보 간 선거자금 모금액 차이의 평균액수가 3,058천 불인 데 비하여 티파티운동 지지후보가 40% 전후의 큰 격차로 패배한 4개 주의 양 후보 간 선거자금 모금액 차이의 평균 액수는 5,274천 불로 공화당 주류 후보와 티파티운동 지지후보 간에 선거자금 모금액의 차이가 크게 벌어질수록 양 후보 간 득표율 차이도 커지고 있음을 다시 한번 확인할 수 있었다.

경선을 포함한 미국 선거과정에서 일반적으로 중요하게 작용하는 또 다른 요인은 현직자 이점(incumbent advantage)이다. 공화당 주류 후보와 티파티운동 지지후보 간에 의미있는 경쟁이 치러진 14개 주 중 현직자가 있는 6개 주에서 공화당 주류 후보와 티파티운동 지지후보 간 득표율 평균 격차는 20.7%로 현직자가 없는 8개 주의 양 후보 간 득표율 평균 격차 16.6%보다 득표율 차이가 확대되어 있어 공화당 주류 후보와 티파티운동 지지후보 간의 경선과정에서도 현직자 효과가 나타나고 있음을 확인할 수 있다.

내전으로까지 불렸던 공화당 상원 예비선거가 공화당 주류의 승리로 마감하게 된 데에는 지금까지 살펴본 요인들 이외에도 후보 요인이나 제도적 요인 등 여러 요인들이 작용할 수 있고 사례 수의 제약으로 보다 엄밀한 분석을 시도하지 못한 한계가 있다. 그렇지만 공화당 주류와 티파티운동 간의 의미있는 경쟁이 치러진 14개 주의 주별 11개 요인을 중심으로 살펴본 결과 특히 큰 영향을 미친 요인들로는 오바마 대통령 지지율, 공화당 지지자의 비율, 백인 유권자의 비율, 경제신뢰 지수, 예비선거 후보의 선거자금 모금액의 규모 등을 들 수 있다. 반면에 경선방식, 보수적 유권자 비율, 종교적 유권자 비율 등은 경선 결과에 영향을 미치지 못하였거나 미미한 정도에 그치고 있다. 이러한 분석 결과는 공화당 주류와 티파티운동 간의 2014년 공화당 상원 경선 결과에 이념이나 종교적 성향보다는 반오바마 정서, 소수인종에 대한 태도, 경제상황에 대한 인식, 그리고 현실적 요인으로 선거 모금액 규모 등이 더욱 크게 작용하고 있다고 볼 수 있다. 결국 종교 등과 관련된 사회적, 윤리적, 문화적 쟁점들을 둘러싼 갈등보다는 반오바마 정서, 이민법 개정 문제로 구체화되고 있는 인종 갈등, 그리고 과도한 재정지출 및 이로 인해 초래된 사상 최대의 연방부채 등으로 경제상황이 악화되고 있다는 인식 등이 티파티운동 지지자들을 결집시키는 주된 요인으로 작용하고 있는 것으로 보인다.

IV. 2014년 상원 공화당 예비선거 및 본선거 평가

상당수의 현직 상원의원이 티파티운동 지지후보의 도전으로 경선에서 패배할 거라는 초기의 예상과는 달리 2014년 공화당 상원 예비선거에서는 2008년 선거 이후 처음으로 12명의 현직의원 모두가 공화당 후보로 재선출되었고 현직자가 없는 주의 경우에도 네브래스카 1개 주를 제외하고는 공화당 주류가 지지하는 후보가 모두 선출되었다. 결국 티파티운동과 주류 간의 공화당 내전이라고까지 불렸던 치열한 경쟁은 공화당 주류의 압승으로 마감

되었다.

하지만 비록 공화당 상원의원 현직자 중 2014년 공화당 상원 예비선거에서 패배한 의원은 없었지만 이들 현직의원들의 예비선거 득표율은 지속적으로 감소하고 있다. 2004년, 2006년, 2008년 세 차례의 상원 예비선거에서 현직의원들의 평균 득표율은 89%였던 반면, 티파티운동이 등장하여 선거에 본격적으로 개입했던 2010년과 2012년 두 차례 예비선거에서 현직의원의 예비선거 평균 득표율은 78%로 감소된 바 있다. 이번 2014년 상원 예비선거에서 현직의원들의 평균 득표율은 더욱 낮아져 73%까지 떨어지고 있다(Silver 2014).

반면에 공화당 상원의원 현직자 중 상원 본선거에서 패배한 현직의원들의 숫자는 2010년과 2012년 선거에서 전체 19명의 현직의원 중 3명에 불과하였고, 이 중 알래스카 주의 머코스키(Murkowski) 상원의원은 상원 예비선거에서 패배하였지만 본선거에서 무소속으로 출마하여 당선되었기 때문에 실제 본선거에서 패배한 현직의원은 2명에 불과하였다. 2014년 중간선거에서도 본선거에서 패배한 현직의원은 단 1명도 없어 선거과정에 현직의원의 이점이 여전히 강하게 작용하고 있음을 잘 보여주고 있다.

미국 선거에서 대통령선거가 있는 해의 선거와 대통령선거가 없는 중간선거의 중요한 차이 중 하나는 투표율이다. 즉 대통령선거가 있는 해의 투표율은 대통령선거가 없는 중간선거와 비교하여 대략 15% 내지 20% 정도 높다. 예를 들어, 대통령선거가 치러졌던 2008년 투표율은 61.6%로 2010년 중간선거의 투표율 40.9%보다 20% 이상 높다. 마찬가지로 대선이 있었던 2012년 투표율은 58.2%로 이번 2014년 중간선거의 투표율 36.3%보다 역시 20% 이상 높다(U.S. Elections Project, University of Florida). 이는 대통령선거가 있는 경우에는 통상 투표율이 상대적으로 저조한 집단인 젊은 세대, 소수인종, 여성 및 저소득층 유권자들이 대거 선거에 참여하기 때문이다. 따라서 중간선거의 경우에는 상대적으로 나이든 세대, 백인, 남성, 그리고 경제적 여유가 있는 계층의 투표가 더 많이 이루어지게 되고 이는 정당지지 성향으로 볼 때 민주당보다는 공화당, 특히 티파티운동을 지지하는 공화당 지지자들의 선거 참여비율을 상대적으로 높이는 결과를 가져올 가능성이 많다(Skocpol and Williamson 2013: 161).

2014년 중간선거 중 상원 본선거 결과를 보면[9] 공화당이 우세했던 14개 상원선거[10] 모두에서 공화당 후보가 승리하였고 평균 득표율은 62.5%이었다. 반면에 민주당과 경합을 벌였던 10개 상원선거의 경우[11] 민주당이 승리한 뉴햄프셔 주를 제외한 9개 주에서 공화당 후보가 승리하였고 평균 득표율은 50.7%로 공화당 우세주 평균 득표율보다 11.8% 낮았다. 공화당이 우세했던 14개 선거 중 공화당 주류 후보와 티파티 지지후보 간에 경쟁적인 경선을 치렀던 7개의 선거에서 공화당 후보의 평균 득표율은 60%로 경쟁적인 경선이 이루어지지 못했던 나머지 7개 선거에서의 득표율 65%보다 5% 가량 낮았다. 반면에 민주당과 경합을 벌였던 10개 선거 중 공화당 주류 후보와 티파티 지지후보 간에 경쟁적인 경선을 치렀던 7개 선거에서 공화당 후보의 평균 득표율은 51%로 경쟁적인 경선이 없었던 나머지 3개 선거에서 공화당 후보의 평균 득표율 49%와 큰 차이가 없었다.

결국 2010년이나 2012년과 달리 2014년 공화당 상원 예비선거에서는 대부분 상대적으로 높은 본선거 경쟁력을 갖고 있는 주류 후보가 공화당 후보로 선출됨에 따라 상원 본선거에서 공화당이 압승하는 데 적지 않은 기여를 할 수 있었다. 경합주의 경우에는 공화당 주류 후보에 대한 티파티 지지후보의 도전이 공화당 주류 후보와 본선거 득표율에 별반 영향을 미치지 못하고 있지만 우세주의 경우에는 티파티 지지후보와 경쟁적인 경선을 치렀던 공화당 주류 후보의 본선거 득표율이 경쟁적인 예비선거를 치르지 않았던 주류 후보의 득표율보다 낮게 나타나고 있음을 확인할 수 있었다. 공화당 우세주와 경합주 간의 이러한 차이는 티파티운동 지지후보의 경선 패배로

---

9) 2014년 중간선거 결과는 http://elections.nytimes.com/2014/results/senate를 참조.

10) 공화당 우세주로 분류되었던 앨라배마 주는 세션스(Sessions) 현직 공화당 의원이 무투표 당선되어 제외함.

11) 10개 경합주 중 캔자스 주의 경우에는 민주당이 후보를 내지 않아 공화당 후보와 무소속 후보가 경쟁을 벌였음.

인한 티파티 지지자들의 실망이 공화당 우세주에서는 공화당 후보들의 득표율 하락에 일정 정도 영향을 주었던 반면 민주당과 치열한 경쟁을 벌였던 경합주의 경우에는 티파티운동 지지후보의 패배에도 불구하고 티파티 지지자들이 민주당과의 경쟁에서 승리를 위해 선거에 참여하여 공화당 후보를 지지했을 가능성이 있는 것으로 해석될 수 있다.

V. 정당양극화 및 향후 정치과정에의 함의

2010년 중간선거 이후의 정당양극화 심화가 공화당의 보수화에 기인한 바가 많고 공화당 보수화는 티파티운동에 의해 추동된 측면이 크다. 이러한 점을 감안하여 지금부터는 이번 2014년 중간선거에서, 특히 연방 상원선거에서 표출된 티파티운동과 공화당 주류 간의 갈등 양상이 향후 정당양극화 및 정치과정에 어떻게 영향을 미치게 될 지에 관한 전망을 시도하고자 한다.

공화당 예비선거에서 공화당 주류 후보들이 많이 선출되었지만 사실 이들 공화당 주류 후보들의 이념적 성향이나 정책적 입장에서 티파티운동 지지후보와의 차이는 크지 않다. 따라서 비록 티파티운동 지지후보가 거의 선출되지 못했지만 공화당의 이념이나 정책 내용은 이미 전반적으로 티파티운동의 영향을 크게 받아 이전보다 보수화되었고 이런 점에서 티파티운동의 영향력이 약화되고 있다고 볼 수만은 없다(Conroy 2014). 또한 2014년 6월 버지니아 주 제7하원선거구 공화당 예비선거에서 하원 공화당 대표이었고 차기 하원의장으로 유력시되었던 캔터(Cantor) 의원을 누르고 티파티운동 지지후보인 무명의 브랏(Brat) 후보가 승리했던 것처럼 티파티운동은 공화당 경선에서 보수적인 공화당 지지자들을 동원하여 경선 결과에 커다란 영향력을 발휘할 수 있는 힘을 갖고 있다.

하지만 이러한 티파티운동의 강한 영향력은 공화당의 지지외연을 확장시키는 데 결정적인 걸림돌로 작용하고 있다. 캔터 공화당 대표의 경선 패배와 관련해서도 캔터 대표가 미국 유권자 집단에서 차지하는 비율이 빠르게 증가하고 있는 히스패닉 집단을 의식하여 이민법 개정 문제에 있어 오바마 대통령과 타협적 입장을 취해 왔던 것이 예비선거 패배의 주요인으로 작용한 바 있다. 캔터가 공화당 지도부의 일원으로서 선거, 특히 2016년 대통령 선거에서의 승리를 위하여 공화당 지지기반의 외연을 확장하려고 노력하는 것은 어찌 보면 당연하다 할 수 있다. 하지만 이념이나 구체적 정책보다는 오바마 대통령에 대한 반대라는 명분을 무엇보다 중시하고 보수의 순수성을 강조하는 티파티운동가들의 입장에서는 외연 확장을 위한 타협은 용납될 수 없는 것이다.[12)]

실제로 2013년 7월에 실시된 퓨 리서치 조사(Pew Research Center 2013)에 따르면 공화당 지지자 중 의회에서 민주당을 상대함에 있어 공화당이 너무 많이 타협하고 있다고 생각하는 티파티운동 지지자들의 비율은 50%로 티파티운동을 지지하지 않는 공화당 지지자들의 21%와 비교하여 매우 높게 나타나고 있다. 이와는 대조적으로 공화당의 민주당과의 타협이 충분하지 않았다라고 생각하는 티파티운동 지지자들의 비율은 14%로 티파티운동을 지지하지 않는 공화당 지지자들의 39%와 비교하여 매우 낮게 나타나고 있다. 많은 티파티운동 지지자들은 자신들만이 진정한 애국적인 미국인들이기 때문에 생각이 다른 사람들과의 쌍방향 대화는 필요 없으며 공화당 의원들은 선거 때 자신들에게 했던 약속을 실천하기 위해 고용된 대리인들이라고 생각하는 경향이 강하다. 또한 티파티운동을 지지하지 않는 사람들은 티파티운동이 추구하는 내용들을 교육받아야 될 대상이고 나아가 민주당 지지자들은 복지 의존자들, 납세자들에 기생하여 살아가는 공공부문 종사자들, 불법적으로 투표하는 이민자들로 구성되어 있기 때문에 이들과 대화하는 것

---

12) 티파티운동과 주류 간의 공화당 내전이 시간이 지나면서 점차 이념이나 구체적 정책보다는 누가 더 타협하지 않는 진정한 보수의 순수성을 견지하고 있는가 하는 명분을 둘러싼 다툼으로 변질되고 있는 변화에 대한 설명은 Waldman(2014), Everett(2014)을 참조할 것.

은 시간 낭비이고 민주당과의 협상이나 타협은 있을 수 없다는 매우 비타협적인 태도를 갖고 있다(Skocpol and Williamson 2013: 183-184).

이처럼 공화당 경선 과정에서 강력한 영향력을 행사하고 있는 티파티운동의 비타협적인 태도는 경선 및 본선거 과정에서 티파티운동의 지지 여부에 관계없이 계속하여 선거를 치러야 하는 상황에서 티파티운동의 입장을 의식하지 않을 수 없는 공화당 의원들에게는 입법과정 등 국정운영에서 융통성을 발휘하는 데 커다란 제약 요인으로 작용하고 있다. 그 결과 입법과정이나 국정운영에 있어 정당 간의 타협과 절충의 여지를 적게 함으로써 정당 간 대립을 더욱 심화시킬 수 있다. 더욱이 대통령선거에서의 민주당 우위와 의회선거에서의 공화당 우위(상원의 경우는 보다 경쟁적인 상황이지만)의 선거지형을 고려한다면 오바마 정부 이후에도 분점정부가 출현할 가능성이 높다. 이러한 분점정부 상황에서 정당 간 대립의 심화는 보다 빈번한 정치적 교착 상황을 야기할 수 있고 결국 원활한 국정운영에 큰 부담으로 작용할 가능성이 크다.

향후 티파티운동의 영향력 변화 추세와 관련하여 최근 미국선거, 특히 의회선거의 경쟁도 변화는 주목할 필요가 있다. 이는 강한 보수 이념성향을 갖고 있는 티파티운동의 영향력 증가는 1990년대 이후 선거구의 경쟁도에 있어 경쟁적인 선거구가 감소하면서 비경쟁적인 선거구가 증가하고 있는 것과도 관련되어 있기 때문이다. 비경쟁적인 선거구가 증가하게 되면 본 선거에서의 우세한 정당의 후보는 중도적 유권자로부터의 지지 확보 없이도 선거에서 승리할 수 있게 되고 본선거에서의 우세 정당의 승리가 보장되어 있는 상황에서 관건은 본선거보다는 예비선거에서 후보로 선출되는 일이다. 그런데 통상 예비선거, 특히 폐쇄형 예비선거의 경우는 본 선거에 참여하는 유권자와 비교하여 이념적으로 보다 강성인 유권자들이 참여하게 되고, 이는 결국 중위 유권자(median voter)와는 크게 다른 이념적 성향을 갖고 있는 후보가 최종적으로 본선거에서 당선되는 결과로 이어질 가능성이 많다.

다른 한편 티파티운동이 공화당에 미치는 영향에 제약을 가할 수 있는 요인들도 함께 고려해 볼 필요가 있는데, 이러한 요인들로 티파티운동이 공화당에 행사하는 과도한 영향력에 대한 기업의 우려 및 일반 유권자들의 티파티운동에 대한 부정적 태도의 증가 등을 들 수 있다. 티파티운동의 압력으로 과도한 재정지출 삭감과 연방부채 상한 증액에 대한 공화당의 경직된 입장이 미국경제에 미칠 악영향에 대해 미국 재계는 적지 않은 우려를 갖고 있다. 실제로 기업인 단체인 미국 상공회의소나 전미 제조업자 협회(National Association of Manufacturers) 등이 티파티운동의 영향을 과도하게 받고 있는 공화당에 대해 보다 유연한 입장을 촉구하는 일이 반복되고 있다. 티파티운동이 공화당에 미치는 영향을 제약할 수 있는 또 다른 요인은 〈표 4〉에서 보듯이 티파티운동에 대한 유권자들의 부정적 태도가 점차 증가하고 있다는 점이다.

티파티운동에 대한 이러한 유권자들의 부정적 태도 증가가 2014년 중간선거 과정에서 공화당의 지도부가 티파티운동 지지후보에 맞서 상대적으로 온건하고 실용적인 후보를 보다 적극적으로 지원하게 되었던 배경 요인 중의 하나이기도 했다. 향후 티파티운동에 부정적인 유권자들의 보다 많은 선거 참여가 예상되는 2016년 대통령선거를 앞둔 상황에서 공화당이 티파티운동에 끌려 다닐 수만은 없으리라고 보며 티파티운동의 등장으로 결집된

〈표 4〉 티파티운동에 대한 태도 변화(%)

	일반유권자		공화당 지지자/ 공화당 편향 무당파 유권자		민주당 지지자/ 민주당 편향 무당파 유권자	
	2010.10	2014.4	2010.10	2014.4	2010.10	2014.4
티파티운동 지지자	32	22	61	41	9	7
티파티운동 반대자	30	30	5	11	55	49
의견 없음	38	48	34	48	36	43

출처: Gallup Survey(2014.4.24~30)

강한 보수성향의 공화당 지지자들이 계속하여 공화당에 크게 영향을 미치겠지만 티파티운동의 과도한 영향력 행사에 대한 기업의 우려나 유권자들의 점증하는 부정적 태도 등은 공화당에 대한 티파티운동의 영향력에 일정한 한계가 있을 수밖에 없게 만드는 요인이 될 가능성이 크다.

▮ 참고문헌 ▮

유성진 · 정진민. 2011. "티파티운동과 미국 정당정치의 변화."『한국정당학회보』10권 1호.

Abramowitz, Alan. 2013. *The Polarized Public? Why American Government is So Dysfunctional.* New York: Pearson.

Conroy, Scott. 2014. "Gop Senate Incumbents Complete Primary Season Sweep." *RealClearPolitics* (August 8, 2014).

Everett, Burgess. 2014. "Tea Party Eats Its Own in Oklahoma." *Politico* (April 24, 2014).

Federal Election Commission. 2012. *Official 2012 Presidential Election Results.*

______. 2014. *2014 House and Senate Campaign Finance.*

Fiorina, Morris, Samuel Abrams, and Jeremy Pope. 2011. *Culture War? The Myth of a Polarized America.* New York: Pearson.

Gallup. 2014. *State of the States.*

Haberman, Maggie. 2014. "How the Chamber Beat the Tea Party in 2014." *Politico* (November 8, 2014).

Jones, Robert, and Daniel Cox. 2010. *Religion and the Tea Party in the 2010 Election.* Washington DC: Public Religion Research Institute.

Kraushaar, Josh, and James Oliphant. 2014. "The GOP Has Finally Found a Way to Defeat the Tea Party." *National Journal* (May 1, 2014).

Layman, Geoffrey, Thomas Carsey, John Green, Richard Herrena, and Rosalyn Cooperman. 2010. "Activists and Conflict Extension in American Party Politics." *American Political Science Review* 104(2): 324-346.

Lepore, Jill. 2010. *The Whites of Their Eyes: The Tea Party's Revolution and Battle over American History.* Princeton: Princeton University Press.

O'Hara, John. 2010. *A New American Tea Party: The Counterrevolution Against*

Bailouts, Handouts, Reckless Spending, and More Taxes. Hoboken: Wiley.

Pew Research Center. 2013. *Tea Party's Image Turns More Negative: Ted Cruz's Popularity Soars among Tea Party Republicans*.

Silver, Nate. 2014. "Republicans Have More Reason than Ever to Worry about Primary Challenge." *FiveThirtyEight* (August 6, 2014).

Skocpol, Theda, and Vanessa Williamson. 2013. *The Tea Party and the Remaking of Republican Conservatism*. New York: Oxford University Press.

Taylor, Jessica, and Cameron Joseph. 2014. "Tea Party Candidates Flop." *The Hill* (August 8, 2014).

U.S. Census Bureau. 2011. 2010 *Demographic Profile*.

Waldman, Paul. 2014. "The Future of Tea Party-GOP Infighting." *Washington Post* (April 26, 2014).

Zernike, Kate. 2010. *Boiling Mad: Inside Tea Party America*. New York: Times Books.

의료보험개혁과 2014년 중간선거

이소영 | 대구대학교

I. 들어가는 말

2010년 3월 23일 오바마 대통령이 법안에 서명하면서 미국사회에서 개혁 논쟁이 시작된 이래 거의 100년 만에 법제화된 미국의 의료보험개혁법(Patient Protection and Affordable Care Act: 이하 ACA)은 2013년 10월 본격적인 시행 이후에도 여전히 공화당과 개혁 반대 세력의 강한 반대에 직면하고 있어 그 운명이 불확실한 상황이다. 의료보험개혁 이슈는 개혁법안이 의회를 통과하던 당시뿐 아니라 법안 통과 후 2010년 중간선거에서도, 2012년 대통령선거 과정에서도, 그리고 주별로 시행되고 있는 현재까지도 민주-공화 양 당의 정치적 공방의 핵심 이슈가 되고 있다. 특히, 의료보험개혁은 연방정부의 재정적자 및 예산지출 위기와 연관되어 연방정부 폐쇄(shutdown)라는 극단적 상황에까지 가게 되는 중요한 원인을 제공하였다는 점에서 미국민들의 지지를 상당 부분 잃고 있기도 하다.

2010년 미국의회를 통과한 ACA는 빈곤층에게 주어지는 의료보험 혜택인 메디케이드(Medicaid)의 수혜 자격을 연방 빈곤수준 133%까지 확대하고, 의료보험 구매를 위한 보조금도 연방 빈곤수준 400%(4인 가족 연수입 88,000달러)까지 확대 지급하도록 하고 있으며, 직장 의료보험을 제공하는 기업의 고용주에게는 보험수수료 면제 등 인센티브가 주어지도록 규정하고 있다. 이러한 보조금 조항들은 정부 지출의 확대를 전제하고 있기 때문에 의료보험개혁 이슈는 정부 재정 문제와 자연스럽게 연관된다. 그러나 이 비용은 여러 가지 세금, 수수료, 또는 다양한 형태의 의료비용 절감을 통해 충당하도록 되어 있어 이번 의료보험개혁으로 인해 향후 10년간 약 1,430억 달러의 연방정부 적자가 줄어들 것으로 의회예산국(Congressional Budget Office)은 추산하고 있다. 개혁법은 고소득층에 대한 노령의료보험인 메디케어(Medicare)의 세금 확대, 메디케어 우선지원 프로그램(Medicare Advantage program)의 축소, 의료 기구 및 제약 회사들에 대한 수수료 증가, 보험 미가입자에 대한 과징금 등을 통해 연방정부의 의료비용 지출 절감이 가능하도록 디자인되어 있다.

그럼에도 불구하고, 공화당은 연방정부 재정적자의 일차적 원인이 복지비용 지출 때문이며, 의료보험 혜택 확대를 위해 정부보조금을 지급할 경우 정부의 재정적자는 더욱 증폭될 것이라는 주장을 지속적으로 펼쳐 왔다. 이러한 입장은 의료보험개혁의 내용과 정부 비용지출에 대한 정확한 정보가 부족한 일반 유권자들에게 매우 쉽게 받아들여질 수 있는 이슈 프레임을 형성하였고 의료보험개혁에 대한 부정적 여론에 힘을 실었다. 이에 더하여, 2013년 10월부터 시행에 들어간 이후 온라인 보험시장 시스템 문제와 개인 비용 부담 문제 등은 개혁 반대 세력과 언론의 주요 타깃이 되었고, 결과적으로 의료보험개혁에 대한 부정적 여론이 긍정적 의견을 압도하는 양상을 보여 왔다.

2009년 취임 이래 오바마 대통령의 지지도가 최저치에 달했던 2014년 중간선거 캠페인 과정에서 공화당의 상하원 의석 석권이 예견되는 가운데, 공화당은 선거에서 승리할 경우 ACA를 폐기할 것을 공언하였다. 2010년 의료보험개혁법이 통과된 이후 4년이 넘는 시간 동안 의료보험개혁에 대한 유권자들의 의견과 입장이 대체로 결정되어 있는 상태였기 때문에 의료보험개혁에 대한 공화당의 공격이 지난 두 차례의 선거 때와 같은 지지 변경 요인이나 핵심적인 투표 결정 요인을 형성하지는 못하였지만, 오바마 및 민주당 정부에 대한 저평가와 부정적 이미지를 강화하는 데에는 중요한 역할을 한 것으로 평가되고 있다. 이번 중간선거 과정에서 가장 핵심적인 이슈는 무엇보다도 미국경제의 회복 및 연방정부 재정 문제와 정부의 에볼라 바이러스 확산에 대한 대처, 그리고 이슬람국가(IS)와 관련한 미국의 외교안보정책 등으로 요약될 수 있겠지만, 의료보험개혁 이슈 또한 한편에서는 개혁의 성과를 강조하기 위해, 또 다른 한편에서는 개혁에 대한 지속적인 공격을 위해, 양 당과 후보들의 선거전략에서 빼놓을 수 없는 위치를 차지하였다.

그러나 의료보험개혁 이슈와 관련하여 이 이슈가 투표에 미친 영향보다 더 큰 관심거리는 선거의 결과가 향후 의료보험개혁에 어떠한 영향을 미칠 것인가, 즉, 선거 이후 공화당 주도의 의회하에서 ACA의 운명이 어떻게 될 것인가라는 문제일 것이다. 현재 의료보험개혁은 실제 시행 주체인 주들의 반대에 직면해 있을 뿐 아니라 개혁에 대한 강한 반대 인물들이 상하원의 관련 위원회 위원장이 된 상황에 있다. 이 때문에 어떠한 형태로든 개혁법에 대한 수정의 시도는 있을 것이라고 보는 의견이 다수이다.

이 장에서는 의료보험개혁을 둘러싼 미국의 정치적 균열이 어떠한 양태를 보여 왔는지, 그리고 그러한 균열하에서 의료보험개혁 이슈가 2014년 중간선거에 어떠한 영향을 미쳤으며, 또 중간선거의 결과에 의해 어떠한 영향을 받을 것인가에 관심을 가지고 논의를 전개해 보고자 한다. 이러한 논의는 구체적으로 다음과 같은 내용을 중심으로 전개된다. 먼저, 오바마 행정부의 의료보험개혁이 최근 미국의 정치적 균열과 어떻게 맞닿아 있는지를 논의한다. 법안 통과 과정 및 법안 통과 후 소송과 사법부 판결, 중간선거 및 대선, 그리고 실제 시행의 과정에서 나타난 공화당과 민주당의 갈등, 보수주의 세력과 자유주의 세력의 갈등, 그리고 주정부와 연방정부의 갈등의 양상을 살펴본다. 다음으로 2014년 중간선거에서 의료보험개혁 이슈를 둘러싼 핵심적인 논쟁점은 무엇이었는지, 각 정당의 전략은 어떠했는지, 여론은 어떻게 형성되었는지, 그리고 결국 의료보험개혁 이슈가 중간선거 결과에는 어떠한 영향을 미쳤는지를 살펴본다. 마지막으로, 공화당의 압승이라는 중간선거 결과가 향후 미국의 의료보험개혁에 미칠 영향을 고찰하면서 이 장을 마무리하고자 한다.

II. 오바마 행정부의 의료보험개혁과 정치적 균열

1. 정치적 균열과 의료보험개혁법의 의회 통과

의료보험개혁을 둘러싼 정치적 균열은 건국 당시부터 시작된 연방정부의 역할에 대한 보수주의자와 자유주의자의 이념적 갈등과 관련되어 있다. 정부의 역할 확대와 국가의 시장개입을 반대하는 고전적 자유주의와 사회적 서비스 및 경제 영역에 국가 개입의 증대를 주장하는 현대적 자유주의는 각각 미국 보수주의와 자유주의의 이념적 근간을 이루고 있으며 이 둘 사이의 견해 차이는 국가가 개입하여 의료복지를 확대하고자 하는 의료보험개혁의 실현을 어렵게 하는 핵심적인 요인이 되었다.

1912년 대선 당시 시어도어 루스벨트(Theodore Roosevelt) 전 대통령이 의료보험 영역에 정부의 개입을 주창한 이래 많은 대통령들이 가입을 의무화하는 국민의료보험을 제도화하고자 시도하였으나 모두 실패하였다. 미국의사협회와 의료보험회사, 그리고 공화당을 중심으로 하는 보수적 정치세력 및 보수주의 유권자들의 국가 개입에 대한 강한 반대는 때로는 개혁에 대한 깊이 있는 논의를 불가능하게 하기도 했고, 때로는 의료보험개혁법안의 의회 통과를 저지하였다. 더불어 의료보험개혁에 대한 지속적인 반대와 저지는 초기에는 국민들에 대한 의료보험을 확대할 필요성이 있었던 정부로 하여금 민간 의료보험회사에 대한 지원을 확대하도록 만들고 결국 민간 의료보험회사들의 위치를 굳건히 하는 계기를 제공하기도 하였다(이소영 2014).

의료보험개혁 이슈는 1930년대 사회보장법을 마련한 프랭클린 루스벨트(Franklin Roosevelt) 행정부 이후 미국정치의 중요한 논쟁거리가 되어 왔지만, 이 이슈가 본격적으로 미국정치의 가장 핵심적인 이슈로 부상한 것은 클린턴(Clinton) 행정부 때이다. 클린턴 행정부는 미국인들이 모든 의료 영역에 대해 국가가 주도하는 보험 혜택을 받도록 하는 개혁법안을 마련하였다. 그러나 이 법안은 야당인 공화당뿐 아니라 민간보험회사, 의사협회를 비롯한 관련 이익집단들, 더 나아가서 민주당 내에서도 상당한 반대에 부딪히면서 의회 통과에는 실패하였다. 법안의 작성 과정이 비밀스럽게 전개되어 모든 정부의 행위가 국민에게 공개되어야 한다는 원칙을 위반한 점을 비롯하여 표면적인 반대 이유들이 여럿 있었지만, 반대의 근본적인 이유는 연방정부 주도의 사회정책은 개인의 자율성과 시장경제의 효율성을 떨어뜨린다는 보수적인 관점에 기반한 국가개입에 대한 미국민들의 두려움 때문이었다고 할 수 있다. 스스로를 자유주의자라고 믿는 사람들보다 보수주의자라고 믿는 사람들의 비율이 훨씬 높은 미국에서 국가개입의 확대를 전제하는 국가가 주관하는 의료보험, 민간보험회사들에 대한 정부의 엄격한 규제, 고용주의 의무 증대 등을 골자로 하는 의료보험개혁은 사실상 실현이 어려운 것이 사실이었다(미국정치연구회 편 2013).

2008년 대선 캠페인 과정에서 보편적 국민의료보험제도로의 개혁을 약속한 오바마 대통령 또한 취임 후 개혁을 본격적으로 추진하는 과정에서 유사한 반대에 부딪혔다. 클린턴 행정부의 개혁 실패를 반복하지 않기 위해 보험회사, 의사협회, 이익집단 등 다양한 그룹들을 협상테이블에 불러 의료보험개혁에 대한 논의를 시작하면서 상당한 지지여론을 확보하는 듯 보였지만 결국 오바마 행정부의 개혁 시도는 얼마 지나지 않아 공화당과 보수주의자 및 개혁 이해 당사자들의 강한 반대에 직면하였다. 이들 반대 세력들은 다양한 프레임과 캠페인으로 보수 성향의 언론과 함께 오바마의 의료보험개혁에 대한 공격을 강화하였다.

특히 오바마 대통령이 사회 서비스 영역에까지 국가개입을 확대함으로써 히틀러와 같은 국가주의적 행태를 보이고 있다고 주장하고 오바마를 국가주의자 또는 사회주의자로 묘사하는 캠페인은 정부 역할의 확대, 또는 국가개입의 확대를 두려워하는 미국민들의 정서를 충분히 자극할 수 있는 시도였다. 이 시기에 실시된 갤럽 조사에서는 "모든 미국인이 의료보험을 가지게 하는 데 대한 일차적 책임이 정부에 있다고 생각하는가 아니면 각 개인에게 있다고 생각하는가"라는 질문에 대해 61%나 되는 응답자들이 각 개인에 있다고 대답했으며 37%만이 정부에 책임이 있다고 응답한 것으로 나타났다(USA Today/Gallup Poll, September 11-13, 2009; 이소영 2010에서 재인용). 이에 더하여 개혁 반대 세력은 이번 개혁으로 미국민들이 현재 보험보다 훨씬 낮은 질의 보험 프로그램에 가입하게 될 것이라고 주장하였고, 의료비용 또한 증가하게 될 것이라는 주장을 펼쳤다. 개인의 경제 상황과 직접 연관될 수 있는 이러한 주장은 국가보조금의 확대로 연방정부의 재정적자를 악화시킬 것이라는 주장과 함께 그 진위 여부와 상관없이 의료보험개혁에 대한 일반국민들의 반대 여론을 증폭시켰다.

이러한 반대 여론은 오바마와 민주당이 애초에 계획했던 국가가 주도하는 보험, 즉 공공보험의 실현이 불가능해 보이도록 만들었다. 상원의 두 개 위원회와 하원의 세 개 위원회에서 논의된 의료보험개혁법안은 소속 상임위원회의 공화당 의원들의 강한 반대에 부딪혀 민주당 의원들만으로 위원회를 통과하였다. 특히, 하원 위원회들에서는 보수적인 지역을 지역구로 하고 있는 민주당 내 중도-보수 성향 의원들의 지지를 얻는 데에도 실패하였다. 상원 재정위원회(Senate Committee on Finance)의 경우, 법안이 위원회를 통과하는 과정에서 정부 주도의 공공보험 조항을 제외함으로써 공화당 의원들의 지지를 확보하기도 하였지만, 이후 민주당 상원 지도부에서 공공보험 조항을 다시 포함시키겠다는 의지를 보이자 개혁안의 위원회 통과 과정에서 법안에 찬성했던 공화당 의원들도 모두 반대로 돌아서는 양상을 보였다(이소영 2014 참조).

법안을 둘러싼 공화당 대 민주당의 논쟁과 대결 양상은 의료보험개혁에 대한 여론을 정당지지에 따라 그리고 이념에 따라 양분하는 결과를 낳았다. 법안 통과 직전인 2010년 1월에 실시된 조사에 의하면, 민주당 지지자들 중 약 82%가 개혁안에 대체적으로 찬성하고, 공화당 지지자들 중 약 76%가 반대하고 있는 것으로 나타났다(Gallup Poll, January 12, 2010; 이소영 2010에서 재인용). 이 때문에 법안 통과 시기까지 여론은 절대적인 반대도 절대적인 찬성도 보여주지 않은 채 양분되어 있었지만, 전체적으로는 반대의 여론이 약간 앞서는 양상을 보였다. 이는 공화당 및 개혁 반대 세력들이 만든 의료보험개혁에 대한 다양한 프레임이 지지 정당이 없는 중도적 유권자들을 설득하는 데 성공하였다는 것을 의미한다.

이렇게 보수적 유권자들과 중도적 유권자들의 상당 부분이 개혁 반대로 돌아선 가운데 오바마 대통령은 이들을 설득하기 위해 타운홀 미팅 및 대중포럼을 비롯한 다양한 대국민 홍보활동을 펼치는 것과 동시에 공화당 의원들과 민주당 내 중도-보수 성향 의원들을 설득하기 위한 노력을 경주하였다. 오바마 대통령은 공화당과 민주당 지지자 모두의 광범한 지지를 얻기 위해 개혁에 대한 초당적 접근을 지속적으로 강조하였지만, 개혁법안은 초당적 지지를 얻는 데는 실패하였다.

이러한 상황에서 개혁 이슈에 대한 정당 간 강한 대립은 법안 의결 과정에서 공화당 의원 전원의 반대를 예상케 하였다. 이 때문에 민주당이 다수당을 차지하고 있는 상하원에서 개혁법안의 통과를 위해서는 개혁을 반대하는 민주당 내 중도-보수 성향 의원들의 찬성표를 안정적으로 확보하는 것이 가장 중요한 일이었다. 개혁법안을 지지하는 무소속 의원을 포함하여 공화당의 필리버스터(filibuster)를 막을 수 있는 60명의 인원을 겨우 확보한 민주당 상원은 단 한 명이라도 이탈표가 있어서는 안 되는 상황이었고, 하원에서도 과반수 확보를 위해서는 민주당 의원들의 이탈을 최대한 막아야 하는 상황이었다. 개혁반대 세력과 공화당 의원들, 민주당 내 중도-보수적인 의원들에 대한 설득, 그리고 여론의 지지를 확보하기 위한 노력의 과정에서 오바마 대통령은 법안을 계속 수정하면서 개혁의 수위를 낮출 수밖에 없었다. 무엇보다도 개혁반대 세력의 가장 강한 반대에 부딪혔던 정부가 주관하는 의료보험, 즉, 공공의료보험 조항을 삭제하게 되면서 개혁법안은 처음 계획했던 것보다 훨씬 중도적인 형태로 바뀌게 되었다. 결국 미국민들이 지난 100년간 받아들이지 못했던 국가 주도의 의료보험 체계는 이번 개혁 과정에서도 법제화되는 데 실패하였다.

공화당과 개혁 반대 세력 및 보수적 유권자들의 강한 반대에 부딪혀 타협과 수정의 과정을 거친 개혁안은 하원에서는 공공보험 조항을 포함한 채 220 대 215로 본회의를 통과하였고, 이어서 상원에서는 공공보험 조항을 삭제한 채 본회의를 60 대 39로 통과하였다. 양원이 상이한 법안을 통과시키면서 법안 결정은 다시 하원으로 넘어 왔지만 법안의 운명은 상당히 모호한 상황이었다. 의료보험개혁의 가장 강한 지지자인 케네디 상원의원의 사망과 이어진 보궐선거에서의 공화당 후보의 당선으로 상원에서는 더 이상 필리버스터를 저지할 수 있는 60명의 확보가 어려워진 상황이었고, 5표 차이로 개혁법안을 통과시킨 하원에서도 보수적인 민주당 의원들의 이탈 가능성이 예상되고 있었다. 이에 따라, 오바마 대통령은 민주당 내 진보적인 의원들의 강한 반대를 무릅쓰고 공공보험 조항의 철회와 몇몇 조항의 신설을 제안하면서 민주당 내 중도-보수 성향 의원들을 설득하였고, 마침내 상원을 통과한 개혁법안인 PPACA(Patient Protection and Affordable Care Act)가 미국의회를 통과하게 되었다. 최종 법안 통과 과정에서 예상대로 공화당 의원 178명은 전원 반대표를 던졌고, 민주당 의원들은 253명 중 219명은 찬성표를, 34명은 반대표를 던진 것으로 집계되고 있다(이소영 2014 참조).

개혁법안 통과 과정에서 알 수 있듯이, 의료보험개혁은 정치적 양극화 현상과 더불어 이념적 대립 양상을 보여주었다. 의료보험개혁을 둘러싼 이러한 당파적 대립과 정치적 공방은 법안 통과 후 2010년 중간선거, 2012년 대선, 그리고 2014년 중간선거를 거친 현재까지도 지속되고 있어 개혁법의 존폐를 예측하지 못하게 하는 요인이 되고 있다. 공화당과 보수적인 정치집단은 지속적으로 개혁법의 폐기를 시도하고 있으며, 공화당 주지사를 둔 주정부들은 위헌 소송을 제기하였다. 특히 2010년 중간선거에서 공화당이 하원의 다수당이 된 이후 공화당의 개혁법에 대한 폐기 움직임은 더욱 활발해졌으며, 정부 주도의 보편적 의료보험을 연방정부의 재정적자와 연관시키는 시도와 캠페인 또한 활발히 전개되었다. 반면, 이러한 정치공세에도 불구하고 오바마는 적극적인 개혁 의지를 보이며 대국민 선전 및 여론 공세를 강화하고 개혁의 전면적 실시를 밀어붙였다. 이러한 정치적 환경에서 공화당과 민주당의 의료보험개혁을 둘러싼 대립의 양상은 완화될 가능성이 보이지 않고 있으며, 이에 따라 미국의 유권자들도 의료보험개혁에 대해 양극화되어 있는 양상을 보이고 있다.

2. 법안 통과 후의 의료보험개혁을 둘러싼 정치적 갈등

1) 공화당의 공세와 부정적 여론의 확산

2010년 중간선거에서는 미국의 경제위기와 회복 이슈가 가장 중요한 캠페인 이슈였지만, 의료보험개혁 이슈가 정치권의 중요한 논쟁점이었던 만큼 유권자들의 선택에는 의료보험개혁에 대한 찬반이 상당 부분 영향을 미친 것이 사실이다. 이 시기 공화당의 강한 공세로 여론은 개혁법에 대한 불만과 폐기에 지지의 경향을 보이고 있었다. 2011년 1월에 실시된 갤럽의 여론조사 결과에 의하면, 개혁법을 폐기하는 데 찬성하는 의견이 약 47%로 반대하는 의견(40%)에 비해 높게 나타나고 있었다. 이러한 여론에 힘입어 2010년 중간선거로 공화당이 하원의 다수당이 된 직후 공화당은 하원에서 ACA를 폐기하는 법안을 통과시키는 등 개혁 반대 움직임을 강화하였다. 그러나 중간선거로 중도-보수 성향의 의원들이 대거 탈락한 민주당과 오바마 정부는 더욱 공격적인 개혁 추진으로 이러한 공화당의 압력에 맞서는 모습을 보였다.

민주당이 상원의 다수를 차지하고 있어 개혁법의 폐기가 사실상 불가능한 상황에서 공화당의 전략 중 하나는 폐기를 주장함과 동시에 개혁으로 인한 연방재정 적자의 증대 문제를 제기하고 비용을 제한하는 것이었다. 이에 따라 공화당은 끊임없이 의료보험개혁 이슈를 재정적자 문제와 비용 문제를 중심으로 경제 이슈와 결합시키고자 하였다. 2012년 대선에서의 의료보험개혁 이슈는 이러한 공화당 전략의 일환으로서 연방정부의 재정적자 문제 및 중산층의 세금 증대 문제와 결합되어 쟁점화되었다. 공화당 대통령 후보였던 롬니는 '폐기와 대체' 전략을 통해 오바마의 개혁법을 폐기하고 새로운 개혁으로 전환할 것을 주장하였다. 롬니가 제안한 새로운 의료보험개혁안은 주의 리더십의 회복, 자유시장경쟁의 촉진, 소비자의 선택권의 확대 등의 원칙에 바탕을 두고 연방정부의 권한 제한과 의료보험의 민간 영역으로의 이전을 골자로 하는 것이었다. 롬니는 오바마의 의료보험개혁이 중산층의 세금을 증대시키고 연방정부 적자를 악화시킬 것이라는 공격을 일관되게 전개하였고, 오바마는 개혁법의 필요와 효용을 주장하고 개혁이 결국 재정적자를 줄이는 데 기여할 것이라는 주장으로 맞섰다. 본격적인 대선 캠페인이 시작되기 전인 2011년 12월에는 필수적 보험을 각 주들의 사정에 맞게 자율적으로 규정할 수 있는 권한을 주에 부여하겠다고 발표함으로써 연방정부의 시장 규제 및 권한 강화에 대한 비판으로부터 벗어나고자 하였다(이소영 2013).

2012년 대선 시기 의료보험개혁을 둘러싼 여론은 정당과 후보자 지지에 따라 더욱 강하게 양분되는 양상을 보였다. 2012년 대선 출구조사에 의하면, 롬니에 투표한 사람 중 93%가 ACA의 전면적 폐기를 주장한 반면, 오바마에게 투표한 사람들 중에는 3%만이 폐기를 지지하고 92%는 의료보험개혁이 확대되어야 한다고 주장하고 있다(이소영 2013). 이렇게 의료보험개혁에 대한 찬반이 뚜렷한 당파적 성격을 보이는 가운데, 공화당은 지속적으로 개혁 비용과 연방정부의 재정적자를 연계시켜 개혁의 범위를 축소하고자 시도하였다. 2013년도와 2014년도 예산안 협상에서는 공화당의 이러한 시도와 민주당의 반발로 인한 충돌이 강하게 표면화되었다. 두 해 모두 민주당과 공화당이 연방지출 감축방안에 합의하지 못하고 강하게 충돌하는 데 있어 의료보험개혁 비용 문제는 핵심적인 원인을 제공하였다. 2013년 예산안 협상 과정에서 합의가 실패함에 따라 예산자동삭감 조치가 이루어진 데 이어, 2014년 예산안 협상에서는 의료보험개혁 예산과 관련하여 양당이 강한 대립과 충돌을 빚으며 결국 17년 만의 정부 폐쇄를 맞이하였다. 특히 2014년 예산안 협상과정에서는 메디케어 예산을 합리적으로 재편성하여 감축하고 고소득층의 세금을 증대시켜 연방정부의 적자 규모를 줄인다는 오바마의 계획에 대해 공화당이 강하게 반발하였고, 결국 민주당이 다수인 상원과 공화당이 다수인 하원은 예산안 합의에 실패하였다.

정부 폐쇄와 부채한도로 인해 국가부도 사태의 위험이 커지는 가운데 공화당의 책임론이 거세지면서 결국 공화당은 양보를 하게 되지만, 정부 폐쇄는 연방정부의 재정적자의 일차적 책임이 의료보험개혁 비용에 있다는 인식을 확대시키는 계기가 되었다. 재정 및 경제위기가 가장 중요한 이슈인 미국에서 이러한 인식은 의료보험개혁에 대한 지지의 확보를 어렵게 하는 요인으로 작용할 수 있었다. 특히, 2012년 대선에서 나타났듯이, 오바마 행정부의 경제정책과 연방정부의 재정적자 문제를 중심으로 오바마 행정부를 반대하는 공화당 지지자들에게는 의료보험개혁 문제가 연방 재정적자를 비롯하여 세금인상, 일자리 문제 등 경제 문제와 결합하여 오바마를 반대하는 중요한 원인을 형성한 것으로 분석되고 있다(이소영 2013). 오바마 행정부의 의료보험개혁을 경제적 이슈와 연관시키는 프레임과 국가개입의 확대로 인한 사회주의적 성격의 정책이라는 공화당의 공공연한 비난은 오바마 재선 이후 2기 행정부에 와서도, 그리고 의료보험개혁이 시행되는 시점에도 개혁에 대한 부정적 여론을 확대시키는 역할을 하였다.

2) 주정부와의 갈등

오바마 행정부가 의료보험개혁을 시행하는 데 있어 사실상의 가장 큰 걸림돌은 의료보험개혁의 시행 주체인 주정부와의 대립이라고 할 수 있다. 2010년 중간선거를 앞두고 ACA에 대한 공화당의 공세가 거세지는 가운데 오바마가 개혁을 시행하기 위한 구체적인 규정을 발표하자 주정부를 중심으로 위헌소송이 시작되었다. 2010년 법안 통과 후 버지니아 주에서 시작된 의료보험개혁법 위헌 소송은 2011년 초까지 27개 주정부로 확대되었다. 개인이나 집단이 직접 소송을 제기한 사례까지 합치면 훨씬 많은 수의 소송이 전개되었다고 볼 수 있다. 개혁을 직접 시행해야 하는 당사자들은 의료보험 체계와 시장에 대한 규제에 있어 주정부의 자율권이 제한되고 주정부의 비용이 상승할 가능성에 대해 상당한 우려를 가지고 있었다. 위헌 소송에 참여한 주들이 내건 개혁법 위헌의 가장 큰 이유는 연방정부가 국민들의 의료보험 구매를 의무화한 것은 개인의 자유를 억압하는 결정이라는 것이었다. 주정부의 반발이 거세지고 소송이 확대되자 오바마 대통령은 2011년 2월에 일정한 기준만 만족하면 각 주의 의료보험 체계를 주정부가 자율적으로 선택할 수 있도록 하는 법안에 서명하기도 하였지만 공화당 주지사를 둔 주정부의 불만을 완화시키는 데는 역부족이었다.

연방지방법원에서 시작된 소송은 항소심에서 위헌 판정을 받아 대법원까지 가게 되었고 보수적 성향의 로버츠(John Roberts) 대법원장하의 연방대법원은 5대 4의 근소한 차이로 2012년 6월 의료보험개혁법의 의무보험 조항에 대해 위헌이 아니라는 판결을 내렸다. 대법원은 "연방정부가 보험에 가입하지 않은 사람들에게 부과하는 재정부담은 벌금이 아니라 연방의회가 부과할 수 있는 국민에 대한 세금"이라고 규정하였다(Liptak 2012; 이소영 2013에서 재인용). 반면, 대법원은 각 주가 메디케이드 혜택을 확대하도록 강제하는 조항에 대해서는 반대하면서 의료보험개혁법이 추진하고 있는 메디케이드 확대를 각 주의 선택영역으로 규정하였다. 이 판결은 사실상 의료보험개혁에 대한 주정부의 또 다른 형태의 저항을 가능하게 할 수 있는 판결이었다.

대법원의 판결은 의료보험개혁법을 폐기하려는 공화당의 의도에 찬물을 끼얹는 한편, 오바마 정부의 의료보험개혁에 힘을 실어주는 역할을 하였다. 대법원 판결 몇 개월 뒤에 실시된 대선에서 오바마 대통령이 재선에 성공하면서 의료보험개혁의 본격적 실시와 확대가 예상되었다. 그러나 오바마 재선 뒤 본격적 의료보험개혁을 위한 행보 과정에서 오바마 행정부와 주정부와의 갈등[1]은 더욱 심화되었다.

---

1) 오바마 행정부와 주정부와의 갈등게 관해서는 Jones et al.(2014); Kaiser Family

대법원 판결 다음날, 오바마 정부는 개혁의 2단계 보조금 요청 기간을 2014년 12월까지로 연장하였다. 의료보험개혁의 본격적 실시를 연기해주는 이 조치는 개혁 반대 주 유권자들의 오바마에 대한 강한 반대 여론을 방지하여 다가오는 대통령선거에서 보다 많은 주에서의 승리를 확보하기 위한 방안이었다. 더불어, 미국 보건복지부(Department of Health and Human Services)는 파트너십 교환소(Partnership Exchange)에 대한 규정을 발표하였다. 파트너십 교환소는 각 주들이 비용 문제로 꺼리는 보험교환소 설치 및 운영에 대한 비용을 연방정부가 나누어 부담하는 방식이다. 그러나 대법원의 판결도, 주정부의 부담을 덜어주겠다는 이러한 연방정부의 시도도 사실상 주들의 기존 입장을 바꾸는 데 성공적인 역할을 하지는 못했다. 의료보험개혁을 추진할 계획이 있었던 주들은 그대로 추진하는 추세였으며, 개혁 추진 의사가 없었던 주들에서는 대통령선거 결과가 나올 때까지 여전히 시행을 미루고 있었다.

오바마 대통령이 재선에 성공하자 공화당이 주정부를 구성하고 있는 주(이하 공화당 주)들은 다양한 방식으로 반응을 하기 시작하였다. 아이오와, 테네시, 버지니아 등 일부 주에서는 주 단위의 교환소 설치에 강하게 반대하기로 결정하였다. 다른 일부 공화당 주에서는 어떤 식으로든 개혁에 동참할 수밖에 없다는 것을 인정하는 듯한 반응을 보이기도 하였으나 결국은 계획서를 제출하지 않았다. 보건복지부는 2014년 10월 15일로 예정되어 있던 각 주의 계획서 제출 기한을 중간선거 이후로 한 차례 연기한 데 이어 계속해서 연기를 해 주면서 공화당 주들이 개혁에 합류하기를 종용하였다. 그러나 공화당 주들의 비협조가 계속되자, 2013년 1월 중순에 "사실상의 데드라인은 없으며 각 주는 어느 때이고 교환소 설치 결정을 할 수 있다"는 메시지를 보냈다. 2012년 선거 이후에 주의 교환서 설치를 새로이 결정한 공화당 주는 미시건, 뉴멕시코, 아이다호 등 단 3개 주밖에 없었다. 노스캐롤라이나 주에서는 민주당 주지사였을 때는 교환소 또는 파트너십 교환소 설치 계획

Foundation(2013); Keith et al.(2013) 등을 참조하였음.

을 제출하였지만 2012년 주지사선거에서 공화당 주지사로 바뀌면서 계획을 폐기하였다. 미시시피의 경우에는 주가 자체적으로 설치한 보험위원회는 주 교환소 설치를 결정하였으나 이를 반대하는 공화당 주지사가 메디케이드 담당부서에 교환소와의 협조를 거부하도록 명령할 것이라는 의사를 밝힘으로써 보건복지부가 직접 교환소 설치를 거절한 유일한 주가 되었다. 보건복지부는 이후 미시시피가 파트너십 교환소 설치 자격이 된다는 것을 알리고 계획서를 제출할 것을 제안하였지만 주정부는 계획서를 제출하지 않았다. 공화당 주들의 반대는 매우 완강했고, 결국 2013년 말 현재 30개 공화당 주 중에 단 4개 주에서만 주가 운영하는 교환소를 설치한 상황이었다.

이렇게 주정부의 교환소와 관련한 정치적 구도는 강하게 당파성을 반영하였다. 어느 당이 주정부를 구성하고 있는지, 주의 이념적 위치가 어느 정도에 있는지, 그리고 대통령선거에서 그 주가 지속적으로 보여준 패턴이 어떠한지에 따라 교환소 설치에 대한 주의 결정이 달리 나타났다. 2012년 대선 당시 주 교환소를 설치한 17개 주 중에 오바마는 14개 주에서 승리하였다. 오바마가 승리한 주 중에서 주 교환소가 설치되지 않은 7개 주들에는 민주당 주지사는 한 명도 없었다. 공화당의 롬니(Mitt Romney) 후보가 승리한 25개 주 중에는 단 3개 주가 주 교환소를, 그리고 다른 3개 주가 파트너십 교환소를 설치하기로 하였다. 2014년 11월 현재 전체적으로는 19개 주가 교환소를, 7개 주가 파트너십 교환소를 설치한 것으로 나타났다.

요약하자면, ACA의 의회 통과 후 개혁법을 둘러싼 갈등은 두 가지 차원에서 설명될 수 있다. 하나는 양 정당 간 첨예한 당파적 갈등이다. ACA의 폐기를 지속적으로 주장하면서 연방정부 재정 문제와 의료보험개혁 이슈를 연계함으로써 개혁에 대한 부정적 여론 형성에 힘을 쏟고 있는 공화당과 개혁을 적극적으로 밀어붙이는 오바마 정부는 강한 대립의 형상을 지속하고 있다. 다른 한편에서 의료보험개혁과 관련한 양당 간의 갈등, 보수-진보 세력 간의 갈등, 그리고 연방정부와 주정부 간 갈등의 핵심 이슈는 '연방정부의 역할'에 대한 미국인들의 관점의 차이를 반영하고 있다. 연방정부 역할에 대한 논쟁은 건국 시점부터 현재까지 미국정치의 핵심적 이슈이다. 작은 정부와 개인의 자유를 중시하는 미국 자유주의의 전통과 뉴딜 이후 국가 개입의 확대를 요구하는 목소리 간의 논쟁과 갈등은 미국의 대부분의 정책 결정 과정에서 나타나고 있다. 특히, 의료보험개혁 이슈는 사회적 서비스 영역에 대한 연방정부의 적극적 개입이 뚜렷이 나타나는 이슈이기 때문에 정치 이념의 대립은 더욱 가속화되는 경향이 있었다. 무엇보다 연방정부와 주정부의 갈등은 이러한 연방정부 역할론에 대한 관점의 차이를 확연하게 드러내고 있다. 양극화가 심화되고 있는 정치 환경에서의 의료보험개혁 논쟁은 정당 간의 대립 뿐 아니라 이렇게 이념적 관점을 달리하는 정치 주체들의 대립을 심화시키고 있다.

III. 2014 중간선거와 의료보험개혁

1. 의료보험개혁의 현황[2]과 논쟁점

2014년 중간선거를 앞두고도 의료보험개혁을 둘러싼 양당 간, 보수-진보 세력 간, 그리고 공화당 지지자와 민주당 지지자 간 논쟁은 식지 않고 계속되었다. 특히 2014년 예산안 협상 과정에서 정부 폐쇄로까지 이어진 연방재정 적자 문제는 의료보험개혁 논쟁을 '개혁을 위한 증세 vs. 재정적자 극복을 위한 복지비 축소'라는 프레임으로 접근하게 만들었고 이러한 상반되는 정치적 선택 앞에서 정치권과 유권자들은 더욱 양극화되는 경향을 보였다. 전체적으로는 의료보험개혁에 대해 부정적인 여론이 점차 강해졌는데, 특히 의료보험개혁이 재정적자의 원인이라는 프레임이 강하게 형성되었던 2014

---

2) 의료보험개혁의 현황과 관련하여서는 *New York Times*의 2014년 10월 26일 특집 기사인 "Is the Affordable Care Act Working?"을 주로 참조하였음.

〈그림 1〉 의료보험개혁을 둘러싼 찬반 여론 추이

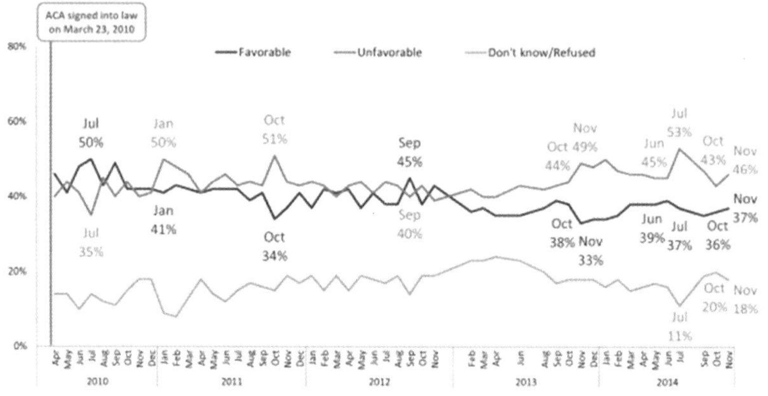

출처: Kaiser Health Tracking Poll(November, 2014)

년 연방정부 예산안 협상 과정과 2013년 10월 보험교환소 설치 이후 웹사이트의 문제점으로 인해 여론은 더욱 악화되는 모습을 보였다. 〈그림 1〉에서 알 수 있듯이 이 시기 ACA에 대한 지지 여론은 34%까지 떨어진 반면, 개혁에 대한 반대 여론은 50%로 상승하는 모습을 보였다. 공화당 후보자들은 오바마 정부의 의료보험개혁으로 의료보험료가 약 30% 이상 상승했으며, 자비 부담 비율 또한 크게 증가하였다고 의료보험개혁법을 비난하였다(CBS NEWS 10/04/2014). 이러한 비난은 유권자들의 개혁에 대한 반대를 유도하는 데 효과적이었다고 평가된다.

그렇다면, 이러한 부정적 여론의 형성이 의료보험개혁의 실제 현황을 반영하여 형성된 것일까, 아니면 공화당 및 개혁반대세력의 전략적 성공의 결과일까? 오바마 대통령은 선거를 앞두고 전국 각 지역의 타운홀미팅 등을 통해 의료보험개혁의 혜택을 강조해 왔다. 10월에 인디애나 주에서 열린 타운홀미팅에서는 공화당 및 개혁반대세력이 의료보험개혁법을 비난의 어조로 칭하는 '오바마케어'라는 명칭이 5년 뒤에는 사라질 것이라고 말하면서 개혁에 대해 자신감을 보였다. 오바마는 특히 의료보험개혁으로 인해 의료비 부담이 크게 낮아지고 있다는 점을 강조하면서, 의료보험개혁의 결과 의료보험 인플레이션의 하락으로 가구당 약 1,800달러 이상의 세금 감면과 유사한 효과를 보고 있다고 주장하였다(Miller 2014).

중간선거를 앞두고 의회예산국(Congressional Budget Office)은 노령의료보험인 메디케어의 비용이 2019년이 되면 4년 전에 비해 약 950억 달러가 감소할 것이라고 예상하였다(Sanger-Katz and Quealy 2014). 이러한 발표는 의료보험에 대한 연방정부 예산이 지속적으로 줄어들 것이라는 것을 의미한다는 점에서 오바마와 민주당에게는 고무적인 발표였다. 전문가들에 의하면, 경제위기와 자기부담금(deductible)의 상승으로 인해 의료비는 의료보험개혁 이전에 이미 감소 추세가 시작되었지만, 의료비와 관련하여 실제 문제가 되고 있는 불필요한 의료비 지출을 이번 개혁으로 인해 줄일 수 있게 된 것으로 평가되고 있다. 예를 들어, 개혁법은 병원들이 돈을 벌기 위해 흔히 행하는 환자들에 대한 잦은 재입원 허가에 대해 벌금을 부여하고 있는데, 이로써 환자들은 불필요한 의료비를 절감할 수 있다. 전문가들은 이번 개혁으로 단기적으로는 의료보험개혁이 의료비 지출을 증대시키게 될 것으로 전망하고 있다. 무엇보다도 예전에는 보험을 사지 않아서 보험료를 지불하지 않아도 되었던 많은 사람들이 의료보험료를 지불하여야 한다는 사실이 단기적 의료비 지출 증가와 관련이 가장 깊은 것으로 분석된다. 하지만 이번 개혁의 장기적 결과에 대한 전문가들의 예상은 일단 사람들이 새로운 시스템에 적응하고 난 후에는 의료비 지출의 절감 추세가 지속될 것이라는 것이다.

개혁의 결과와 관련하여 의료비용 문제는 아직은 명확히 그 증감 여부 및 정도를 예측하기 힘든 상황인 반면, 이번 개혁으로 인해 2014년 말까지 무보험자의 약 25%인 800~1,000만 명 정도가 감소하는 효과가 가시화된 것으로 조사되었다. 온라인 교환소를 통해 민간 보험을 구매하는 경우뿐 아니라 빈곤층 의료보험인 메디케이드 혜택의 확대가 무보험자 수를 크게 감소시키고 있는 것으로 나타났으며, 2015년에는 수백만 명의 무보험자들이 추가로 보험에 가입할 것으로 예상되고 있다(New York Times, October 26, 2014).

그러나 의료보험개혁은 한편에서는 기대에 못 미치는 효과를 낳기도 하고 예상하지 못했던 문제점을 노정하고 있기도 하다. 무엇보다도 무보험자의 수가 감소하고 있기는 하지만, 전문가들은 약 3천만 명 정도의 미국인이 여전히 무보험자로 남을 것으로 예상하고 있다. 2010년 개혁법이 의회를 통과할 당시, 의회예산국은 2017년이 되면 약 3,200만 명의 무보험자들이 개혁법에 의해 추가로 보험혜택을 받게 될 것이라고 예상했었다. 그러나 현재로서는 의료보험 혜택의 확대가 기대만큼은 이루어지고 있지 않은 형편이다. 더구나 23개 주에서는 메디케이드 자격의 확대를 거부하고 있어 의료보험개혁의 효과가 예상에 못 미치고 있는 중요한 원인을 제공하고 있다. 다행히 메디케이드 기금을 받고자 하는 병원들의 압력으로 공화당 주에서도 메디케이드 혜택을 확대하는 방향으로 전환하고자 하는 움직임이 있다는 점은 개혁의 진행에 고무적인 부분일 것이다.

한편, 의료비의 절감 부분에 있어서도 논쟁이 진행 중이다. 온라인 교환소를 통해 민간의료보험을 산 730만 명의 미국인 중 약 85%는 연방정부의 보조금으로 일부 보험료를 충당할 수 있어 과거보다 훨씬 값싸게 의료보험을 구매할 수 있게 되었다. 연방정부의 보조금은 평균 76% 정도의 의료보험비 절감 효과를 내는 것으로 평가된다. 그러나 개혁법은 보험사들로 하여금 혜택의 범위를 넓히고 기존 병력이 있는 사람들에게까지도 혜택을 주도록 규정하고 있어 보험사들은 전체적인 의료보험료를 인상하는 추세이다. 이에 따라 정부보조금을 받지 않는 의료보험 가입자들의 보험료가 오르는 결과가 초래되고 있다. 미국 의료시스템 개혁을 위한 매킨지 센터(McKinsey Center for U.S. Health System Reform)의 조사에 의하면 21개 주에서 보험사들이 가장 보편적 보험인 실버플랜에 대해 4% 정도의 보험료 인상을 예정하고 있는 것으로 조사되었다. 특히, 보험사 간 경쟁이 적은 주에서의 보험료 증액 비율이 클 것으로 예상된다. 커먼웰스 기금(Commonwealth Fund)은 2014년 봄에 실시된 조사를 통해 빈곤지수 250%(29,175달러) 이상의 연간 수입이 있는 성인들의 44%가 온라인 보험교환소에서 보험을 구매하는 데 어려움을 겪고 있다고 보고하고 있다. 이와 더불어 환자들이 지급해야 하는 높은 자기부담금 또한 의료보험의 사용을 꺼리게 만드는 요인으로 작용하고 있는 것으로 나타났다(New York Times, October 26, 2014).

의료보험개혁을 둘러싼 또 하나의 우려는 2013년 가을 처음으로 온라인 보험교환소를 시작했을 당시 허술한 온라인 시스템으로 불편을 겪었던 경험 때문에 온라인 보험교환소의 운영에 대한 불신이 2014년에도 여전히 지속되고 있었다는 점과 관련된다. 오바마 대통령은 온라인에서 보험을 선택하고 구매하는 일이 카약 경기의 입장권을 구매하는 일만큼 쉬울 것이라고 공언하였으나 2013년의 온라인 교환소에서 경험하였던 문제들은 보험 구매자들의 의료보험개혁에 대한 부정적 인식에 한몫을 하고 있는 것이 사실이다.

의료보험개혁에 따른 비용 문제와 구매의 불편, 그리고 기대에 못 미치는 혜택에 대한 미국인들의 불만은 2014년 중간선거를 앞두고 공화당 후보들이 공격할 수 있는 좋은 타깃이 되었다. 개혁의 실행 과정에서 불거진 이러한 이슈들은 앞서 언급했던 연방정부의 재정적자 문제에 대한 논쟁, 정부폐쇄, 그리고 공화당 주 정부들의 개혁에 대한 반발 등과 결합하면서 개혁에 대한 부정적 인식이 확산되고 오바마 대통령의 업무 수행에 대한 평가가 최하로 하락하는 데 크게 일조하였던 것으로 평가되고 있다.

2. 의료보험개혁 관련 양당 후보들의 전략

2012년 대통령선거 과정에서 'ACA 폐기'는 공화당 롬니 후보의 핵심적인 캠페인 이슈였다. 대선 전에 대법원에서 ACA의 합법성을 인정하였지만 롬니 후보가 승리할 경우, 의료보험개혁의 향방은 예측할 수 없는 상황이었다. 이 때문에 '개혁법 폐기'는 상당한 가능성을 가지고 있는 주장으로 인식되었다. 2014년 중간선거 기간에도 공화당 후보자들은 2012년과 마찬가지로 개혁법 폐기를 주장하였다. 그러나 사실상 ACA 폐기라는 이슈는 이미 미국정치의 테이블 밖으로 내쳐진 주제였다. 오바마 대통령이 거부권을 행사할 수 있는 제도하에서 개혁법의 폐기가 어렵다는 것은 주지하는 사실이었다. 또한 의료보험개혁이라는 이슈는 이번 선거의 중심 이슈라고 할 수 있는 미국의 대외정책 이슈나 경제 이슈에 비해 주목을 받기가 힘든 이슈였다. 미국사회에서 최근 몇 년간 계속된 의료보험개혁 논쟁의 결과 유권자들은 개혁에 대한 찬반 의견이 이미 강하게 형성되어 있었고, 따라서 후보자들의 주장에 의해서 유권자들이 그 의견을 바꿀 확률이 매우 낮은 상황이었다(Man 2014).

그럼에도 불구하고 공화당 후보들은 ACA 폐기의 필요성을 한 목소리로 강조하였다. 이는 폐기의 이유들에 대한 스토리 라인을 확산해 가는 과정에서 의료보험개혁이 얼마나 문제가 많은 정책인지를 강조함으로써 오바마와 민주당에 대한 유권자들의 지지를 떨어뜨리기 위한 전략적 접근이었다고 볼 수 있다. 실제로 공화당 후보자들의 의료보험개혁 이슈에 대한 캠페인 전략은 개혁법 폐기 그 자체에 초점을 맞추기보다는 개혁법이 보험가입자들에게 얼마나 많은 문제를 제공하고 있는가, 그리고 정부 예산을 얼마나 지출하게 하는가, 그 결과 미국경제에 얼마나 타격을 가하고 있는가 등의 이슈에 초점을 맞추어 진행되는 경향이 있었다(Gomes 2014). 공화당 후보들의 이러한 접근은 800만 명 이상의 잠재적 투표자들이 개혁법을 통해 혜택을 받고 있다는 사실과도 관련이 있었다. 이들에게 의료보험개혁으로 인한 혜택이 사실은 심각하게 문제가 많다는 것을 강조할 필요가 있었다. 이러한 목적하에 의료보험개혁 이슈는 공화당 내에서 이견이 없이 공화당원들의 의견을 하나로 집결할 수 있는 가장 대표적인 이슈였다(Man 2014).

공화당 후보들의 개혁에 대한 공격은 대량의 개혁 반대 광고 공세로 가시화되었다. 공화당 중앙당 위원회는 2013년 초에 "누가 유권자들에게 오바마케어하에서 현재 자신의 보험 플랜을 유지할 수 있다고 거짓말을 했나(Who lied to voters by telling them they could keep their health care plans under Obamacare?)"라는 내용의 라디오 광고를 시작했다. 이 라디오 광고를 통해 유권자들은 한 해 동안 지속적으로 의료보험개혁의 실패에 대해 들을 수 있었다. 이 밖에도 공화당 후보자들에 의한 수많은 반(反)개혁 광고가 2014년 내내 계속되었다. 웨슬리언 미디어 프로젝트(Wesleyan Media Project)에 의하면, 의료보험개혁 관련 광고에 2014년 한 해 동안 약 4억 4천5백만 달러의 광고비가 투입되었으며, 이 광고들 중 94%가 개혁법에 대해 부정적인 광고였던 것으로 나타났다. 8월부터 9월 중순까지만 보아도 의료보험개혁 반대광고가 37,544개에 이른 것으로 조사되었다(O'Brien 2014).

한편, 민주당 후보들은 의료보험개혁 이슈와 관련하여 일종의 딜레마 상황에 직면하였다. 오바마 행정부의 주요 업적인 의료보험개혁에 대한 공화당 후보들의 거센 공격이 계속되는 만큼 민주당 후보들은 의료보험개혁의 긍정적인 측면과 성과를 강조함으로써 이 공격에 반격을 가할 필요가 있었다. 그러나 다른 한편에서는 의료보험개혁에 대한 부정적인 여론이 강하고 그러한 여론이 크게 변하지 않을 것 같은 상황에서, 그리고 대외정책 및 경제 이슈 등 개혁 이외의 이슈가 중요한 캠페인 이슈가 되고 있는 상황에서 의료보험개혁 이슈에 대해 굳이 언급함으로써 여론의 관심을 의료보험개혁 이슈로 이끌 필요는 사실상 없어 보였다. 이 때문에 민주당 후보들은 의료보험개혁에 대한 공화당의 공격을 방어하기 위한 적극적인 캠페인을 하지도, 안 하지도 못하는 상황에 직면한 것이다. 그 결과, 오바마를 중심으로 한 정부가 적극적으로 의료보험개혁의 성과를 강조하는 캠페인을 벌여 나가는 것과는 달리, 민주당 후보들과 이들을 지지하는 세력들은 의료보험개혁의 성과를 언급하면서도 다소 거리를 두는 캠페인을 시도하였다.

2014년 2월에 민주당 수퍼 팩(Democratic Super PAC)은 의료보험개혁에 대한 비난으로부터 현직 의원들을 방어하기 위한 광고를 시작하였다. 이 광고는 후보자들을 개혁법의 오류를 고치려는 십자군으로 명명하고 있으며, 의료보험과 관련하여 유권자들이 자신의 보험을 유지할 수 있게 해 주겠다는 약속이 깨지고 있다고 언급하면서 이 십자군(민주당 후보자들)이 백악관으로 하여금 그 재앙적인(disastrous) 웹사이트를 수정하게 할 것이라고 장담하는 내용을 담고 있었다. 이는 실제로 의료보험개혁 반대자들의 오바마에 대한 공격성 광고들과 큰 차이를 보이지 않을 만큼 오바마의 개혁 성과를 폄하하는 내용이라고 할 수 있다.

이러한 캠페인 전략은 2014년 중간선거 기간 동안 민주당 전략가들이 취약한 현직 의원들을 위해 흔하게 선택한 전략이었다. 예를 들어, 민주당 지지 세력인 하원다수당정치위원회(House Majority PAC)가 플로리다 주의 민주당 하원의원인 조 가르시아(Joe Garcia)를 지지하기 위해 내보낸 광고는 가르시아가 무너진 의료보험개혁을 재수정할 인물이라고 주장하면서 남플로리다의 민주당원들을 백악관의 적대자로 위치시키고 있다. 애리조나의 민주당 하원의원인 앤 커크패트릭(Ann Kirkpatrick)을 위한 광고에서는 "놀라울 정도로 기술부족을 드러낸 의료보험 구매 웹사이트에 대해 이 현직 의원은 휘파람을 불었다"고 칭찬하고 있다. 하원다수당정치위원회는 이러한 광고가 경쟁적인 지역에서 출마한 취약한 민주당 후보자들에게 공화당 후보들이 가하고 있는 저질의 공격성 캠페인과 싸우기 위한 방법이라고 말한다(Altiman 2014).

사실 기존 병력자에 대한 의료 보험 혜택 및 기조 병력에 대한 높은 보험료 부과를 금지하는 조항은 미국민들에게 의료보험개혁의 긍정적 측면으로 잘 알려진 조항이었던 만큼 민주당 후보자들이 이러한 개혁의 긍정적 효과를 캠페인을 통해 강조하지 않은 것은 아니었다. 그러나 보다 가시적인 전략은 개혁에 대해 유권자들이 보편적으로 가지고 있는 불만이 민주당 후보와 연관되지 않도록 하는 것이었다.

상원선거에서도 보수적인 주의 민주당 현직 상원의원들은 유사한 과제에 직면하였다. 흔히 중도적 민주당 상원의원으로 알려진 이들 의원들[3)]은 공화당의 집중적인 타깃이 되었다. 이 중도적 의원들은 자신들이 직면하고 있는 취약점을 극복하기 위해 ACA의 오류를 인정하고 이를 수정할 것을 제안하는 방향으로 캠페인을 전개하였다. 즉, "예, 저는 오바마케어에 찬성하는 투표를 했습니다. 그 법은 완전하지 않습니다. 그러나 우리는 그 법을 폐기해서는 안 됩니다. 우리는 그 법을 수정해야 합니다(Yes, I voted for Obamacare.

---

3) 이들 중도 성향의 상원의원에는 버지니아 주의 마크 웨그너(Mark Wagner), 아칸사 주의 마크 베기치(Mark Begich), 루이지애나 주의 메리 랜드류(Mary Landrieu), 노스다코타 주의 하이디 하이트캠프(Heidi Heitkamp), 웨스트버지니아 주의 조 맨친(Joe Machin) 의원 등이 포함된다.

The law is not perfect, but we should not repeal it. We should amend it.)"라는 것이 이들 중도적 민주당 상원의원들의 전략적 입장이었다(Cowart 2014). 이들 중도적 상원의원들은 더 나아가 현재 개혁법에 의해 80% 이상의 보험 구매자들이 교환소를 통해 가입하고 있는 실버 플랜이나 브론즈 플랜보다도 더 보험료가 싼 '카퍼 플랜(Copper plan)'을 제안하였다. 이 보험 플랜은 보험료가 싸지는 대신 의료비의 50%만을 보험에서 커버해 주는 방식을 지니고 있다. 이들은 오바마 대통령이 2017년까지 백악관에 있는 한 개혁법의 폐기는 어렵기 때문에 건설적인 수정을 해 나갈 필요가 있다는 점을 강조한다.

의료보험개혁 관련 광고를 한 민주당 상원의원들 또한 오바마의 개혁법과는 다소 거리두기를 하는 모습을 보였다. 예를 들어 아칸사 주의 마크 프라이어(Mark Pryor) 상원의원은 개혁법의 성과를 홍보하는 광고를 내보내면서, 기존 병력자에 대한 보험 거부 금지 등 잘 알려진 조항만을 강조했을 뿐 그 법이 Affordable Care Act라는 것을 광고에서 밝히지 않는 전략을 사용하였다(Gibson 2014). 경쟁적 지역구의 민주당 하원 후보들처럼 대부분

〈그림 2〉 민주당 및 공화당 하원의원 후보들의 의료보험개혁법에 대한 입장

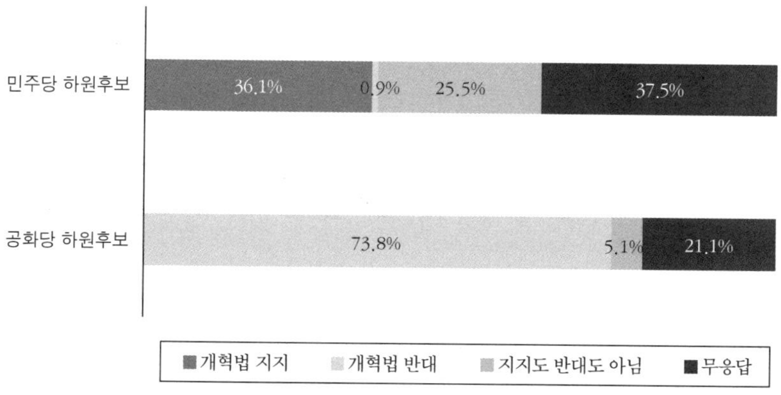

출처: The Primaries Project of the Brookings Institution(2014)

의 경우에 민주당 상원 후보들도 개혁법에 대한 부정적 여론을 고려하여 자신들이 개혁법을 지지하고 있다는 사실은 밝히지 않으려는 경향이 있었다.

요약하자면, 공화당 후보들에게 의료보험개혁은 지속적으로 이슈화하여 오바마와 민주당 후보를 공격하는 수단으로 사용할 수 있는 캠페인 이슈로서 공화당 내에서 이견이 전혀 없이 하나의 정책적 방향성을 가지는 이슈였다. 반면, 민주당 후보들에게는 그 성과를 드러내면서도 다소 거리를 두어야 하는 이슈로 작용하였다. 공화당과 민주당 후보들의 의료보험개혁 이슈에 대한 이러한 입장의 차이는 〈그림 2〉에서 잘 나타나고 있다. 〈그림 2〉에서 공화당 후보들과 민주당 후보들의 개혁법에 대한 입장 차이는 매우 크다. 브루킹스 연구소(Brookings Institution)의 프라이머리 프로젝트(The Primaries Project) 결과에 의하면, 민주당과 공화당의 이념적 차이가 가장 크게 나타나는 이슈가 의료보험개혁 이슈이다(Kamarck and Podkul 2014). 공화당 후보들은 대부분 개혁법에 반대 입장을 가지고 있는 반면, 민주당 후보들이 반대하는 비율은 1%도 되지 않는다. 그러나 공화당 하원의원 후보들의 3/4이 개혁법에 반대를 명확하게 밝히고 있는 반면, 민주당 후보들 중 개혁법 지지를 명확히 밝히고 있는 후보는 전체 후보 중 1/3을 약간 상회하는 정도이다. 지지를 표명한 비율과 비슷한 수의 민주당 후보자들이 응답을 하지 않았고 1/4에 해당하는 수는 지지도, 반대도 아니라는 의견을 개진하고 있다. 이러한 결과는 민주당 후보들의 개혁법에 대한 접근의 어려움과 입장의 모호함을 잘 나타내고 있다고 하겠다.

3. 의료보험개혁을 둘러싼 여론의 추이

민주당 상하원 의원 후보들, 특히 경쟁이 치열한 지역의 민주당 후보들이 보인 의료보험개혁에 대한 모호한 입장과 개혁법과의 거리 두기 전략에서 예상할 수 있듯이, 중간선거를 앞둔 2014년 의료보험개혁에 대한 미국의 여론은 상당히 부정적인 경향이 지속되었다. 이러한 부정적 여론은 앞서 언급했듯이 다음과 같은 몇 가지 요인에 기인하고 있다고 할 수 있다.

첫째, 의료보험개혁에 대한 공화당의 전략적 프레임의 성공이다. 공화당은 의료보험개혁법의 논의가 시작되면서부터 꾸준히 의료보험개혁에 대한 공격을 강하게 지속해 오고 있으며, 특히 2013년 예산안 합의 과정에서 '의료보험개혁 비용 = 연방정부 재정적자'라는 공식을 유권자들에게 인지시키는 데 성공하였다. 뿐만 아니라 2010년 중간선거, 2012년 대선, 그리고 공화당 주정부의 개혁에 대한 강한 반발의 과정에서 의료보험개혁이 개인의 의료비를 상승시키고 현재 보험이 제공하는 혜택을 감소시킬 수 있다는 부정적 시각을 유권자들 사이에 확산시킬 수 있었다.

둘째, 2014년 중간선거를 앞두고 개혁에 대한 부정적 광고의 대량 유포 등 의료보험개혁에 대한 공화당의 강한 공격이 지속되었는데, 이는 오바마 정부에 부정적으로 작용하는 IS에 대한 대처, 경제 및 재정위기에 대한 대처 등의 이슈와 함께 오바마에 대한 지지를 대폭 하락시키는 결과를 초래하였다. 카이저 폴(Kaiser Health Tracking Poll)의 2014년 10월 조사에 의하면, 선거를 앞두고 10명 중 6명은 의료보험개혁 관련 광고를 보았다고 대답하였으며, 이들 중 대부분이 개혁에 대한 부정적 광고를 시청한 것으로 나타났다. 더불어, 오바마/민주당 vs. 공화당으로 강한 대립을 보여온 만큼 의료보험개혁법은 정치권뿐 아니라 유권자들 또한 찬반의 입장을 쉽게 가질 수 있는 이슈가 되었고, 예산안 합의 실패로 인한 정부 폐쇄, 온라인 교환소 웹사이트의 오작동 등은 2014년 중간선거를 앞둔 공화당의 더욱 거세진 공격에 더하여 유권자들로 하여금 쉽게 반대의 입장에 설 수 있는 요인들을 제공하였다.

셋째, 의료보험개혁 실시 초기 단계이기 때문에 실제로 비용의 증가가 발생하고 있다는 사실이 부정적 여론 형성에 직접적인 원인이 될 수 있었다. 2013년 18%였던 무보험자 비율은 2014년에는 13%로 감소하였는데(New York Times 2014), 과거 보험이 없던 사람들이 개혁법이 정하고 있는 규정에 의해 보험을 구매한 경우에 일부 유권자들은 지출하지 않아도 되는 보험료를 지출한다는 사실에 대해 불만을 가지기도 했고, 또 다른 경우에는 보험을 구매했음에도 불구하고 높은 자기부담금으로 인해 보험을 사용하기 어려운 상황 때문에 불만을 나타내기도 했다. 다른 한편에서는 기존 병력자에 대한 혜택 등 보험 혜택의 확대 결과 보험사들이 보험료를 올리게 됨으로써 유권자들이 의료비의 상승을 체감하게 되었다는 점 또한 개혁에 대한 부정적 인식의 원인을 제공하였다. 이러한 비용의 발생과 더불어 개혁법 시행 첫날 '재앙적인 상황'으로 표현되는 교환소 웹사이트의 실패는 유권자들로 하여금 의료보험개혁에 대해 더욱 냉소적인 태도를 가지게 하는 데 일조하였다. 온라인 교환소 서버의 다운은 공화당 주정부들의 주 교환소 설치 거부로 인해 구매자들이 연방정부 교환소 사이트로 몰리면서 발생된 측면이 크고, 의료비용의 증대 또한 일시적 현상으로서 장기적으로는 비용이 낮아질 것이라는 공식적인 발표가 있었음에도 유권자들의 부정적 인식은 지속되는 경향이 있었다.

넷째, 위의 요인들에 더하여 개혁법에 대한 언론 매체의 부정적 접근 또한 여론을 악화시키는 데 중요한 요인으로 작용하였다. 개혁으로 인해 무보험자의 수가 적어지고 있고, 기존 병력자들이 혜택을 받게 된 사실 등 의료보험개혁에 대한 긍정적 뉴스들도 많이 제공되었지만, 보다 많은 뉴스 매체들이 온라인 교환소의 보안 문제, 낙태에 대한 연방 기금의 제공, 비시민권자나 불법이민자에 대한 보조 등을 과장되게 강조하는 제목의 기사들을 내보내면서 부정적 시각 형성에 중요한 원인을 제공한 것으로 조사되었다(Gibson 2014).

이러한 요인들로 인해 〈그림 1〉에서 보이듯이, 2014년 전체 선거기간 동안 개혁에 대한 부정적 여론이 긍정적 여론을 지배하였다. 2012년 대선 직후인 12월의 여론조사에서 개혁법에 대한 지지가 반대 여론을 약간 앞섰던 이후 2013년과 2014년 2년에 걸쳐 지속적으로 부정적 여론이 우세를 보였으며, 온라인 교환소에서 구매자들이 불편을 겪고 재정적자 문제와 관련하여 정부 폐쇄를 경험하였던 2013년 이후 개혁에 대한 여론은 더욱 악화되었다. 이러한 여론의 악화는 의료보험개혁이 해가 된다는 의견이 꾸준히 증가하면서 도움이 된다는 의견을 큰 차이로 앞서고 있는 점에서도 잘 나타나고

〈그림 3〉 의료보험개혁의 영향에 대한 여론 변화

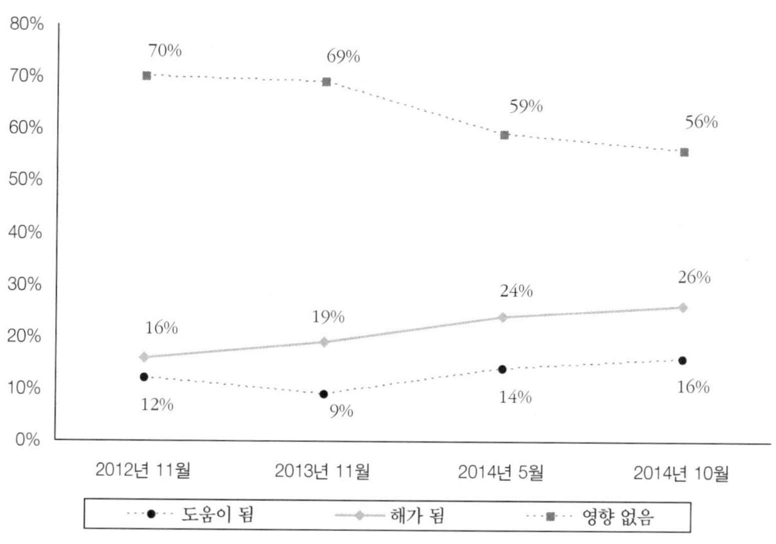

출처: Gallup Poll(May 29, 2014)
2014년 10월 자료는 Kaiser Health Tracking Poll(October, 2014)

있다(〈그림 3〉). 선거를 앞둔 2014년 10월에는 개혁이 어느 정도 도움이 된다고 생각하는 사람들의 비율도 약간은 늘었지만, 개혁이 별다른 영향이 없다고 생각하는 사람들은 56%까지 줄어든 반면, 해가 된다고 생각하는 사람들의 수는 26%까지 증가함으로써 적어도 이 이슈에 있어서는 민주당이 더욱 불리해지는 양상을 보였다.

의료보험개혁 이슈는 미국사회의 어떠한 다른 이슈보다 당파성이 강하게 나타나는 이슈인 만큼, 〈그림 4〉와 같이 개혁법의 영향에 있어서도 정당 지지에 따라 평가가 확연하게 나뉘는 모습을 보이고 있다. 그러나 개혁법이 도움이 된다고 생각하는 공화당 지지자들은 3%에 불과한 반면, 개혁법이 해가 된다고 생각하는 민주당 지지자들은 10%에 달하고 있다. 반대로, 공화당 지지자의 약 1/2이 개혁법이 해가 된다고 생각하는 반면, 민주당 지지자

〈그림 4〉 정당지지에 따른 개혁법의 영향에 대한 여론

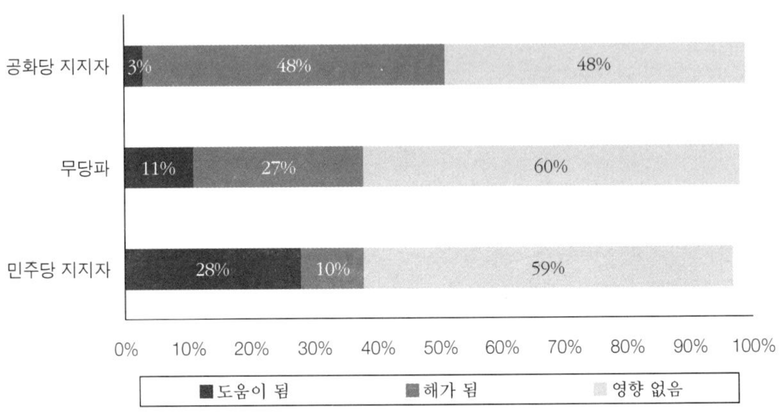

출처: Kaiser Health Tracking Poll(October, 2014)

중에 개혁법이 도움이 된다고 생각하는 사람들은 28%에 불과한 것으로 조사되었다. 즉, 개혁법의 영향에 대해 민주당 지지자들은 공화당 지지자만큼 강하게 자신이 지지하는 정당의 의료보험개혁 정책을 지지하지 않고 있다는 것이다. 더불어 선거에서의 승리에 가장 핵심적인 영향력을 행사하는 무당파의 경우도 개혁법이 도움이 된다고 생각하는 사람들은 11%에 불과한 반면, 27%의 무당파 유권자들이 개혁이 해가 된다고 생각하는 것으로 나타났다. 오바마 행정부의 가장 대표적인 정책인 의료보험개혁에 대한 이러한 여론은 의료보험개혁 이슈가 유권자들의 투표 선택에 직접적인 영향을 미쳤는지의 여부를 떠나 오바마와 민주당이 지지율을 유지하고 선거에 승리하기 매우 힘든 선거 환경이 형성되고 있었음을 의미한다 하겠다.

의료보험개혁에 대한 여론이 민주당 후보자들에게 불리하게 흘러가면서, 대다수의 민주당 지지자들은 더 이상 의료보험개혁에 대한 논의를 지속하고 싶어 하지 않는 반면, 공화당 지지자들은 개혁에 대한 논의를 지속하기를 원하는 것으로 조사되었다. 카이저 폴(Kaiser Health Tracking Poll October, 2014)의 조사 결과에 의하면, 약 69%의 민주당 지지자들은 개혁 관련 논쟁

〈그림 5〉 의료보험개혁법의 수정 및 폐기에 대한 여론

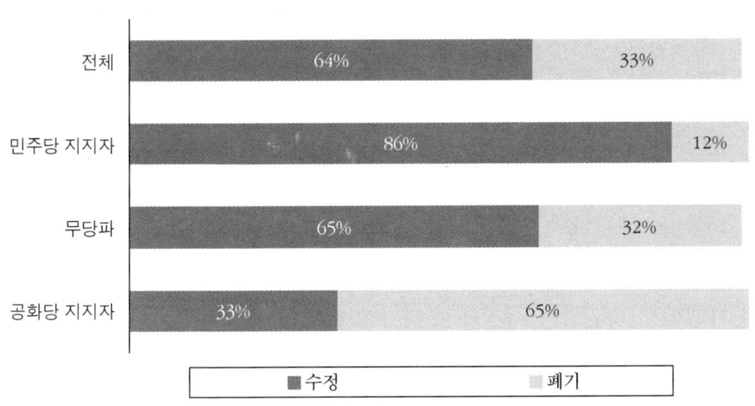

출처: Kaiser Health Tracking Poll(October, 2014)

이 지겨우므로 그만 하자는 입장을 표명했고, 공화당 지지자의 약 62%는 의료보험은 중요한 이슈이므로 후보자들이 문제를 계속 제기할 필요가 있다는 의견을 개진하였다. 전체적으로는 논의를 지속하고 싶어 하지 않는 유권자(53%)가 지속하기를 원하는 유권자(44%)보다 많았다. 그러나 공화당 후보들의 개혁에 대한 문제 제기는 강하게 지속되었으며, 이러한 전략은 개혁 이슈에 대한 유권자의 당파성을 강화하는 요인이 되었다.

마찬가지로 〈그림 5〉에서 알 수 있듯이, 개혁법을 폐기하여야 할 것인가 아니면 수정을 통해 유지할 것인가에 대한 여론에 있어서도 정당 지지에 따라 유권자들은 극명하게 나뉘는 경향을 보였다. 2014년 10월 현재, 민주당 지지자의 약 86%가 수정을 원하는 반면, 공화당 지지자의 약 65%는 폐기를 원하는 것으로 나타났다. 무당파 유권자들의 약 65%가, 그리고 전체적으로도 약 64%가 폐기보다는 수정을 원하고 있어 폐기가 사실상 불가능한 현실에 대한 유권자들의 인식이 여론에 드러나고 있었던 것으로 추정된다. 공화당 지지자의 약 1/3이 폐기보다는 수정을 원하고 있다는 사실에서도 유권자들의 대다수가 사실상은 폐기를 원하고 있었던 것은 아님을 알 수

있다.

그럼에도 불구하고, '개혁법 폐기'를 레토릭으로 한 공화당 후보들의 캠페인은 지속되었고 유권자들의 개혁법에 대한 부정적 인식을 증대시키는 데 큰 역할을 하였다. 오바마와 민주당 후보들은 이번 개혁으로 실제 혜택을 받는 유권자들의 응집된 지지가 필요했지만, 이들은 사실상 개혁에 대해 아는 바도 거의 없고 따라서 그 혜택에 대한 인지 정도도 매우 낮은 것으로 조사되었다. 예를 들어, 카이저 폴(Kaiser Health Tracking Poll October, 2014)의 조사 결과에 의하면, 무보험자 중 89%는 개혁법에 의해 11월에 보험가입이 시작된다는 사실을 모르고 있었으며, 66%는 보험교환소에 대해 전혀 알지 못하고 있는 것으로 나타났다. 그리고 53%의 무보험자는 개혁법에 의해 재정적 지원을 받을 수 있게 되었다는 것을 알지 못하고 있었다. 이러한 조사 결과는 의료보험개혁에 대한 홍보와 교육이 제대로 이루어지지 않았다는 것을 의미하는 것으로서, 개혁의 가시적 효과에 따른 지지자 확보가 필요한 민주당이 의료보험개혁 이슈와 관련하여 여론을 환기시키는 데 실패한 하나의 이유가 되었다고 할 수 있을 것이다. 11월 선거 후의 조사에 의하면, 무보험자 중 34%만이 개혁법에 따라 의료보험을 구매하는 방법을 알려주는 광고에 노출된 것으로 나타났으며, 지난 6개월 동안 의료보험과 관련하여 개인적인 접촉을 받은 적이 있는 무보험자는 18%에 불과한 것으로 나타났다(Kaiser Health Tracking Poll November, 2014).

4. 의료보험개혁 이슈의 2014 중간선거에의 영향

그렇다면, 의료보험개혁에 대한 미국 유권자들의 전반적인 부정적 여론은 선거 결과에 어떠한 영향을 미쳤을까? 의료보험개혁 이슈는 사실 중간선거의 핵심 이슈라고는 할 수 없다. 앞서 언급했듯이, 이번 중간선거 유권자들은 장기간의 논쟁 과정에서 양당 후보자들의 캠페인에 관계없이 의료보험개혁에 대한 자신들의 관점을 이미 형성해 놓은 상황이었다. 따라서 유권자

〈그림 6〉 캠페인 이슈들의 투표 선택에 있어서의 중요도

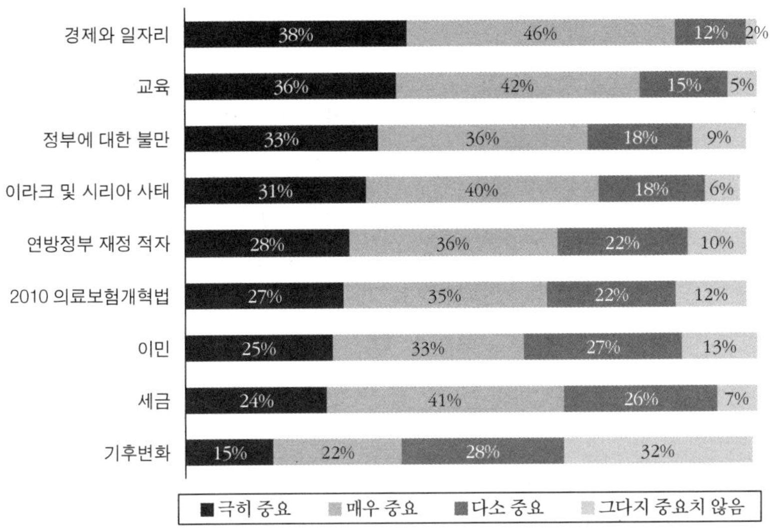

출처: Kaiser Health Tracking Poll(October, 2014)

들이 캠페인을 통해 자신들의 관점을 바꾸었을 확률은 낮아 보인다(Foley 2014).

의료보험개혁 이슈가 유권자들의 투표 선택에서 차지하는 중요도(〈그림 6〉)를 보면, 경제 문제, 교육 문제, 정부에 대한 불만, 대외정책, 연방정부 재정적자 문제에 이어 여섯 번째 정도의 중요성을 차지하고 있다. 약 62%의 유권자들이 개혁 이슈가 중요하다고 생각하고 있어 투표에 미친 직접적인 영향이 전혀 없었다고 말할 수는 없겠지만, 개혁 이슈가 중간선거 유권자들의 투표 선택의 주요 요인으로 작용하지는 않았을 것이라고 유추할 수 있겠다. 실제 선거 후 조사에 의하면, 전체 유권자의 27%가 정당일체감에 따라, 18%는 정책 플랫폼에 따라, 17%는 경제 및 일자리 문제에 대한 평가에 바탕하여, 그리고 16%는 정부에 대한 불만족 때문에 자신의 투표를 선택하는 것으로 나타났으며, 의료보험개혁 이슈가 자신의 투표 결정 요인이 되었다고

응답한 사람은 9%에 불과하였다. 특히, 의료보험개혁에 대한 문제를 지속적으로 제기하기를 원하면서 개혁에 대한 강한 반대를 표명해 온 공화당 지지자의 경우, 의료보험개혁 이슈가 일차적 투표 선택 요인이었다고 응답한 경우는 8%에 불과하였다(Kaiser Health Tracking Poll November, 2014).

그럼에도 불구하고, 의료보험개혁 이슈가 이번 중간선거에서 중요한 의미를 가지는 이유는 앞서 언급했듯이, 다른 이슈들과 연관되거나 대통령 및 현정부에 대한 평가와 관련되어 중요한 역할을 하였기 때문일 것이다. 의료보험개혁에 대한 반대 캠페인은 오바마와 민주당의 이미지를 저하시키고 보험료 인상 문제, 기타 의료 비용 문제, 세금 문제, 정부 재정적자 문제 등과 연관되어 미국민들의 오바마 정부에 대한 부정적 평가의 한축을 제공하였다는 점에서 이번 선거의 중요한 이슈로 작용하였다고 할 수 있다. 특히, 약 30%의 유권자가 오바마에 대한 반대를 표명하기 위해 투표를 하겠다고 말하는 상황(Pew Research Center July 8-14, 2014)에서 의료보험개혁에 대한 부정적 여론은 오바마 정부에 대한 불만을 형성하는 데 직접적인 영향을 미쳤다고 할 수 있을 것이다.

의료보험개혁 이슈는 선거 결과에 대한 직접적인 영향은 대외정책이나 경제 문제에 비해 적었을지 모르나 미국정치의 중요한 담론을 형성하고 있는 이슈이다. 이 때문에 개혁 이슈는 공화당과 민주당을 구분하는 핵심적인 이슈로서의 역할을 한다. 따라서 선거에 대한 정보 및 지식이 부족한 유권자들에게 개혁 이슈는 투표 선택을 위한 쉬운 단서로 작용할 수 있으며, 개혁에 대한 부정적 여론과 개혁에 대한 공화당 후보들의 전략적 공세가 더해질 때 이렇게 정치 지식이 부족하고 선거에 무관심한 유권자들은 쉽게 반오바마/반민주당 정서를 가질 수 있다. 이런 의미에서 선거전문가들은 특히 경쟁이 치열한 지역에서 의료보험개혁 이슈는 단순히 공화당과 민주당 후보의 의견이 나뉘어지는 이슈라는 차원을 넘어서 민주당 후보들에게는 독극물과 같은 이슈로 작동하였다고 말하고 있다(Cowart 2014).

IV. 중간선거 결과와 의료보험개혁의 미래

중간선거 결과 공화당이 상하원의 다수당 위치를 차지하게 되었다. 선거 승리 후 의료보험개혁의 폐기를 공약하였던 공화당은 하원과 상원에서 차례로 폐기를 위한 법안을 제안하였고, 하원에서는 2015년 2월 3일 239 대 186으로 개혁폐기를 위한 법안이 통과되었다. 그러나 과거의 경우와는 달리 처음으로 세 명의 공화당 의원들[4)]이 폐기 법안에 강한 반대를 표명하였다. 이들은 기본적으로 오바마의 의료보험개혁법에 반대하지만, 폐기를 강행하기 위해서는 개혁법으로 인해 자신의 시간과 에너지를 쏟았던 미국민들을 위한 대안을 확실히 마련해 놓아야 한다고 주장하였다. 한편, 민주당 하원의원들 중에는 단 한 명도 개혁법 폐기 법안에 찬성표를 던지지 않은 것으로 나타나 의료보험개혁은 여전히 당파성이 강하게 작동하는 정책임을 보여주고 있다.

상원의 경우, 2015년 2월 말 현재, 텍사스 주 상원의원인 테드 크루즈(Ted Cruz)의 제안으로 폐기를 위한 법안 처리를 기다리고 있다. 폐기 법안이 상원 본회의를 통과하여 오바마 대통령의 책상까지 가기 위해서는 민주당의 필리버스터를 멈추는 데 필요한 60명을 확보하여야 하며, 이를 위해서는 현재 54명인 공화당 상원의원과 더불어 최소 여섯 명의 민주당 상원의원들이 폐기 법안에 찬성을 표해야 한다. 의료보험개혁 이슈가 강한 당파적 성격을 띤다는 점을 고려할 때 실질적으로 이러한 시나리오의 실현은 불가능해 보인다. 뿐만 아니라 공화당 상원의원 및 관련자들 사이에서도 현재 폐기 법안에 대한 찬반이 나뉘어져 있는 분위기이다(Bolton 2015). 보다 강력하게 폐기를 주장하고 있는 측은 프리덤웍스(FreedomWorks), 상원보수주의자기금(Senate Conservatives Fund) 등 티파티 그룹(Tea Party)이다.

---

4) 뉴욕 주의 존 카트코(John Katko), 메인 주의 브루스 폴리퀸(Bruce Poliquin), 그리고 일리노이 주의 로버트 돌드(Robert Dold) 의원.

상원과 하원에서 모두 폐기 법안이 통과된다고 하여도 오바마 대통령의 거부권 행사로 결국 개혁법안의 폐기가 불가능할 것이라는 점을 모르지 않는 공화당이 이렇게 법안 폐기를 시도하는 것은 다분히 상징적 행위라고 할 수 있다. 이러한 행위를 통해 공화당은 개혁법의 문제점을 더욱 부각시켜 부정적 여론을 더 강하게 조성함으로써 향후 개혁법의 개별 조항들에 대한 폐기와 수정을 시도할 것으로 예상되고 있다. 공화당 의회가 주요 타깃으로 삼고 있는 개혁법 조항들은 다음과 같은 조항들을 포함한다(Pollack 2014).

- 향후 10년 동안 약 290억가량 될 것으로 예상되는 2.3% 의료장비 소비세 조항 삭제
- 50인 이상 노동자를 고용하고 있는 고용주의 고용인에 대한 의무적 의료보험 제공 조항 삭제
- 전일제 고용의 정의를 주 30시간 노동에서 40시간 노동으로 전환
- 메디케어 프로그램의 기금 삭감과 완전한 재조정

제114대 의회에서의 의료보험개혁을 둘러싼 양당 간 또는 오바마 정부와 공화당 의회 간 충돌은 의회 위원회의 위원장 구성[5]을 통해서도 예견되고 있다. 먼저 오바마 정부 및 민주당 의원들과 가장 큰 충돌이 예상되고 이는 재정 문제를 다루게 될 상원 재정위원회의 위원장인 해치(Orrin Hatch, 유타) 의원은 지난 4년간 개혁법을 공격하고 이를 폐기하기 위해 큰 노력을 경주해 온 인물이다. 해치 위원장은 의료보험을 한 주 안에서만 구매하는 것이 아니라 주를 넘나들어 구매할 수 있는 시스템을 지지해 왔으며, 메디케이드의 경우는 연방정부가 주정부에 공적부조를 위한 보조금을 일괄지급하는 포괄보조금(block grants) 제도로 바꿈으로써 예산을 감축하고자 하는 정책을 비롯한 다양한 해법을 나름대로 내놓으면서 ACA를 공격해 왔다. 상원의 건강·교육·노동·연금위원회(Senate Committee on Health, Educa-

5) "2014 Midterms — Health Care Impact," *Strategic Health Care* (November 6, 2014) 참조.

tion, Labor, and Pensions)의 위원장인 알렉젠더(Lamar Alexander, 테네시) 의원은 ACA를 강하게 반대해 온 인물로서, 특히 의료비용 문제를 제기해 왔다. 건강 관련 위원회의 위원장으로서 오바마의 의료보험개혁 폐기를 위한 노력과 함께 개혁과 관련하여 오바마 정부에 거센 압력을 가할 것으로 예상되고 있다.

하원의 경우, 세입위원회(Ways and Means committee)의 위원장인 라이언(Paul Ryan, 위스콘신) 의원은 113대 의회에서 예산위원회(Budget committee)의 위원장을 역임한 인물이다. 의료보험개혁과 관련하여 세입위원회에서는 주로 의료장비에 대한 세금, 개인 및 고용주 의무보험 조항, 보험회사 세금 등의 문제에 초점을 맞추어 공격을 할 것으로 예상되고 있다. 에너지 및 상업 위원회(Energy and Commerce committee)의 업튼(Fred Upton, 미시건) 위원장의 경우도 그간 ACA를 강하게 공격해 왔으며, 메디케어 비용을 통제하기 위해 현재 사용하고 있는 메디케어 측정 방법(SGR: Sustainable Growth Rate)의 폐기와 건강 관련 IT의 개혁 등을 주장해 왔다.

이처럼 상하원 모두 공화당이 다수당을 차지하였을 뿐 아니라, 오바마의 의료보험개혁에 특히 강하게 반대해 온 인물들이 의료보험 관련 위원회의 위원장이 됨으로써 의회 내에서 개혁을 둘러싼 긴장은 더욱 커질 것으로 예상되고 있다. 더불어 공화당의 상하원 모두 의회의 다수를 차지했다는 것은 공화당 주정부와 연방정부 간의 지속적인 갈등 또한 예상하게 한다. 하지만 다행히 공화당이 주정부를 구성하고 있는 주들의 수는 거의 변화가 없으며, 민주당이 패배한 주의 대부분은 분점정부이기 때문에 주정부 구성의 변화로 인한 갈등이 크게 심화되지는 않을 것으로 보인다(Pollack 2014).

오바마 정부에 고무적인 하나의 사실은 개혁법이 초점을 맞추고 있는 메디케이드 혜택 확대를 받아들이고 있는 공화당 주들이 늘어나고 있다는 점이다. 선거 전에 9개의 공화당 주(애리조나, 아이오와, 미시건, 노스다코타, 뉴저지, 뉴멕시코, 네바다, 오하이오, 펜실베이니아)가 저소득층을 위한 메디케이드 혜택을 확대하였으며, 몇몇 공화당 주지사들은 연방정부와 협상 중이다. 공화당 주들의 이러한 움직임은 병원, 의사, 보험회사, 지역 상공회의소 등 의료보험개혁에 반대를 표시해 오던 그룹들이 자신들에게 이익이 될 수 있는 메디케이드 혜택 확대를 지지하면서 가능해졌다. 하지만, 메디케이드 혜택 확대라는 움직임에도 불구하고 개혁과 관련한 예산 이슈는 의료보험개혁을 시행해 가는 데 있어서 오바마 행정부와 주정부 간 갈등을 심화시키는 가장 핵심적인 요인이 될 것으로 예상된다. 또한 주 의료보험교환소 설치를 거부하고 있는 공화당 주들과의 대립과 갈등 또한 오바마 정부가 해결해야 할 문제이다.

공화당은 현재 ACA를 대체할 법안이 완성되어 있지 않은 상황이다. 이 때문에 개혁법 폐기 자체보다는 의료보험 정책의 장기적인 목표를 추구하고자 할 것으로 보인다. 현재의 의료보험개혁법에 대한 공격을 지속하면서, 시장 중심, 규제 완화, 예산 감축 등을 기본 원칙으로 한 대안을 마련하고자 할 것이다. ACA에 대한 공화당의 대안은 대통령선거가 실시되는 2017년을 위한 아젠다로서의 역할에 초점이 맞춰질 것으로 예상된다. 공화당의 몇몇 상원의원들이 제안한 의료보험개혁법인 'Patient Care Act'는 현재의 개혁법이 커버하는 인원과 비슷한 수의 사람들에게 의료보험 혜택을 제공하면서도 보다 값싸고 연방정부의 통제가 약한 형태의 의료보험 시스템을 제안하고 있다(Butler 2014).

오바마 대통령의 임기가 끝나는 2017년까지는 현재의 의료보험개혁법이 폐기되거나 대폭 수정되는 일이 일어날 가능성은 크지 않아 보이지만, 공화당의 공세 및 공화당 주정부와의 갈등과 더불어 오바마 대통령의 레임덕과 그에 따른 오바마 정부에 대한 지지율의 대폭적인 하락 등은 ACA에 대한 부정적 인식을 더욱 확대시키는 요인이 될 수 있다. 2017년 대선은 그 핵심 캠페인 이슈가 무엇이건 상관없이 '오바마케어'라는 용어로 폄하되고 있는 의료보험개혁의 운명에 직접적인 영향을 미치는 선거가 될 것이다. 공화당이 2017년의 아젠다를 주도하기 위해 새로운 의료보험개혁법을 준비하고 있는 가운데, 오바마 정부와 민주당도 단기적으로는 2017년 대선에서 승리하여 개혁을 지속하고 장기적으로는 개혁을 완성해야 하는 과제를 안고 있다. 이를 위해서는 주정부와의 협상을 통해 개혁을 확대하고 유권자들의 수

요와 요구에 맞추어 개혁법을 적절히 수정해 나감으로써 개혁에 대한 부정적 여론을 우호적 여론으로 변화시킬 수 있어야 할 것이다. 그러나 현실적으로 이러한 과제의 수행은 레임덕 시기가 다가오고 있는 정부로서는 매우 어려운 일이 아닐 수 없다. 2017년에도 많은 이슈가 부상하겠지만, 의료보험개혁과 관련하여 2017년도 대선은 더욱 주목을 받게 될 것으로 예상된다. 오바마 대통령 취임 직후부터 오바마 정부의 가장 핵심적인 프로젝트였으며, 지난 6년간 공화당과 민주당 사이에 이념적 갈등과 대립의 주된 원인이 되어 왔던 의료보험개혁의 미래가 좌우될 선거이기 때문이다.

▌참고문헌 ▌

미국정치연구회 편. 2013. 『미국 정부와 정치 2』. 서울: 도서출판 오름.

이소영. 2010. "대의민주주의와 소통: 미국 오바마 행정부 하의 의료보험개혁 사례를 중심으로." 『21세기 정치학회보』 20집 3호, 101-123.

_____. 2013. "의료보험개혁 이슈와 미국사회의 균열." 미국정치연구회 엮음. 『어게인 오바마: 2012 미국 대선과 오바마의 재선』. 서울: 도서출판 오름, 251-287.

_____. 2014. "의료보험개혁의 전개와 이슈." 서현진 외. 『이슈를 통해 본 미국정치』. 서울: 서울대학교출판문화원, 45-93.

Altiman, Alex. 2014. "Democrats Run Away From Obamacare." *TIME*, February 12.

Butler, Stuart M. 2014. "Election results 2014: Biggest changes to health care will happen outside of Congress." *Brookings Institution*, November 6.

Cowart, Dick. 2014. "Health reform to play massive role in midterm elections." *The Tennessean*, April 15.

Foley, Meghan. 2014. "4 Reasons Why Obamacare Won't Be a Midterm Battle." *CHEAT SHEET*, August 30.

Gibson, Cary. 2014. "Obamacare: The Incredible Fading Issue." *freenewspos.com*, September 19.

Gomes, Michael. 2014. "Midterm Election Overview: Republicans Have Chance to Gain Congressional Seats: Repeal of ACA No Longer Key Issue." *BenefitMall.com*, October 1.

Jones David K., Katharine W. V. Bradley, and Honathan Oberlander. 2014. "Pascalw' Wager: Health Insurance Exchanges, Obamacare, and the Republican Dilemma." *Journal of Health Politics, Policy and Law* 39(1), 97-137.

Kaiser Family Foundation. 2013. "State Decisions for Creating Health Insurance

Exchanges, as of May 28, 2013." *kff.org.*

Kamarck, Elaine, and Alexander Podkul. 2014. "The 2014 Congressional Primaries: Who Ran and Why." *Brookings Institution.* September 30.

Keith, Katie, Kevin W. Lucia, and Sabrian Corlette. 2013. "Implementing the Affordable Care act: State Action on the 2014 Market Reforms." *Commonwealth Fund*, February 1.

Man, Anthony. 2014. "Obamacare To Be Hot Topic As Midterm Elections Near." *Huffinton Post*, March 15.

Miller, Jake. 2014. "As midterm elections loom, GOP continues pushing Obamacare repeal." *CBS NEWS*, October 4.

New York Times. 2014. "Is the Affordable Care Act Working?" October 26.

O'Brien, Kathleen. 2014. "On eve of mid-term elections, Americans remain split over 'Obamacare'." *NJ.com*, October 29.

Pollack, Ron. 2014. "Trending: How Will the 2014 Midterm Elections Affect Health Care Advocacy?" *FamiliesUSA*, November 6.

Sanger-Katz, Margot and Kevin Quealy. 2014. "Medicare: Not Such a Budget-Buster Anymore." *New York Times*, August 27.

〈여론조사 자료〉

Gallup Poll. May 29, 2014. "Few Americans Say Healthcare Law Has Helped Them." gallup.com(검색일: 2014.12.1).

Kaiser Health Tracking Poll. October, 2014(검색일: 2014.10.12).

______. November, 2014(검색일: 2014.12.14).

Pew Research Center. July 8-14, 2014(검색일: 2014.10.12).

이민개혁과 2014년 중간선거*

이병하 | 서울시립대학교
장승진 | 국민대대학교

Ⅰ. 서론

미국정치에서 이민만큼 첨예한 정치적 대립을 가져오는 이슈도 흔치 않다. 이민정책과 관련해서는 공화당과 민주당 각 정당 내에서도 상이한 의견이 존재하며, 이러한 입장들은 미국정치에서 일반적으로 관찰되는 정치적 대립구도를 넘나드는 성격을 가지고 있다. 전통적으로 이민에 대한 보다 엄격한 규제와 강력한 국경통제를 지지하는 공화당 내에도 저임금 노동력의 공급을 원하는 고용주의 입장을 대변하는 세력과 히스패닉 유권자의 지지를 확보하기 위해 이민에 대해 보다 유화적인 태도를 취하고자 하는 세력이 다수 존재하고 있으며, 전통적으로 이민자들에게 우호적인 입장을 가지고

* 본 장의 일부는 『의정연구』 제19권 2호(통권 39호)에 "미국 의회의 이민법 개혁 논의"라는 제목으로 게재된 바 있다.

있는 민주당 또한 저임금 노동력의 유입을 우려의 시선으로 바라보는 노동조합의 힘을 무시하기는 어려운 현실이다. 따라서 역사적으로 이민개혁은 대타협을 통해 간헐적으로 이루어져 왔지만 타협을 이끌어내기 위해서 긴 기간 동안 이민개혁을 둘러싼 정치적 대립이 지속되어왔다.

이는 비단 미국만의 특수한 상황이라기보다는 이민이라는 문제 자체가 워낙 복잡한 쟁점들을 포함하고 있기 때문이다. 이민을 받아들이는 데 있어 당근과 채찍을 이용하여 보다 수준 높은 인력을 유인하고 불법 이민을 감소시키는 문제, 사회의 사회복지 시스템을 손상하지 않은 채 이민자들을 통합하고 지원하는 문제, 노동력 부족이 발생하는 곳에 적절히 이주 노동자들을 분배하는 문제, 그리고 이 와중에 사용자들의 불만을 들어줌과 동시에 이주 노동자들의 유입으로 인해 임금 저하를 우려하는 노동조합을 설득하는 문제, 심지어 난민을 받아들임에 있어서 국제관계를 고려해야 하는 문제까지 이민이라는 주제는 그 속에 복잡하고 세세한 논점들이 교차하고 있다 (Freeman 2010). 더군다나 이러한 이민 문제를 조절하고 규율하는 이민정책과 이민법을 개혁하는 문제는 고도의 복잡한 테크닉을 요구한다. 하지만 미국은 이러한 이민이라는 이슈 속에 내재된 복잡성이 역사적으로 오래 지속되어온 몇 안 되는 나라라는 점에서 보다 세밀한 접근방식이 요구된다고 할 수 있다. 이렇기 때문에 한 연구자는 미국의 이민개혁을 "지뢰밭 사이를 운행하는 것"이라고 표현하기도 했다(Tichenor 2008).

본 장에서는 2014년 미국 중간선거에서 이민개혁 이슈가 어떤 맥락에서 다루어졌고, 이민개혁에 대한 유권자들의 태도는 어떠했는지 살펴보고자 한다. 이를 위해 이민개혁 이슈가 어떻게 전개되었는지 개괄하고, 왜 미국에서 이민개혁이 난항을 겪고 있는지 분석하고자 한다. 또한 다양한 여론조사 결과를 토대로 2014년 중간선거 전후로 이민개혁 이슈에 대한 유권자들의 태도를 살펴보려고 한다. 결론에서는 2014년 중간선거에서 이민개혁 이슈가 가졌던 영향력을 평가하고 향후 이민개혁에 대한 전망을 간략히 서술하고자 한다.

II. 이민개혁 이슈의 전개

미국은 흔히 이민자의 나라, 이민이라는 전통 위에 건국된 나라라고 규정되어 왔다. 하지만 최근 이민개혁을 둘러싼 논의를 보면 미국은 단순한 이민자의 나라가 아니라 '불법' 이민자의 나라라고도 할 수 있다. 일례로 국토안전부(Department of Homeland Security)에 따르면 2010년 현재 불법적으로 미국에 체류하고 있는 숫자는 약 1,080만 명 정도로 추산되고 있으며, 이는 오하이오 주의 전체 인구와 맞먹는 것이다. 이러한 맥락에서 미국사회에서 이민개혁 이슈가 제기되는 가장 주된 목적은 불법 이민자를 양산하고 있는 고장한 이민시스템을 해결하는 데 있다고 할 수 있다. 그러나 문제는 현재의 이민시스템이 제대로 작동하지 않기 때문에 불법 이민자 문제가 심각한 상황에 이르렀다는 데는 모두 공감하지만, 이를 해결하는 방식에 있어서 상반된 견해를 보이고 있다는 점이다. 이민 제한론자(exclusionists)들은 보다 강력한 국경통제를 통해 이 문제를 해결해야 한다고 주장하는 반면, 이민 확대론자(expansionists)들은 이미 미국에 들어와 있는 불법 이민자들에게 '시민권으로 통하는 길(a path to citizenship)'을 열어줌으로써 이들을 미국의 체제 속에 편입시켜야 한다고 주장한다.

이처럼 이민개혁을 둘러싼 첨예한 대립 양상 속에 미국은 양 측의 핵심 주장을 한 데 묶어 대타협을 이끌어내려는 '포괄적 이민개혁(comprehensive immigration reform)' 전략을 추진하고자 하였다. 포괄적 이민개혁 방식은 역사적으로 1970년대 이래로 누적된 불법이민자 문제를 해결하기 위해 제정된 1986년의 '이민개혁과 통제법(IRCA: Immigration Reform and Control Act)'에서 시도된 바 있다. 포괄적 이민개혁 방식은 국경통제 강화와 불법이민자의 합법화라는 대립된 견해를 함께 묶어 의회 내에서 법안 통과를 위한 보다 광범위한 연합을 형성할 수 있다는 점에서는 일단 효율적이라고 할 수 있지만, 다른 한편으로는 이민 제한론자들과 이민 확대론자들 모두에게 만족스럽지 못한 법안이 될 가능성 역시 존재한다. 특히 IRCA 제정을 통해 불법 이민자에 대한 사면과 불법 이민자를 고용한 사용주에 대한 처벌 모두를 담은 포괄적 개혁을 시도했지만, 결과적으로 사용주 처벌 조항은 무력화되고 불법 이민자들에 대한 사면만 남는 상황이 초래되었기 때문에 이민 제한론자들은 이러한 포괄적 이민개혁 방식에 대해 뿌리 깊은 불신과 회의를 가지고 있다. 이러한 불신과 회의는 현재의 이민개혁 과정에서도 반복되고 있어서 이민 제한론자들은 과거 IRCA의 실패를 되풀이하지 않기 위해 2013년 미국 상원을 통과했던 '국경 안보, 경제적 기회, 그리고 이민 현대화 법(Border Security, Economic Opportunity, and Immigration Modernization Act)'에 국경통제 강화 조항을 상당히 많이 반영한 바 있다. 이에 대해 이민 확대론자들은 이 법안에 이민 제한론자들의 의견이 지나치게 많이 반영되어 있으며, 국경통제 강화 방안이 남용될 가능성에 대해 지속적인 우려를 표하고 있다.

2004년 1월 부시 대통령이 이민법 개혁을 천명한 이후, 수많은 이민법 개혁안이 미국의회에 상정되었지만 번번이 실패하고 말았다. 예를 들어 2004년 대슐-헤이글 법안(S. 2010), 2004년 케네디-클린턴-파인골드 법안(S. 2381), 2005년 매케인-케네디 법안(S. 1033), 2005년 센센브레너-킹 법안(H.R 4437) 등이 있었지만 상원과 하원의 합의를 이끌어내는 데는 실패하였고, 이 중 센센브레너-킹 법안 같은 경우는 지나치게 불법체류자 통제만을 강조하고 있었기 때문에 2006년 미국 전역에서 교회, 이민자단체들이 주도한 대규모 시위를 발생시키기도 했다(설동훈 2007). 2009년 오바마 행정부의 출범으로 이민개혁이 본격화될 것으로 예상되었지만, 오바마 스스로도 "우리와 함께 이민법 개혁을 추진할 단 한 명의 공화당 상원의원도 찾기 어려웠다"고 고백할 정도로 이민개혁이 쉽지 않음을 내비쳤고, 더 나아가 이민개혁은 정책적 우선순위에서 경제침체 극복, 건강보험 개혁, 금융권 규제 등의 시급한 현안에 밀리게 된다. 더구나 이민개혁 논의가 사라진 와중에 오바마 행정부는 오히려 불법 이민자 추방에 대해 강경한 입장을 취했던 부시 행정부의 기조를 유지함으로써 강제 추방되는 불법 이민자의 숫자가 크게 늘어나는 한편 히스패닉 유권자는 물론 이민자 단체와 민권단체(civil rights organization)의 강력한 반발을 사게 된다(정회옥 2013).

한동안 잠잠하던 이민개혁 논의는 2012년 대선을 거치면서 다시 점화되기 시작한다. 2011년 5월 10일 텍사스 엘 파소를 방문한 오바마 대통령은 이민개혁에 미온적인 공화당을 비판하면서, 이민개혁과 관련해 국경통제 강화와 불법 이민자들의 합법화—즉 이들에게 '시민권으로 가는 길(a path to citizenship)'을 열어주는—두 가지의 핵심 요소를 언급하였다. 또한 공화당 대선후보였던 미트 롬니 역시 히스패닉 유권자들이 주요 시청자인 유니비전(Univision)의 온라인 포럼에서 광범위한 이민개혁과 불법 이민자의 대규모 추방을 추진하지 않을 것이라고 공약하였다. 대통령 선거전이 한창이던 2012년 6월에는 오바마 대통령이 불법 체류자 청소년들에 대한 추방을 유예하는 조치(DACA: Deferred Action for Childhood Arrivals Program)를 취하였고, 이는 일반 유권자의 폭넓은 지지를 끌어내게 된다. DACA 조치는 국가안보를 저해하지 않는 한 이미 미국에서 거주하고 있는 이민자들을 추방해서는 안 된다는 당위성을 획득하였고 이는 2012년 오바마가 재선에 성공하는데 중요한 전략적 선택이었다(정회옥 2013).

2012년 대선이 끝나고 2013년 1월, 8명의 양당 상원의원들(Gang of Eight)은 범죄기록이 없고 일정한 조건을 갖춘 불법 이민자들이 시민권을 취득하는 길을 열어주고, 불법 이민자의 고용을 근절하기 위한 신원조회 프로그램을 도입하는 한편 국경통제를 강화하는 포괄적 이민개혁의 방향을 제시한다. 그 구체적인 결과물로 2013년 4월 16일에는 '국경 안보, 경제적 기회, 그리고 이민현대화 법(Border Security, Economic Opportunity, and Immigration Modernization Act)'이 제출되었고, 6월 27일 찬성 68표, 반대 32표로 상원을 통과하였다.

'국경 안보, 경제적 기회, 그리고 이민현대화 법'은 844페이지에 달하는 방대한 분량으로 크게 국경통제 강화, 이민자 및 비이민자 비자시스템 개혁, 이민자 신원조회 시스템 도입 등으로 나뉜다. 국경통제 강화를 위해 국토안보부는 450만 달러의 예산으로 감시 시스템 도입, 장벽 설치, 무인정찰기 활용 등 남부 국경을 통제하는 계획을 수립하게 되어 있으며, 국경통제를 시민권 획득 조치와 연결하여 불법 월경자의 90%가 붙잡히거나 돌려보내질 정도로 국경통제가 강화되었다고 판단되면 불법 이민자들에 대해 13년에 걸쳐 시민권을 획득하는 절차를 진행한다는 내용을 담고 있다. 또한 벌금과 신청비용을 납부하고 신원조회를 통과한 불법 이민자들에게 '임시 등록 이민자(RPI: Registered Provisional Immigrant)' 지위를 부여하고, 국경강화 계획의 성과에 따라 단계적으로 이들을 합법화하는 방안도 마련하고 있다. 또한 고숙련 인력에 대한 비이민자 비자(H-1B) 쿼터를 65,000개에서 필요하다면 180,000개로 대폭 늘려 고학력 전문직에 대한 기업들의 요구를 반영하였다. 마지막으로 불법 이민자의 고용을 근절하기 위해 이민자를 고용할 때 이들의 신분을 인증하기 위한 프로그램(E-verify)을 5년간 단계적으로 도입해 전 사업장으로 확대한다는 방안을 담고 있다.

그러나 상원을 통과한 이 법은 공화당이 장악하고 있는 하원에서 제대로 논의되지 못하고 있으며 앞으로도 포괄적 이민개혁 방식에 기반을 둔 대타협을 통해 이민개혁이 이루어질지는 미지수이다. 일례로 2013년 하원 법사위를 통과한 몇 가지 이민개혁 법안들을 살펴보면 상원을 통과한 법안과는 큰 차이를 보인다. 하원 법사위를 통과한 법안들은 국경통제, 고숙련 이민자, E-verify 시스템 강화, 농업 계절노동자 등을 각각 다루고 있는데 어떤 법안도 상원을 통과한 법안이 강조하는 '시민권으로 가는 길'을 담고 있지 않다. 이는 포괄적 이민개혁의 두 가지 큰 축 중 이민확대론자들이 강조하는 내용이 빠져 버린 것으로 이민개혁을 둘러싼 상원과 하원의 커다란 인식차이를 보여준다고 할 수 있다.

이민개혁을 위한 의회의 노력이 난항을 겪게 됨에 따라 오바마 행정부는 포괄적 이민개혁 방식 대신에 행정부의 독자적인 권한으로 이민개혁을 추진하는 전략을 본격화하고 있다. 오바마 행정부는 포괄적 이민개혁 방식을 통한 이민개혁을 추진에 역점을 둠과 동시에 다양한 행정명령을 통해 점진적으로 이민개혁을 추진해왔다. 오바마 행정부 초기에는 행정명령을 통해 국경통제 강화를 추진하고 바람직하지 않은 불법 이민자를 구분함으로써 이민제한론자들의 우려를 불식시키고 포괄적 이민개혁에서 필수적인 이들의 신뢰를 얻고자 하였다. 오바마 1기에서 불법 이민자들의 추방 건수가 부시 행정부의 기록을 상회한 것이 이를 입증한다(Skrentny and Lopez 2013). 동시에 DACA 조치 등을 통해 이민 확대론자 및 이민자 권리 옹호자들의 요구를 수용하였다. 다양하지만 이질적인 행정명령들을 통해 점진적이고 누적적인 이민개혁을 추진해왔다고 평가할 수 있다.

그러나 오바마 행정부는 애초에 불법 이민자의 강제추방을 유예하는 행정명령을 발동할 계획을 접고 이를 2014년 중간선거 이후로 연기하면서 논란을 불러 일으켰다. 몇몇 경합주(swing states)에서의 선거결과를 의식했을 수도 있고, 혹은 이러한 행정명령으로 인한 이민개혁 조치가 보수파의 결집을 불러올 것을 우려했을 수도 있다. 하지만 이민개혁 이슈가 가진 양날의 검과 같은 특징으로 인해 오바마 행정부의 행정명령 연기 조치는 이민 제한론자와 확대론자 모두에게 불만을 불러일으켰다.

III. 이민개혁이 난항을 겪는 원인

그렇다면 왜 이민개혁은 난항을 겪고 있는가? 문제는 이민에 대한 첨예하고 다양한 의견을 지닌 세력들이 불법 이민자 문제를 해결하기 위한 새로운 정책을 모색하는 데 있어 전통적인 좌-우의 구분을 넘어서는 ‘이상한 동거관계(strange bedfellows)’를 낳는다는 점이다. 즉 “다른 정책 영역에서는 대립적 입장을 취하는 민족집단(ethnic groups), 이익집단, 유권자 단체들이 이민 문제에 관해서는 새로운 이해관계에 따라 동지가 되는 방식으로 이합집산함으로써, 이민 문제의 정의에 대한 합의와 문제의 해결에 대한 대안제시”를 어렵게 만들고 있다(유성진·김희강·손병권 2007). 이러한 이상한 동거관계는 포괄적 이민개혁이라는 틀 속에서 자신들의 이익과 이념을 관철하기 위해 서로 합종연횡하면서 이민개혁을 둘러싼 정치과정을 복잡하게 만드는 원인이 되며, 포괄적 이민개혁이 험난한 여정을 겪을 수밖에 없는 원인이기도 하다.

보다 구체적으로 미국의 이민 정치를 둘러싼 정치·사회세력들을 이민—이민자의 수—에 대한 태도를 한 축으로 또한 이민자의 권리에 대한 태도를 다른 한 축으로 하여 크게 네 가지 그룹으로 나눌 수 있다. 첫 번째 그룹은 이민정책의 확대와 이민자에 대한 권리 확대를 동시에 주장하고 있는 이민 확대 옹호론자(cosmopolitans)들이다. 이들은 기본적으로 대규모 이민이 경제적으로나 사회적으로 미국에 이익이 된다고 믿는다. 따라서 이들은 불법 이민자들이 미국의 이등시민(second-class citizens)으로 전락하는 것을 막기 위한 합법화(legalization)를 주장하고, 루이스 구띠에레즈 민주당 하원의원이 말하듯 "불법이민자들은 어둠, 차별, 착취의 그늘로부터 나와야 한다"고 믿는다. 여기에는 이민자 권리 옹호자 단체, 민권단체, 히스패닉 및 아시안 이민자 단체, 종교 단체 등이 포함된다.

두 번째 그룹은 이민 확대 옹호론자들과 정치적으로 다른 견해를 가지고 있지만 이민자 수 확대에는 동의하는 자유시장 이민 확대론자(free-market expansionists)들이다. 이들은 전통적으로 이민 확대를 통한 인구 증가와 노동력 확보가 산업 발전에 도움이 된다고 믿어 왔다. 이 점에서 미국사회에 새로 유입되는 이민자들은 소중한 자원들로 취급된다. 하지만 이민 확대 옹호론자들과는 달리 이들은 이민자 권리 확대에는 부정적이다. 대표적인 예로 1996년 이민법 개정을 둘러싼 논쟁 당시 이 그룹은 "이민 찬성, 복지 반대(Immigration Yes, Welfare No)"라는 슬로건을 내세웠다(Martin 2004). 이 점에서 이들은 값싼 노동력을 합법적으로 이용함과 동시에 이민으로 인한 정주화(settlement) 문제를 방지할 수 있는 단기 방문노동자 제도를 옹호한다. 특히 이러한 견해는 월스트리트 저널의 사설이나 보수적인 싱크 탱크인 CATO Institute 등에서 자주 발견된다.

세 번째 그룹은 이민자 수 확대에는 부정적이나 이미 들어와 있는 이민자들의 권리 확대는 옹호하는 민족주의적 평등주의자(nationalist egalitarians)들이다. 이들은 기본적으로 이민의 확대가 경제적 기회와 결과라는 측면에서 내국인들의 평등성을 침해한다고 본다. 예를 들어 프레드릭 더글러스(Frederick Douglass)는 매 시간 흑인들이 새로운 이민자들로 인해 실직하고 있다고 한탄한 바 있고, 미국의 노동운동가들도 이민자의 증가는 미국 노동자들의 임금 하락, 노동조건 악화, 직업 안정성 저해를 불러온다고 주장한다. 반면 이들은 이미 합법적으로 일하고 있는 이민자들에 대해서는 내국인과 동등한 권리를 주어야 한다고 주장한다는 점에서 이민 확대 옹호론자들과 견해를 같이 한다. 이러한 견해는 전통적인 노동조합의 간부들이나 의회 내 온건 민주당 의원들에게서 발견된다.

마지막 그룹은 전통적인 이민 제한론자(classical exclusionists)들이다. 이들은 이민자 수와 이민자 권리 제한을 동시에 주장한다. 이들은 기본적으로 이민을 미국사회의 비용증가로 파악하지 이민이 어떠한 이익을 가져온다고 보지 않는다. 따라서 이들은 불법 이민에 대한 강력한 수단 즉 추방 조치 등을 옹호하며 이민이 미국인 저숙련 실업 인구에 미치는 영향 그리고 이민으로 인한 재정 및 복지비용의 증가를 염려한다. 또 다른 한편으로 이들의 주장은 문화적·인종적 배경을 기반으로 하는데 예를 들면 미국적 신조(American creed)로 정의되는 앵글로 색슨적인 전통과 문화적 동질성 등을 강조한다. 이러한 견해는 보수적인 라디오 토크쇼 진행자나 컬럼리스트들에게서 흔히 나타난다.

이러한 네 가지 그룹에 속한 이익단체, 사회운동, 정치인, 활동가 등은 역사적으로 특정 정책을 지지하면서 전통적인 좌-우 구분, 정당 간의 구분을 넘어서 합종연횡하면서 정치적 연합을 구축하여 왔다. 일례로 전통적으로 이민자 수를 제한하는 연합에 속해 있던 노동조합은 1950년대 후반 친이민 연합으로 이동하면서 1965년 이민법 개혁을 이끌어낸 바 있다. 또한 1990년 이민법 개정 당시 이민 확대 옹호론자들과 자유시장 옹호론자들은 각각 정치적 우파와 좌파의 급진 자유주의의 기반에 서 있었음에도 불구하고 연대한 적이 있고, 1996년의 이민법 개정 당시에는 자유시장 옹호론자들이 전통적 이민 제한론자들과 정치적 연합을 형성하여 미국 시민권자가 아닌 사람들에 대한 복지 혜택 감소를 관철시킨 바 있다. 이와 같은 역사적 경험에 비추어 볼 때 미국의 이민개혁 노력 역시 입법과정을 거치면 거칠수록 다양한 세력들 간의 이상한 동거관계를 낳을 것이고, 그 속에서 자신들의 입장을 관철하고자 하는 노력과 이들의 요구를 들어주어야 하는 정치인들 사이에 복잡한 동학(dynamics)이 발생할 것으로 예상한다.

IV. 이민개혁에 대한 유권자들의 태도

비록 조사기관에 따라 약간의 편차는 있지만, 대다수의 미국 유권자들은 이민개혁의 필요성 및 구체적인 조치들에 대해 찬성하는 입장을 보이고 있다. 예를 들어 2013년 6월 '국경 안보, 경제적 기회, 그리고 이민현대화' 법이 상원을 통과할 즈음 실시된 여론조사 결과를 보여주고 있는 〈표 1〉에 따르면 인종집단을 막론하고 압도적 다수의 응답자들이 이민개혁 법안을 처리하는 것이 매우 중요하다고 대답했다. 더구나 〈표 2〉에 따르면 이러한 압도적인 찬성은 단순히 이민개혁의 필요성에 대한 추상적인 공감에 그치는 것이 아니라 상원의 법안에 포함된 구체적인 조치들에 대해서도 마찬가지로 발견되었다. 특히 주목할 것은 이민개혁 법안의 조치 중 가장 논란의 대상이 되고 있는 일정한 조건을 갖춘 불법 이민자들에게 시민권을 획득할 수 있는 길을 열어주는 방안에 대해서 찬성하는 비율이 88%에 달하여 다른 조치들에 대한 찬성 비율보다도 오히려 높게 나타났다는 점이다. 이러한 정책의 가장 큰 수혜자가 될 것으로 예상되는 히스패닉 응답자들 사이에서 찬성 비율이 92%로 나타날 뿐만 아니라 백인이나 흑인 사이에서조차도 87~89%에 달하는 응답자들이 불법 이민자들에게 시민권을 부여하는 방안에 대해 찬성하고 있다.

물론 〈표 2〉에서 이민개혁으로 인해 가장 큰 영향을 받게되는 히스패닉 응답자와 백인 및 흑인 응답자 사이에 일정한 차이 또한 관찰되었다. 예를

〈표 1〉 이민개혁 법안 처리의 중요성에 대한 미국인들의 태도(%)

	굉장히 (extremely) 중요하다	매우(very) 중요하다	다소 (somewhat) 중요하다	별로 중요하지 않다	전혀 중요하지 않다
전체 응답자	37	34	19	5	4
백인 응답자	39	33	18	5	4
흑인 응답자	34	34	20	7	4
히스패닉 응답자	32	41	22	2	3

자료: Gallup daily tracking, 2013.06.13~2013.07.05

〈표 2〉 이민개혁 법안의 각 조치에 대한 미국인들의 태도(%)

	전체 응답자	백인 응답자	흑인 응답자	히스패닉 응답자
국경통제 강화				
찬성	83	85	84	74
반대	16	14	15	24
이민자 고용 시 신원조회 의무화				
찬성	84	88	82	65
반대	16	11	18	34
숙련 기술 보유자에 대한 단기 비자 확대				
찬성	76	75	70	85
반대	23	25	29	14
일정 조건을 갖춘 불법 이민자에 대해 시민권 부여				
찬성	88	87	89	92
반대	12	13	10	8

자료: Gallup daily tracking, 2013.06.13~2013.07.05

〈표 3〉 이념성향에 따른 불법 이민자에 대한 시민권 부여에 대한 태도(%)

	전체 응답자			백인 응답자		
	진보	중도	보수	진보	중도	보수
찬성	91	92	83	91	90	83
반대	9	9	16	9	11	17

자료: Gallup daily tracking, 2013.06.13~2013.07.05

들어 국경통제를 강화한다던지 이민자를 고용할 때 사업주로 하여금 피고용인의 신원조회를 의무화하는 방안에 대해서 반대하는 비율은 히스패닉 응답자들 사이에서 백인 및 흑인 응답자들보다 눈에 띄게 높게 나타났다. 그러나 히스패닉 응답자들 사이에서조차 이들 조치에 대한 찬성 비율이 과반수를 훨씬 넘는 것으로 나타남으로써 미국사회에서 이민개혁에 대한 상당한 공감대가 형성되어 있었음을 보여주고 있다. 더구나 〈표 3〉에서 보여주고 있듯이 가장 논란이 되었던 불법 이민자들에 대한 시민권 부여와 관련하여 응답자의 이념성향을 막론하고 압도적인 비율이 찬성을 표했다는 점 또한 이러한 광범위한 공감대를 확인해주고 있다.

이와 같이 이민개혁에 대해 미국인들이 보내는 높은 지지는 특정한 시점에 관찰되는 일시적인 현상이라기보다는 이민, 특히 불법 이민자 문제를 바라보는 미국인들의 시각이 변화하고 있다는 사실을 반영하고 있다. 이러한 변화의 일단을 살펴볼 수 있는 자료가 〈그림 1〉에 제시되어 있다. 〈그림 1〉은 불법 이민자 문제를 다루기 위한 정책의 우선순위가 새로운 불법 이민자들이 미국으로 유입되는 것을 통제하는 것과 이미 미국에서 거주하고 있는 불법 이민자들의 문제를 해결하는 것 중에서 어디에 맞추어져야 한다고 생각하는지에 대한 미국인들의 태도를 보여주고 있다. 〈그림 1〉에 따르면 이전에는 불법 이민자들이 미국으로 새로 입국하는 것을 방지하는 것에 정책의 초점을 맞추어야 한다는 의견이 우세하였지만 2000년대 중반 이후 이미 미국에 입국하여 불법적으로 거주하고 있는 이민자들의 처우를 개선하는

〈그림 1〉 불법 이민자 문제를 다루는 정책의 우선순위(%)

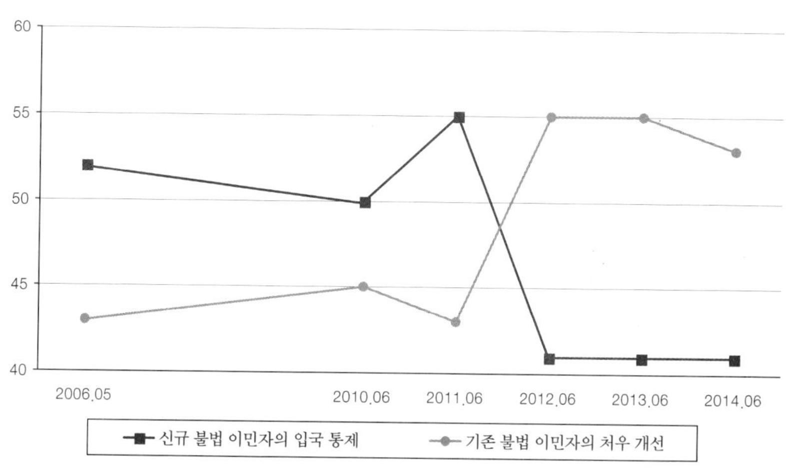

자료: Gallup polls

것에 이민정책의 초점이 맞추어져야 한다고 생각하는 비율이 점차 늘어나 왔음을 알 수 있다.

그렇다면 2013년 6월 이민개혁 법안이 상원을 통과한 이후 2014년 중간선거에 이르는 기간 동안 이 문제에 대한 미국인들의 태도가 어떻게 변화했는가? 이 기간 동안 공화당이 주도하는 하원은 강력한 국경통제와 엄격한 법집행이 우선이라고 주장하면서 상원이 통과시킨 이민개혁 법안을 처리하는 것을 거부함으로써 이민개혁을 둘러싼 정치적 논란을 지속적으로 불러일으켰다. 특히 2014년 여름 중앙아메리카로부터 수만 명의 미성년 이민자들이 보호자를 동반하지 않고 미국으로 불법적으로 입국함에 따라[1] 불법 이

1) 미국 국경수비대(U.S. Customs and Border Protection)에 따르면 2013년 10월 1일부터 2014년 6월 30일 사이에 18세 미만의 미성년자로서 부모의 동반 없이 불법적으로 입국을 시도하다 미국과 멕시코의 국경지대에서 체포된 숫자가 57,525명이며, 2014년 6월 한 달 동안 체포된 숫자만도 10,508명에 달한다. 이러한 숫자는 한 해 전인 2012년 10월 1일부터 2013년 9월 30일까지 1년 동안 미국과 멕시코의 국경지대에서 체포

민자 문제에 대한 위기감과 함께 이들의 처리를 둘러싼 논란이 재차 제기되었다. 그리고 이러한 일련의 과정을 거치면서 불법 이민자 문제를 제대로 해결하지 못하는 정부와 정치권에 대한 미국인들의 불만이 증가하는 한편, 이민개혁을 둘러싼 논란이 점차 지지 정당에 따라 입장이 갈리는 당파적인(partisan) 쟁점으로서의 성격을 강하게 띠게 되었다.

2014년 7월에 실시된 여론조사에 따르면 중앙아메리카로부터 유입되는 미성년 불법 이민자 문제와 관련하여 오바마 대통령의 대응을 지지하는 비율은 28%에 지나지 않으며 오바마 대통령의 대응이 잘못되었다는 대답의 비율은 56%에 달하는 것으로 나타났다. 특히 과반수의(53%) 응답자들이 설사 일부 난민 자격을 갖춘 미성년자들이 강제송환되는 한이 있더라도 이들을 다루는 법적 절차가 좀 더 신속하게 진행되기를 희망함으로써 미성년 불법 이민자 문제를 하루라도 빨리 해결할 것을 촉구하고 있으며, 설사 시간이 더 걸리더라도—따라서 그동안 불법적으로 입국한 미성년자들이 좀 더 오랜 기간 동안 미국에 머물더라도—현재의 정책이 그대로 추진되어야 한다는 응답은 39%에 그쳤다. 특히 공화당 지지자들 사이에서는 이들에 대한 법적 절차가 신속하게 진행되어야 한다고 희망한 비율이 60%에 달하여 동일한 응답이 46%에 그친 민주당 지지자들과 명확한 대비를 이루었다(Pew Research Center 2014a).

물론 과반수의 미국인들은 여전히 불법 이민자들도 일정한 자격을 갖춘다면 합법적으로 미국에 체류할 수 있도록 하는 이민개혁 조치에 대해서 찬성하는 것으로 나타났다. 그러나 〈표 4〉에서 볼 수 있듯이 이러한 조치에 대해 찬성하는 비율은 2014년 초와 비교하여 다소 하락한 것으로 나타났다. 특히 공화당 지지자들의 경우 2014년 초와 비교하여 불법 이민자들에게 합법적인 체류 자격을 부여하는 것에 찬성하는 비율이 민주당 지지자들에 비해 크게 하락했다는 점을 확인할 수 있다. 심지어 공화당 지지자들 중 티파

된 미성년자 불법 이민자들이 27,884명이라는 점에서 미국사회에 광범위한 위기감을 불러일으키기에 충분할 정도로 큰 폭의 증가라고 할 수 있다.

〈표 4〉 불법 이민자들의 체류 자격에 대한 미국인의 태도의 변화(%)

	2014년 2월		2014년 7월	
	합법적 체류 자격 부여	합법적 체류 자격 불허	합법적 체류 자격 부여	합법적 체류 자격 불허
전체 응답자	73	24	68	30
공화당 지지자	64	34	54	43
티파티 공감	56	41	41	56
티파티 비공감	69	29	62	36
민주당 지지자	81	17	77	20
무당파	74	24	70	28

자료: Pew Research Center, 2014 Political Survey

티운동에 공감하는—즉 보수적인 성향의—응답자들 사이에서는 불법 이민자들이 합법적으로 체류할 수 있도록 하는 조치에 대해 반대하는 비율이 찬성하는 비율을 오히려 앞지르는 것으로 나타났다.

그러나 이민개혁에 대한 지지가 반드시 오바마 대통령이나 민주당에 대한 지지로 이어지는 것은 아니다. 비록 이민개혁의 필요성에 대해서는 미국인들 사이에서 광범위한 공감대가 형성되어 있음에도 불구하고, 그리고 오바마 대통령과 상원을 장악한 민주당이 이민개혁을 중요한 국정과제로 상정하고 추진했음에도 불구하고, 이민개혁을 둘러싼 미국사회의 논란은 2014년 중간선거를 앞두고 민주당에게 특별히 유리하게 작용하지는 않았다고 판단된다. 더구나 오바마 대통령이 애초에 불법 이민자들의 추방을 유예하는 행정명령을 발동하려던 계획을 중간선거 이후로 연기하기로 한 결정은 이민개혁에 반대하는 측과 찬성하는 측 모두에게 상당한 불만을 야기하였다. 즉 비록 공화당이 장악하고 있는 하원의 거부로 법제화되지 못한 것은 사실이지만, 그럼에도 불구하고 이민개혁에 대한 요구가 실질적인 정책과 법안으로 이어지지 못했다는 점에 대해서 국정을 담당하고 있는 오바마 대통령과

〈그림 2〉 이민정책을 보다 잘 다룰 것이라고 생각되는 정당(%)

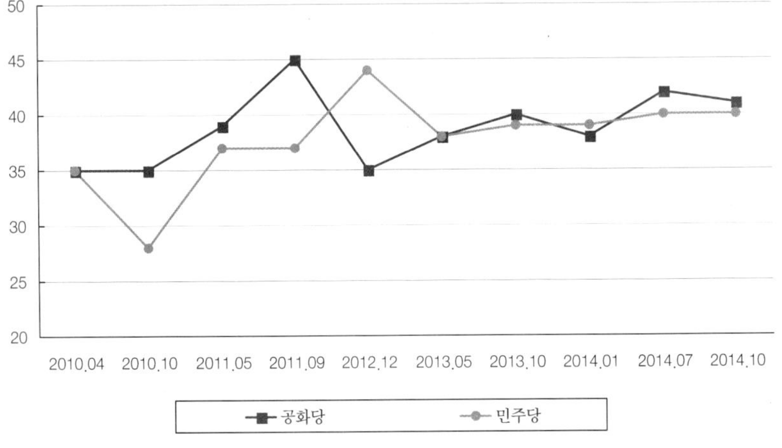

자료: Pew Research Center surveys

민주당에게 일차적인 책임을 묻고 있는 것이다. 실제로 2014년 8월 여론조사에 따르면 이민정책과 관련한 오바마 대통령의 국정운영에 대한 지지도는 31%에 그치고 있다(Pew Research Center 2014b). 또한 〈그림 2〉에서 보여주듯이 민주당과 공화당 중 어느 정당이 이민정책을 보다 잘 다룰 것이라고 생각하는가라는 질문에 대해서도 민주당이 공화당에 비해 그다지 우월한 것으로 인식되지도 못하고 있다.

V. 이민개혁과 2014년 중간선거: 히스패닉 유권자의 선택

그렇다면 2014년 중간선거에 이민개혁과 관련한 이슈는 어떠한 영향을 끼쳤는가? 우선 살펴볼 부분은 과연 미국 유권자들이 중간선거를 앞두고 어떤 이슈를 가장 중요한 이슈라고 인식하고 있었는지 그리고 이러한 인식에서 이민개혁은 어느 정도의 위치를 차지하고 있었는지라고 할 수 있다. 이를 알아보기 위해 〈그림 3〉에서는 2014년 한 해 동안 미국이 직면한 가장 중요한 이슈로서 유권자들이 꼽은 각 사안의 비중이 어떻게 변화해왔는지를 보여주고 있다. 무엇보다도 2014년 동안 미국 유권자들이 꼽은 가장 중요한 이슈는 경제 이슈였다. 특히 실업 및 일자리 관련 이슈 또한 기본적으로는 경제적인 이슈라는 점에서 2014년 동안 평균적으로 유권자 세 명 중 한 명 꼴로 경제와 관련한 이슈가 미국사회가 직면한 가장 중요한 이슈라고 대답했다. 이민 이슈의 경우 2014년 6월까지도 가장 중요한 이슈로 꼽는 비율이

〈그림 3〉 미국사회가 직면한 가장 중요한 이슈(%)

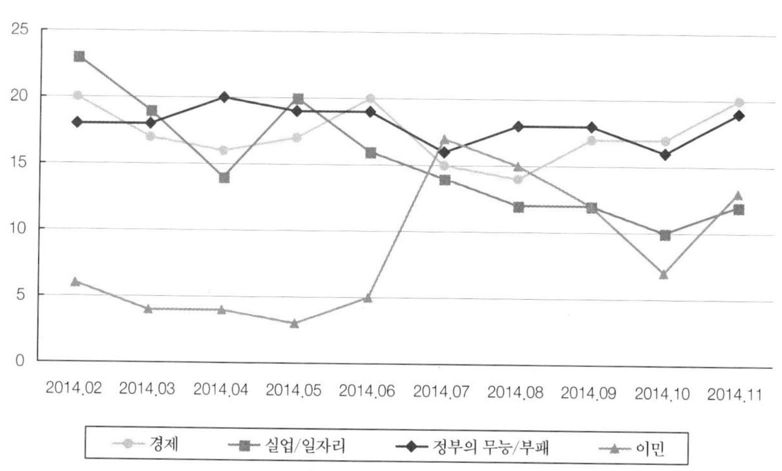

자료: Gallup polls

4~6%대에 머물다가 중앙아메리카로부터 미성년 불법 이민자들이 대량으로 입국하는 사건을 겪으면서 그 중요성에 대한 인식이 크게 증가하여, 최종적으로 선거가 실시된 11월에 이르면 이민 이슈가 가장 중요한 이슈라고 응답한 비율이 13%를 기록했다. 결과적으로 과거의 선거와 비교하면 2014년 중간선거에서 유권자들이 인식하는 이민 이슈의 중요도가 상당히 높아지기는 했지만, 여전히 선거에서 가장 중요한 이슈는 경제 관련 이슈나 정부의 무능과 부패에 대한 불만이었다고 할 수 있다.

물론 유권자 각자의 특성과 성향에 따라 어떤 이슈를 중요하다고 생각하는가는 다르게 나타날 수 있다. 2014년 중간선거를 앞두고서도 공화당 지지자와 민주당 지지자 사이에서 주요 이슈들의 중요성에 대해 상당히 다른 인식이 발견되었다. 〈표 5〉에서는 등록 유권자(registered voters)를 대상으로 2014년 9월에 실시된 여론조사에서 10개의 주요 이슈에 대해 해당 이슈가 다가오는 중간선거에서 지지 후보를 결정하는 데 있어 "매우 중요한" 이슈라고 대답한 비율을 보여주고 있다. 전반적으로 경제와 의료보험, 그리고 테러리즘이 중간선거에서 매우 중요한 이슈라는 대답이 높은 가운데에서도 공화당 지지자와 민주당 지지자 사이에서 미묘한 차이가 발견되었다. 특히 이민 이슈의 경우 중간선거에서 매우 중요한 이슈라고 대답한 비율이 공화당 지지자 사이에서는 73%에 달하는 데 반해, 민주당 지지자들 사이에서는 절반을 약간 넘는 수준에 그치고 있어서 지지 정당에 따른 상당한 인식의 격차를 발견할 수 있다. 정작 민주당 지지자일수록 이민 이슈의 중요성을 낮게 평가한다는 것은 이민개혁과 관련한 논란이 2014년 내내 지속되었지만 정작 선거에서 투표선택을 가를 정도의 큰 영향을 끼치지는 않았을 가능성을 보여준다고 할 수 있다.

흥미로운 것은 이민개혁의 가장 직접적인 영향을 받는 집단인 히스패닉 유권자들 사이에서도 이민 이슈와 관련한 후보의 입장이 투표선택의 결정적인 요인이었다고는 할 수 없다는 점이다. 선거를 한 달여 앞두고 실시된 여론조사에 따르면 히스패닉 유권자의 절반 이상이—전체 유권자의 51%, 등록 유권자의 54%—가 다른 이슈들에 대한 입장이 대체로 자신과 일치한다

〈표 5〉 지지 정당에 따른 주요 이슈의 중요도(%)

	전체 응답자	공화당 지지자	민주당 지지자
경제	83	88	78
의료보험	77	75	80
테러리즘	75	87	67
재정 적자	65	81	52
외교정책	64	77	53
이민	62	73	52
경제적 불평등	57	42	70
환경	54	36	69
낙태	46	44	47
동성결혼	32	31	33

자료: Pew Research Center survey, 2014.09.02~09

면 이민정책에 대해서는 입장이 다른 후보에게도 투표하겠다고 응답했다(Lopez et al. 2014). 실제로 〈표 6〉이 보여주듯이 히스패닉 등록 유권자들 사이에서 가장 중요하게 인식된 이슈는 교육 및 경제로서 이민 이슈가 "굉장히" 혹은 "매우" 중요하다고 대답한 비율은 73%에 그치고 있다. 특히 이민 이슈와 관련해서는 히스패닉 유권자들 사이에서도 출생지에 따른 인식 차이가 상당히 커서 외국에서 태어난 이민 1세대의 경우 이민 이슈가 굉장히/매우 중요하다고 대답한 비율이 84%에 달하는 반면, 미국에서 태어난 이민 2세대 사이에서는 동일한 대답이 63%에 그치는 것으로 나타났다(Lopez et al. 2014).

더구나 상당수의 히스패닉 유권자들은 이민개혁 법안이 신속하게 처리되지 않고 있는 상황에 대한 책임이 반드시 공화당에게만 있다고는 생각하지 않는 것으로 나타났다. 비록 히스패닉 등록 유권자의 45%가 이민개혁 법안이 처리되지 않는 책임이 공화당에 있다고 대답하기는 했지만, 오바마 대통

〈표 6〉 히스패닉 등록 유권자들 사이에서 주요 이슈들의 중요도(%)

	굉장히 중요하다 ①	매우 중요하다 ②	①+②	다소 중요하다	별로 중요하지 않다
교육	49	42	92	5	3
경제/일자리	46	45	91	6	2
의료보험	40	46	86	9	4
이민	31	42	73	16	10
중동 분쟁	28	38	66	21	11

자료: Pew Research Center, 2014 National Survey of Latinos

령에게 책임이 있다는 응답(20%)과 민주당에게 책임이 있다는 응답(14%) 또한 상당히 높았다. 또한 이민개혁 법안이 의회를 통과하지 못하는 경우 행정명령을 통해서라도 불법이민자들의 강제추방을 유예하려던 오바마 대통령의 계획이 선거 이후로 연기된 것에 대한 반응에 있어서도 히스패닉 등록 유권자의 35%가 실망감 혹은 분노를 표시한 반면에 26%는 오히려 만족감 혹은 기쁨을 표함으로써 상당한 대비를 이루었다. 실제로 불법 이민자의 강제추방과 관련한 오바마 행정부의 정책에 대하여 히스패닉 유권자의 절반 이상이—전체 유권자의 63%, 등록 유권자의 55%—반대 의사를 표시하는 것으로 나타났다(Lopez et al. 2014).

물론 전통적으로 히스패닉 유권자들 사이에서 민주당에 대한 지지는 공화당에 대한 지지보다 2배 이상 높게 나타났으며, 오바마 대통령의 당선 이후 민주당과 공화당 사이의 격차는 더욱 벌어졌다. 그러나 이민개혁과 관련하여 오바마 대통령과 민주당에 대해 느끼는 실망감과 불만을 반영하듯이 히스패닉 유권자들 사이에서 민주당에 대해 일체감을 느끼는 비율은 2012년에 최고치를 기록한 이후 2014년에 이르면 다시 2010년 수준으로 하락했다. 반면에 공화당에 대해 일체감을 느끼는 히스패닉 유권자의 비율은 27%

〈그림 4〉 히스패닉 등록 유권자 중 정당일체감의 비율(%)

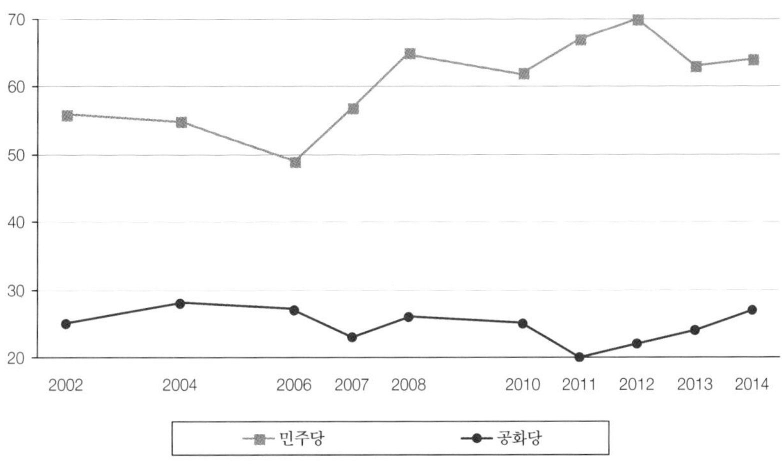

자료: Pew Research Center, National Surveys of Latinos, 2002~2014

〈그림 5〉 히스패닉 유권자에게 관심을 갖는 정당(%)

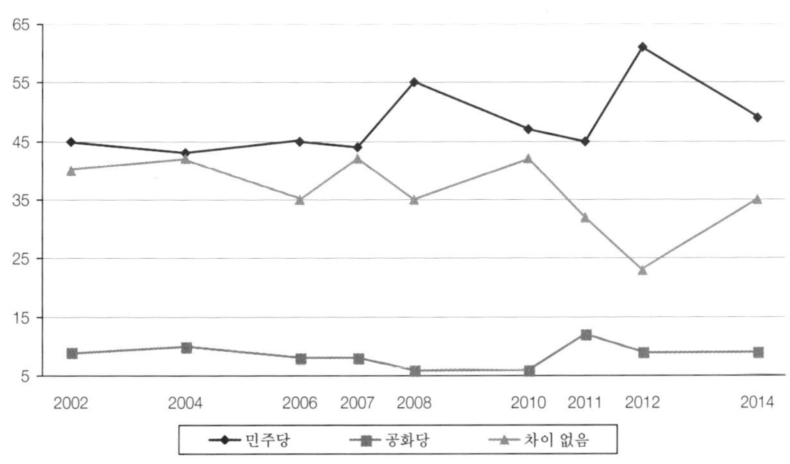

자료: Pew Research Center, National Surveys of Latinos, 2002~2014

〈그림 6〉 중간선거에서 인종별 민주당 하원 후보의 득표율(%)

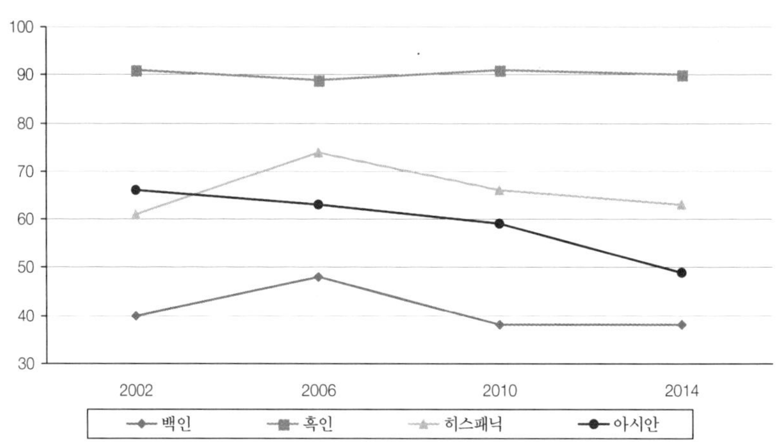

자료: 각 선거별 출구조사(*New York Times* 보도)

로 오히려 증가하여 히스패닉 유권자들을 동원하기 위한 공화당의 노력이 일정한 성과를 거두고 있다는 것을 보여주고 있다.

민주당과 공화당 중 어떤 정당이 히스패닉 유권자에게 더 관심을 가지고 있다고 생각하는가에 대한 응답 또한 정당일체감의 분포와 마찬가지의 패턴을 보여주고 있다. 비록 공화당에 비해 압도적 다수의 히스패닉 유권자들이 여전히 민주당이 그들에게 더 관심을 가지고 있다고 생각하고는 있지만, 그 비율은 이민개혁을 둘러싼 논란을 거치면서 오히려 하락하는 모습을 보이고 있다. 반면에 민주당이나 공화당이나 별다른 차이가 없다는 응답은 2012년보다 크게 증가하여 오히려 공화당이 히스패닉 유권자들에게 더 관심이 있다는 응답과 합치면 절반에 가까운 히스패닉 유권자들이 민주당의 정책에 대해 특별한 친화성을 찾지 못하고 있다는 것을 보여주고 있다.

결과적으로 2014년 중간선거의 출구조사에 따르면 하원 기준으로 히스패닉 유권자의 63%가 민주당 후보에게 투표한 것으로 나타났다. 사실 〈그림 6〉에서도 발견할 수 있듯이 2014년 중간선거의 인종별 투표행태는 최근 실시된 일련의 중간선거에서 지속적으로 발견되는 패턴에서 크게 벗어나지 않았다고 할 수 있다. 민주당 후보들은 흑인 유권자들 사이에서는 90% 안팎의 득표율을 꾸준히 기록하고 있는 반면에, 백인 유권자들의 38%만이 민주당 후보들에게 투표했다고 응답했다. 특히 눈에 띄는 것은 2000년대 중반 이후로 이민자들이 대다수를 이루는 히스패닉과 아시안 유권자들 사이에서 민주당 후보들의 득표율이 지속적으로 하락하고 있다는 사실이다. 히스패닉 유권자의 경우 민주당 후보에 대한 지지율이 2006년의 74%에서 10%p 이상 하락했으며, 아시안 유권자들 사이에서는 그 하락폭이 더욱 컸다. 즉 전통적으로 이민자들에게 보다 우호적이라고 인식되어 온 민주당이 히스패닉 유권자들과 아시안 유권자들에게 가지는 정치적 이점이 점차 약화되고 있으며, 2014년 한 해 동안 미국사회를 뜨겁게 달구었던 이민개혁 논란 또한 이러한 추세를 되돌리지는 못했다는 것이다.

VI. 결론

2014년 중간선거가 공화당의 승리로 마무리되고 얼마 지나지 않은 11월 20일 오바마 대통령은 시민권자와 영주권자 자녀를 둔 부모 등 최대 500만 명의 강제추방을 유예하는 이민개혁 행정명령을 발동했다. 그러나 공화당은 이러한 오바마 대통령의 행동이 법이 정한 대통령의 권한을 넘어서는 것이라며 극렬한 반대를 표출했다. 동시에 이민자 단체들을 비롯하여 그동안 이민개혁을 촉구해온 측에서는 오바마 대통령의 행정명령이 비록 때늦기는 했지만 의회를 통한 입법 가능성이 희박한 상황에서 불가피한 선택이었다고 지지를 표시했다. 결과적으로 이민개혁은 중간선거 이후에도 여전히 미국사회의 가장 첨예한 정치적 논란의 대상이 되고 있다. 당장 이민개혁 이슈는 국토안보부(Department of Homeland Security)의 2015년도 회계예산 처리와 연계되면서 부분적인 정부 폐쇄(shutdown)의 가능성까지를 포함하는 매우 현실적이면서도 심각한 갈등을 불러일으킨 바 있다.[2] 또한 2015년 2월 미국 연방지방법원은 텍사스를 비롯한 25개 주가 오바마 대통령의 행정명령이 적절한 법적 절차를 따르지 않았으며 불법이민자를 양산하여 주의 재정에 과도한 부담을 가한다며 제기한 위헌소송에 원고의 손을 들어주었다. 이로써 행정명령이 실제로 집행되는 것은 불가피하게 무기한 연기되었으며, 이민개혁을 둘러싼 정치적 논란은 새로운 국면으로 접어들었다.

본 장에서는 2014년 중간선거에서 이민개혁 이슈가 어떠한 맥락에서 의미를 가지게 되었으며 이에 대한 유권자들의 태도는 어떠했는지, 그리고 2014년 중간선거에서 이민개혁 이슈가 끼친 영향력을 간략히 살펴보았다. 비록 자료의 한계로 인해 보다 엄밀한 경험적 분석은 어려웠지만, 본 장의 논의에 비추어보면 이민개혁 이슈가 2014년 중간선거에서 크게 결정적인 이슈가 되었다고 하기는 어렵다. 물론 이민과 관련한 이슈가 가지는 독특한—이상한 동거관계를 불러오는—성격으로 인해 이 이슈가 특정한 선거에서 결정적인 영향을 끼치는 상황이 발생할 가능성은 오히려 낮아지는 측면도 있다. 그러나 동시에 이민 관련 이슈는 일정한 계기가 주어진다면 언제든지 폭발력 있는 사안으로 미국정치의 전면으로 등장할 수 있는 잠재력을 항상 가지고 있다고 할 수 있다. 이러한 맥락에서 공화당의 승리로 끝난 2014년 중간선거의 결과는 향후 이민개혁 논의에 있어 큰 방향을 결정짓는 데 상당한 영향을 미칠 것이며, 이민개혁 이슈는 2016년 대선을 향한 각 당의 전략적 선택과 맞물리면서 다시금 정치적 논쟁의 수면 위로 부상할 가능성이 높다. 이민개혁이라는 고장난 이민시스템을 수리하려는 노력이 어떻게 진행될 것인지, 오바마 행정부와 미국의회가 어떻게 지뢰밭 사이를 안전하게 운행할 것인지를 살펴보는 것은 단기적으로는 2016년 대선을 예측하는 것은 물론 장기적으로 미국 민주주의의 정치적·사회적 함의를 분석하는 데 큰 의미가 있을 것이다.

---

2) 물론 2015년 3월 3일 공화당이 주도하는 하원이 이민개혁 행정명령의 집행비를 건드리지 않은 채로 국토안보부의 예산안을 통과시킴으로써 이러한 갈등은 일단락되었다.

▮ 참고문헌 ▮

김연진. 2010. "제한주의적 이민 개혁의 패러독스: 1986년 이민법 개정과 신 이민 제한주의." 『미국사연구』 32집.

설동훈. 2007. "미국 의회의 이민법 개정 시도와 좌절, 2004-2007년(下)." 『법조』 616호. 286-318.

유성진·김희강·손병권. 2007. "2007년 미국 이민법 개정 논쟁: 과정과 합의 그리고 미국의 다원주의." 『미국학논집』 39권 3호.

정회옥. 2013. "2012년 미국 대선과 이민 이슈." 미국정치연구회 엮음. 『어게인 오바마: 2012년 미국 대선과 오바마의 재선』 서울: 도서출판 오름.

Freeman, Gary P. 2010. "Can Comprehensive Immigration Reform Be Both Liberal and Democratic?" *Society* Vol.47, No.2.

Lopez, Mark Hugo, Ana Gonzalez-Barrera, and Jens Manuel Krogstad. 2014. *Latino Support for Democrats Falls, But Democratic Advantage Remains.* Washington, DC: Pew Research Center. October.

Martin, Susan. 2009. "Waiting Games: The Politics of US Immigration Reform." *Current History*, Vol.108, Issue 717.

Pew Research Center. 2014a. *Surge of Central American Children Roils U.S. Immigration Debate.* Washington, D.C. July.

______. 2014b. *More Prioritize Border Security in Immigration Debate.* Washington, D.C. September.

Skrentny, John D., and Jane Lilly Lopez. 2013. "Obama's Immigration Reform: The Triumph of Executive Action." *Indiana Journal of Law and Social Equality*, Vol.2, Issue 1.

Tichenor, Daniel. 2002. *Dividing Lines: The Politics of Immigration Control in America.* Princeton: Princeton University Press.

______. 2008. "Strange Bedfellows: The Politics of Pathologies of Immigration Reform." *Labor Studies in Working-Class History of the Americans,*

Vol.5, Issue 2.

______. 2009. "Navigating an American Minefield: The Politics of Illegal Immigration." *The Forum*, Vol.7, Issue 3.

2014년 미국의 중간선거와 외교정책

권보람 | 한국국방연구원

Ⅰ. 서론

미국의 중간선거와 외교정책과의 관계에 대해 두 가지 통설이 있다. 첫째는 중간선거가 대통령에 대한 평가와 동일시되는 경향이 있기 때문에 그가 속한 정당에게 불리하다는 것이고 둘째는 중간선거에서 외교정책은 대통령 선거에서만큼 지대한 영향을 미치지 못한다는 것이다. 중간선거에서 국민들은 국제 이슈보다 국내정책과 지역 관심사, 혹은 후보자의 자질 문제를 더욱 중요시하는 경향이 있고, 선거 후보들도 이러한 유권자들의 성향을 잘 알기 때문에 지역구의 이익을 우선시하는 정치 캠페인을 벌인다. 그러나 이러한 통설에도 예외는 있었다. 첫 번째의 경우, 1998년 클린턴 대통령 집권기 중간선거에서 민주당이 하원 5석을 추가했고, 2002년 부시 대통령 집권기 중간선거에서 공화당이 하원 5석, 상원 2석을 추가해 상·하원의 다수당이 되었다. 두 번째의 경우, 부시 대통령의 '테러와의 전쟁'이 2002년 중간선거에서 공화당이 국민을 결집시켜 승리하는 결과를 낳은 반면, 2006년에 이라크 사태가 악화되면서 국민들의 불만이 증폭되어 중간선거에서 참패하는 결과가 발생했다.

그렇다면 2014년 중간선거와 외교정책 간의 관계는 어떤 특징을 보였을까? 결론부터 말하자면 이번 선거에서 여당인 민주당이 상·하 양원에서 소수당으로 전락해버렸고 외교·안보 현안이 역사적인 평균치보다 중요하게 부각되는 이변이 발생했다. 오바마 2기 행정부의 외교·안보 정책이 뚜렷한 성과를 내지 못한 가운데 우크라이나 사태, 이슬람국가(IS: Islamic State)의 도전, 에볼라 바이러스의 창궐과 같은 현안이 연쇄적으로 발생해 국가 안보에 대한 불확실성이 가중되었다. 이와 대조적으로 미국 정부가 국가 안보 수호의 목적으로 무력 사용을 최대한 피하고 비군사적 개입을 선호하는 소극적인 자세가 전면에 부각됨으로써 국민들의 주목을 받았다. 그 과정에서 미국민들이 안보 문제를 보다 근접한 이슈(in our backyard)로 인식하게 되었음에도 불구하고 오바마 행정부는 위기 시 국민들이 국가 중심으로 단결하는 효과(rally around the flag effect)를 누리지 못했다.

학자들은 그동안 외교정책과 선거가 의미 있는 인과관계를 맺고 있는지 여부에 대해 다양한 연구를 수행했는데, 그 중심에는 여론과 외교정책의 관계에 대한 연구가 있다. 1950년부터 1970년대 말까지 '알몬드-리프만 합의(Almond-Lippmann Consensus)'가 형성되었는데, 이는 여론은 변동이 심하기 때문에 효과적인 외교정책을 위한 안정적인 기반을 제공하지 못하고, 일관성과 구조를 결여하고 있으며, 외교정책에 결정적인 영향을 미치지 못한다는 대표적인 이론이었다. 그런 반면, 1980년대에는 일반국민들이 합리성에 기초하여 외교정책을 비교적 잘 이해하고 있기 때문에 국내정치 이슈뿐 아니라 대외정책에 대한 그들의 평가가 선거에서 의미 있는 영향을 미친다는 주장에 무게가 실렸다. 이때부터 외교정책이 대통령선거에 미치는 영향(Aldrich et al. 1989; Holsti 1992)과 그 매개로서 대통령 지지도와 '이슈 중요도(issue salience)'의 관계(Edwards et al. 1995)에 대한 다수의 연구가 배출되었고, 정치심리학과 다양한 양적 방법론의 발전에 힘입어 국민의 대외정책에 대한 인식이 투표 행위에 유의미한 영향을 미쳐 정책결정 과정에 반영된다는 주장에 대한 다양한 근거가 축적되었다(Aldrich et al. 2006). 사실, 미국과 같은 민주주의 국가에서는 대외정책과 선거의 관계를 쌍방의 인과관계로 규정짓는 것이 마땅하다. 곧, 외교정책 혹은 외교정책을 수행하는 지도자에 대한 유권자의 평가가 선거를 통해 정책의 방향성에 영향을 미칠 뿐 아니라, 선거 주기(cycle)를 의식한 실무자들과 후보자 간의 '정치(politics)'도 다양한 채널을 통해 외교정책에 반영될 수 있는 것이다.

현재까지 미국의 외교정책과 중간선거의 관계에 대한 연구는 제한적인데, 최근에는 선거에 대한 잠재적인(latent) 영향력을 행사할 수 있는 여론을 어떻게 활성화시키는지(public activation)에 대한 연구가 진행되고 있다. 그 예로 외교정책에 전문성을 가진 의원들(entrepreneur)의 정치활동이나 정치 엘리트 간 외교정책 논쟁에 대한 미디어 보도 방식을 중심으로 외교정책이 중간선거에 미친 영향을 분석한 연구가 있다(Powlock and Katz 1998; Trumbore 2013). 한편, 정당과 외교정책 간의 관계를 규명하는 연구들은 전통적으로 공화당이 국가 안보와 관련된 이슈와 밀접한 관련이 있고, 이러한 '이슈 소유권(issue ownership)' 때문에 국민들도 외교정책 분야에서는 공화당을 더 신뢰한다고 주장한다(Petrocik 1996). 그리고 공화당과 민주당 지지 유권자들이 각각 외교정책과 의원 후보를 다른 방식으로 연계시킴에 따라 양당 후보들이 선거 캠페인에서 대외정책을 차별적으로 활용한다는 연구 결과를 도출해냈다(Gadarian 2010).

본 장은 이러한 선행 연구를 바탕으로 미국 유권자들의 외교·안보 현안에 대한 인식이 2014년 중간선거에 미친 영향을 분석하고 어떤 조건에서 국제 현안이 선거 이슈로 쟁점화 되었는지를 살펴보는 데 의의가 있다. 이를 위해 II절에서 2014년 중간선거의 배경과 미국의 국내외 여건에 대한 국민들의 견해를 정리하고, III절에서는 2014년 중간선거에서 나타난 외교·안보 현안의 특성과 대표적인 사례들의 쟁점화 과정을 분석한다. IV절에서 이번 중간선거 결과를 바탕으로 향후 미국의 주요 외교정책을 전망하고 V절에서는 미국의 한반도 관련 정책에 대한 함의를 논의하면서 결론을 맺는다.

II. 2014년 중간선거의 배경과 국내외 여건에 대한 국민들의 견해

1. 2014년 중간선거의 배경

2014년 미국 중간선거는 2010년에 이어 오바마 2기 행정부의 정책 수행 방식과 업적에 대한 국민투표 혹은 신임투표의 성격을 띠고 있었다. 2010년에 민주당이 패한 원인은 취임 이후 2년 동안 경기를 부양시키고 의료보험 개혁과 금융개혁 같은 개혁입법을 통과시키고 미국의 대외적 이미지를 제고하는 등 다수의 국내외적 업적이 있었는데도 불구하고, 경제회복이 지지부진해 유권자에게 호소력을 발휘하지 못한 데에 있었다(손병권 2010). 이번 선거에서의 가장 큰 관심사는 어느 당이 상원의 다수당이 될 것인가의 문제였는데, 2008년 대선 당시 오바마 대통령이 국민과 약속한 경제회복 목표를 얼마나 달성했는지가 관건이 될 것으로 예상되었다. 이번 선거는 또한 대통령 연임 6년차에 실시되어 그동안 축적된 국민들의 실망감과 피로감에 의해 '집권 6년차의 징크스(six-year itch)'가 발동할 것으로 예상되어 대통령이 속한 민주당이 패할 가능성이 높았다.

이런 맥락에서 이번 중간선거는 2006년 부시 2기 행정부 때와 비슷한 상황에서 치러졌다. 당시 민주당은 상원의 5석, 하원의 30석을 추가해 양원에서 다수당이 되어 여소야대 구도를 형성했다. 공화당이 패한 원인은 석유가격과 약값 상승이라는 국내 경제적 측면도 있었지만, 이라크전쟁 처리 문제에 대한 국민들의 불만이 극대화되었던 것이 더 직접적이었다. 2006년 10월 27~31일 동안 NYT와 CBS 뉴스가 공동으로 주최한 여론조사에서 국민들은 이라크전쟁이 자신들의 투표에 가장 큰 영향을 미칠 것이라고 밝히고 과반수의 민주당뿐 아니라 공화당 지지자들도 정책의 변화를 요구했다.[1] 이때

1) Adam Nagourney, "With Election Driven by Iraq, Voters Want New Approach,"

〈그림 1〉 2009~2014 오바마 대통령의 지지도(%)

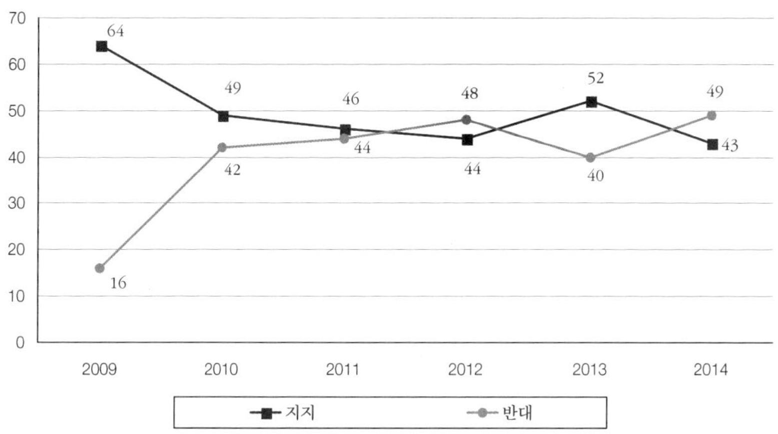

출처: Pew Research Center(July 21-August 5, 2010; January 28, 2014). 데이터는 매년 1월 국정연설 당시 오바마 대통령의 지지도를 나타냄

이라크전쟁에 대한 대중의 지지도와 부시 대통령에 대한 지지도 변화 추이가 높은 상관관계를 보였다(Jacobson 2007).

미 의회는 예산을 편성하거나 행정부에 대한 감시 기능을 수행함으로써 외교정책을 수립하고 집행하는 데에 기여하지만, 전통적으로 외교 및 군사 분야에서는 대통령의 고유 권한이 강하다는 인식이 있다. 따라서 중간선거에서는 대통령에 대한 국민의 지지도(approval rating)가 상당한 영향을 미친다. 〈그림 1〉을 보면, 2014년 오바마 대통령에 대한 지지도는 43%로 2009년 이래 가장 낮고, 반대하는 사람의 비율은 49%로 역대 최고를 기록하고 있다.

이번 중간선거에서는 오바마 행정부의 외교정책이 효과적이지 않다는 이유로 국내정책만큼 국민들의 주목을 받았다. 〈표 1〉에서 보여주듯, 오바마

The New York Times(2006.11.2).

〈표 1〉 오바마 대통령의 외교정책 전반에 대한 평가(%)

외교정책과 국가안보 부문에서 오바마 대통령에 대한 당신의 평가는?					
	2009년 6월	2010년 4월	2012년 9월	2013년 11월	2014년 8월
지나치게 강하다	2	2	2	5	3
충분히 강하지 않다	**38**	**47**	**41**	**51**	**54**
적당하다	51	41	42	37	36
모른다	8	10	15	6	7
합계	100	100	100	100	100

출처: Pew Research Center/USA Today(August 20~24, 2014)

대통령의 외교·안보 정책이 "충분히 강하지 않다(not tough enough)"라고 답한 국민의 비율은 2009년의 39%에서 2014년 8월에 54%까지 증가했고, "적당하다"라고 답한 응답자는 2009년 51%에서 2014년 36%로 감소했다.

〈표 2〉는 2014년 10월, 오바마 대통령의 외교정책 이슈별 지지도가 에볼라 바이러스 창궐에 대한 대응을 제외하고는 이슈별로 반대하는 비율보다 낮았음을 보여준다. 특히 이슬람국가(IS) 사태에 대한 대응과 외교정책이

〈표 2〉 2014년 오바마 대통령의 외교정책 이슈별 지지도(%)

이슈	지지	반대
에볼라	47	41
경제	41	52
테러리즘	41	49
이슬람국가(IS)	38	50
외교정책	34	54

출처: CBS 뉴스 여론조사(2014.10.23~27)

〈표 3〉 2013년 오바마 대통령의 외교정책 이슈별 지지도(%)

이슈	지지	반대	모름
테러리즘	**51**	**44**	**5**
기후변화	38	46	17
러시아	37	47	16
이란	37	53	10
국제무역	36	47	17
아프가니스탄	34	57	9
외교정책	34	56	10
이민정책	32	60	7
중국	30	52	18
시리아	30	57	13

출처: Pew Research Center('세계 속 미국의 위상 2013' 여론조사, 2013년 10월 말~11월 초)

가장 낮은 지지율을 보였다. 〈표 3〉에 의하면, 테러리즘에 대한 위협 해결을 제외하고는 국민들이 오바마 행정부가 잘 수행하고 있다고 인정하는 외교정책 부문은 없었다. 특히 아프가니스탄 전쟁과 시리아 사태에 대해 반대하는 응답자의 비율이 높았다.[2)]

〈그림 2〉는 국민들이 어떤 자세로 선거에 임하고 있는지에 대한 여론조사 결과이다. 2014년에 대통령을 지지하기 위해 투표하겠다는 유권자의 비율은 20%로 가장 낮았고, 대통령에 대한 반대 의사를 표명하겠다는 응답자는 전체의 32%, 자신의 투표가 대통령과 무관하다고 답한 사람이 45%를 차지했다. 이는 오바마 대통령이라는 인물이 중간선거에 미친 영향을 가늠해볼 수 있는 자료로서, 2010년 중간선거와 비슷한 수준이었음을 보여준다.

---

2) 2013년 10월 말~11월 초 퓨 리서치 센터가 실시한 "세계 속의 미국 위상" 설문조사 결과.

〈그림 2〉 중간선거에서의 투표 목적(%)

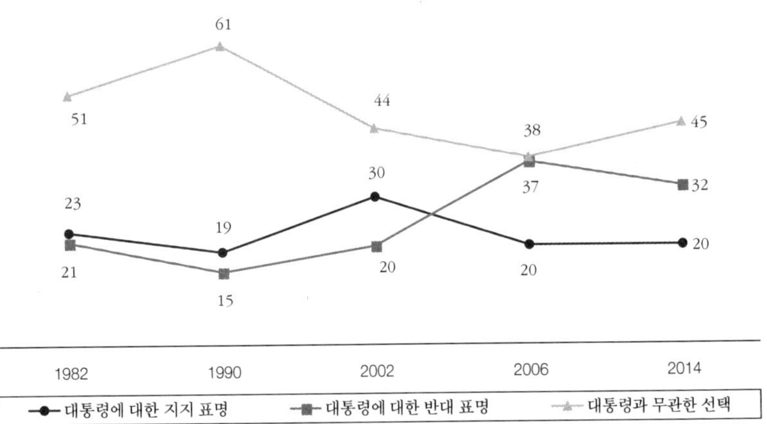

출처: Pew Research Center(October 15~20, 2014)

대통령을 지지하는 목적으로 투표권을 행사하겠다는 사람의 비율은 2006년과 동일하게 낮았고, 9·11 이후인 2002년의 결과보다 10% 정도 낮은 수준이었다. 대통령에 반대할 목적으로 투표하겠다는 응답자 비율은 2006년보다는 낮았지만, 2002년 이전보다는 높은 수준이었다.

2014년은 대통령뿐 아니라 의회에 대한 국민의 불신도 정점을 찍은 상태였다. 〈그림 3〉을 보면, 대다수 현직 의원의 재선을 바라지 않는다고 대답한 응답자가 전체의 68%이고, 자신의 지역구 의원의 재선을 바라지 않는다는 사람이 응답자는 35%이다. 이처럼 오바마 대통령의 외교정책 수행 방식이 부정적인 평가를 받는 가운데, 대통령을 지지하기 위한 목적으로 투표하는 유권자의 비율이 감소하고 중간선거 결과에 대해 큰 기대를 하지 않는 사람들이 많아지면서 민주당에게 불리한 선거 환경이 조성되었다.

공화당 지지 유권자들의 민주당 지지자들에 대한 불만이 가중되고 이들이 선거에서 투표할 확률이 더 높게 나타나면서 민주당에게 더욱 불리한 선거 환경이 조성되었다. 퓨 리서치 센터가 9월 9일~10월 3일 동안 실시한

〈그림 3〉 현직 의원에 대한 국민들의 높은 불신(%)

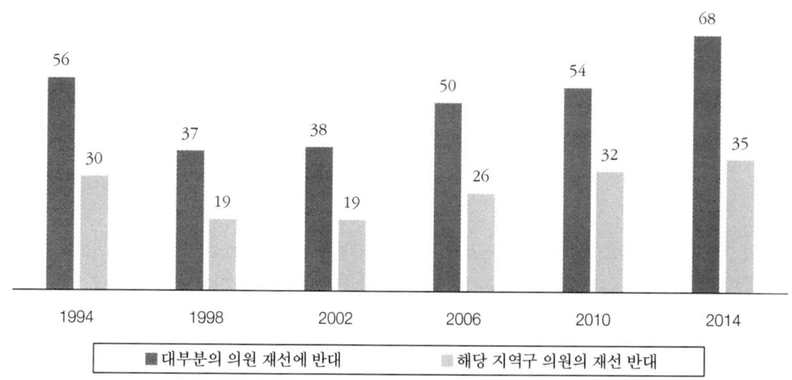

출처: Pew Research Center(October 15~20, 2014)

'미국의 트렌드' 패널 조사에서 민주당 지지 유권자들의 49%는 공화당에 대해 상당히 불만이 많다고 답했고 공화당 지지자들의 무려 65%는 민주당에 대해 상당히 불만이 많다고 답했다. 이에 따라 민주당 지지 유권자들의 37%가 투표하겠다고 답한 반면, 공화당 지지 유권자들의 49%가 투표할 의사를 밝혔다. 일반적으로 공화당 지지자들이 민주당 지지자들보다 선거에 대한 많은 관심과 강한 투표 의지를 보이는데, 2014년도 예외는 아니었음을 보여준다.

다음으로 외교정책 이슈별 국민의 신뢰도를 살펴보면, 민주당 후보보다는 공화당 후보에 대한 국민의 기대가 더 큰 것으로 나타났다. 〈표 4〉를 보면, 선거 직전인 2014년 10월, 테러리즘과 재정적자 문제를 공화당 후보자가 민주당 후보보다 더 잘 해결할 것이라고 답한 사람이 각각 47%와 48%로, 민주당 후보에 대한 기대보다 각각 17%, 15%나 더 높았다. 이러한 결과 배후에는 중도성향의 정치인이 감소하고 당내 결집력이 강해지는 '정치적 양극화(polarization)'의 심화, 그리고 일반국민 사이에서도 뚜렷해지고 있는 이념적 양극화 현상이 있었다. 2014년 6월, 퓨 리서치 센터 여론조사에

〈표 4〉 공화당 후보자의 비교 우위(%)

각 이슈에 대해 어느 정당이 더 효과적으로 일을 추진할 것으로 생각하는가?			
이슈	공화당 후보자	민주당 후보자	차이
테러리즘	47	30	공화당 +17
재정적자	48	33	공화당 +15
경제	44	38	공화당 +6
이민정책	44	39	공화당 +5
의료보험	40	46	민주당 +6

출처: Pew Research Center(October 15~20, 2014)

의하면, 평균적 민주당 지지 유권자보다 보수적인 색채가 강한 공화당 지지 유권자는 1994년 64%였지만 2014년에는 무려 92%까지 증가했다. 반대로 평균적 공화당 지지 유권자보다 진보적 색채가 강한 민주당 지지 유권자는 1994년 70%에서 2014년 94%로 증가했다.[3)]

동 기관에서 10월에 실시한 조사에 의하면, 투표할 의사가 있는 유권자들이 전체 유권자보다 이념적으로 더 양극화되어 있었다.[4)] 〈그림 4〉를 보면, 투표할 가능성이 높은 유권자 중 자신이 일관적으로 자유주의적 성향을 가지고 있다고 답한 비율은 19%, 자신이 일관적으로 보수주의적 성향이라고 답한 비율은 17%로, 일반대중의 각각 13%, 9%보다 높았다. 이념적으로 중도인 유권자의 비율도 투표할 가능성 높은 유권자들의 비율(24%)이 전체 유권자의 비율(39%)보다 낮았다. 이는 일관적으로 보수적이거나 자유주의적인 성향을 가진 유권자들이 중도 성향의 유권자들보다 투표할 가능성이

3) "Political Polarization in the American Public: How Increasingly Ideological Uniformity and Partisan Antipathy Affect Politics, Compromise and Everyday Life," Pew Research Center, June 2014.

4) "Political Polarization in Action: Insights into the 2014 Election from the American Trends Panel," October 2014.

〈그림 4〉 투표할 가능성 높은 유권자들의 정치적 양극화 심화(%)

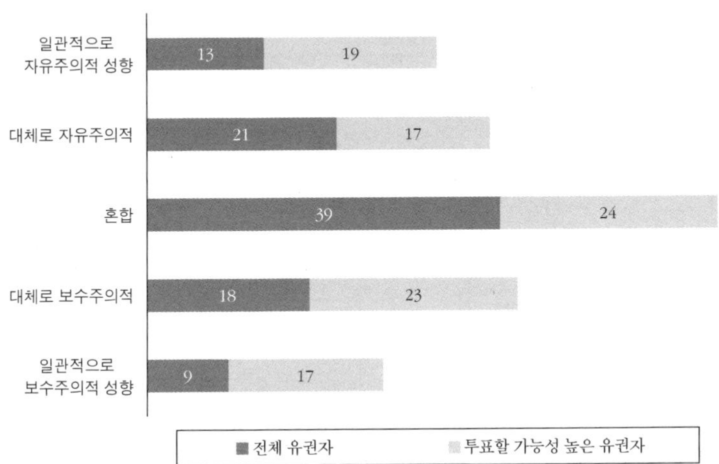

출처: Pew Research Center(American Trends Panel, Sept. 9~Oct. 3, 2014)

높았음을 의미한다.

2. 미국의 국내외 여건에 대한 국민들의 인식

1) 국내 여건에 대한 국민들의 인식

2014년 중간선거 직전 주요 경제지표들을 살펴보면, 2010년 이래 국내 경제 상황이 상당히 호전되었음을 알 수 있다. 2010년부터 실업률이 점차 감소하여 9% 이상이었던 수치가 2014년 9월 기준 5.9%로 하락했고, 2008년, 2011년에 각각 마이너스를 기록했던 GDP 성장률도 플러스로 진입해 2014년 8월 기준 3.9%를 기록했다. 미국 국민들에게 유독 중요한 석유 가격도 꾸준히 하락하고 있는 추세인데, 2014년 12월 기준, 배럴당 70달러까지 떨어졌다.[5]

퓨 리서치 센터가 2014년 10월 15~20일 동안 실시한 여론조사에서 국민

〈표 5〉 경제 상황에 대한 인식

	2009	2014
최상	4	21
최악	71	33
그저 그렇다	24	45

출처: Pew Research Center(October 15~20, 2014)

들은 세계 금융위기 직후인 2009년보다 현재의 경제 상황을 긍정적으로 평가했다. 〈표 5〉를 보면, 2009년에 경제가 최상이라고 인식한 사람은 전체의 4%, 최악이라고 본 사람은 71%, 그저 그렇다는 사람은 전체의 24%였다.

〈그림 5〉 갤럽의 경제신뢰지표 — 월별 평균(%)

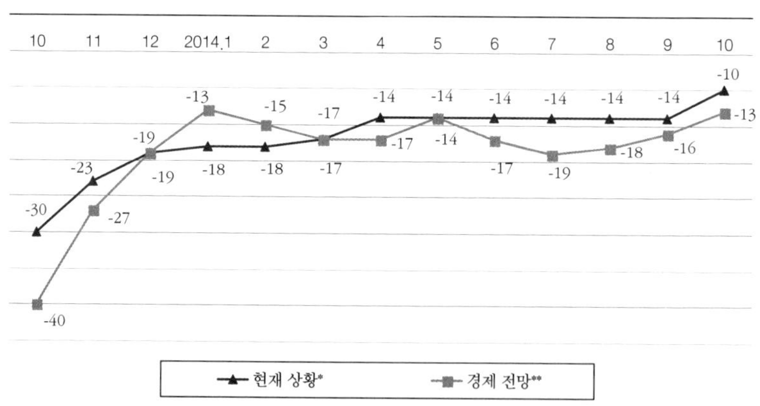

출처: Gallup Daily Tracking(October 2013-October 2014)
* %(Excellent+Good)-%Poor
** %Getting better-%Getting worse

5) "In a bind: Will falling oil prices curb America's shale boom?" *The Economist*, December 6, 2014.

〈표 6〉 경제 이슈를 가장 중요하다고 보는 응답자의 비율(%)

연도	중간선거 앞두고 경제 이슈를 가장 중요하다고 보는 응답자의 비율
1998	27
2002	29
2006	19
2010	69
2014	44

출처: 갤럽 여론조사 2014.6.5~8일, 2014년 6월, 그리고 해당 연도 중간선거 직전의 데이터를 활용하여 작성

이에 비해 2014년에 경제가 최상이라고 본 사람의 비중은 21%로 증가했고, 최악의 상황이라고 인식하는 사람은 33%로 감소했으며, 경제가 그저 그렇다는 사람은 45%로 증가했다.

갤럽(Gallup)에서 발표하는 경제신뢰지표(Economic Confidence Index)는 미국인들의 현재 경제 상황 평가와 향후 경제 전망에 대한 평가의 평균을 구한 값으로 2008년부터 매일 기록해 왔다. 〈그림 5〉에 나타나듯, 현재 경제 상황 평가는 2013년 10월부터 2014년까지 점차 호전되었다가 4월부터 변동 없이 －14선을 유지했다. 경제신뢰지표는 2014년 9월을 기점으로 상승했고, 경제 전망에 대한 평가도 2014년 7월부터 안정적인 상승세를 보이고 있다.

이처럼 국내 경제 상황에 대한 국민들의 평가가 호전되었음에도 불구하고, 11월에 선거를 앞둔 이들은 경제 이슈에 여전히 많은 관심을 보였다. 〈표 6〉에서 나타나듯, 2014년 6월 5~8일 동안 갤럽에서 실시한 여론 조사에 따르면 응답자의 44%가 경제 이슈가 이번 선거에서 가장 중요하다고 답했는데, 이는 과거 1998년, 2002년, 그리고 2006년보다 높은 수준이었다. 다만, 그 수치가 69%에 달했던 2010년보다는 상당히 줄어든 것으로 보아, 2014년에는 경제상황이 그만큼 호전된 것으로 인식되고 있음을 알 수 있다.[6]

2) 국외 여건에 대한 국민들의 인식

시카고국제문제연구소(The Chicago Council on Global Affairs)는 2014년 5월 6~29일 동안 "긴축 시대의 외교정책(Foreign Policy in the Age of Retrenchment 2014)"이라는 주제로 설문조사를 실시했다.[7] 설문 문항은 미국의 글로벌 지도자로서의 역할, 군사력을 통한 대외개입, 그리고 억지력, 무역 및 외교 이슈를 중심으로 구성되었는데, 핵심 내용은 다음과 같다.

첫째, 미 국민들은 미국이 국제 문제에 적극적으로 관여할 것을 일관성 있게 지지한다. 특히 비군사적 수단을 동원한 개입에 대한 지지도가 증가했다. 국제 문제에 개입하지 않아야 한다는 의견은 이라크와 아프가니스탄전쟁에 대한 비판, 위협 인식의 감소, 국내 문제에 주력하고자 하는 의지, 그리고 이 문제에 대한 공화당 지지자들 간 이견과 연관되어 있다. 미 국민들이 어떤 방식으로 개입할 것인지에 대해서는 신중한 태도를 보이나, 극도의 위기나 인도주의적 위기 상황에 대해서는 개입을 요구한다.

둘째, 미 국민들은 국제 문제에 관여하는 데에는 관대하나 군사적 개입은 원하지 않고, 특히 지상군 파병에 대해서 민감하다. 이러한 성향은 꾸준히 이어져 왔다. 군사력을 동원한 개입을 허용하는 경우는 자신들에게 직접적인 위협이 느껴지지 않을 때, 비용과 위험부담이 상대적으로 낮을 때에 한해서이다. 반면, 미 국민들은 강한 동맹, 무역 협정과 국제 조약, 제재의 전략적 사용과 외교를 통한 비군사적 개입에 대해서는 상당히 호의적이다. 이는 국제 문제에의 개입을 꺼려하는 사람들도 지지하는 바이나, 이들은 군사적, 경제적 원조는 반대한다.

셋째, 1974년에 첫 설문조사를 실시한 시카고국제문제연구소 역사상 처음으로 공화당 지지자들이 민주당 지지자들보다 미국의 국제 개입에 덜 적극적

---

6) http://www.gallup.com/poll/171671/key-midterm-election-indicators-near-historical-lows.aspx

7) Dina Smeltz, Ivo Daalder and Craig Kafura, "Foreign Policy in the Age of Retrenchment," *The Chicago Council on Global Affairs*(2014). 이 설문조사는 성인 2,108명을 대상으로 실시했다.

이었다. 무당파들도 미국이 국제 문제에 개입하지 않는 것을 희망하는 추세이다.

넷째, 미국인들은 군사력을 동원한 대외개입은 꺼려도 미국이 군사적 우위를 유지해야 한다는 입장이고, 장기적인 해외주둔을 지속적으로 지지한다. 이라크와 아프가니스탄전쟁에 비판적이기는 하나, 국방 예산을 대폭 줄이자고 주장하지 않는다.

이하에서는 중간선거 전 미국의 리더십과 국제 문제에 대한 개입에 대한 국민들의 견해를 여론조사 결과를 통해 보다 구체적으로 살펴본다. 여론조사에 대한 여러 가지 비판이 있음에도 불구하고 자료를 활용하는 것은, 이것이 특정 시점에서 다양한 이슈에 대한 대상자들의 견해를 축적할 수 있는 수단이며, 특히 여러 해 동안 이어져 온 공신력 있는 기관의 조사는 선거결과를 예측하고 분석하는 데 유용한 데이터를 제공해 주기 때문이다.[8] 이하의 내용은 설문조사의 타당성을 검증하는 차원에서 2014년 시카고국제문제연구소의 설문조사 결과와 2013년 10월 30일~11월 6일 동안 퓨 리서치 센터가 "세계 속 미국의 위상(America's Place in the World 2013)"이라는 제목으로 실시한 설문조사 결과와 비교하여 분석한 것이다.[9]

우선, 미국의 리더십에 대한 국민의 견해를 살펴보겠다. 〈표 7〉을 보면, 미국이 10년 전에 비해 세계 리더로서 덜 중요한 역할을 수행한다고 답한 사람은 전체의 48%였고, 더 중요한 역할을 맡고 있다고 답한 사람은 21%였다. 이는 미국이 상당히 중요한 역할을 한다고 답한 사람이 전체의 55%에 달했던 2002년과 대조적인 결과로, 2013년 퓨 리서치 센터 여론조사도 비

8) 설문조사 결과를 공식적으로 발표하는 과정에서 해당 기관의 주관이 다소 투영될 수 있어 같은 데이터를 보고도 해석이 다를 수 있다. 설문지의 질문을 작성할 때의 워딩(wording)에 따라 응답자들의 반응이 달라질 가능성도 없지 않다. Stephen Walt, "Survey Says," *Foreign Policy*, September 26, 2014.

9) Michael Dimock, Carroll Doherty and Juliana M. Horowitz, "America's Place in the World 2013," Pew Research Center, 2013. 이 설문조사는 본래 성인 2,003명과 외교협회(Council on Foreign Relations) 회원 1,838명을 대상으로 실시했는데, 여기서는 전문가가 아닌 일반국민들의 견해를 중심으로 살펴보겠다.

〈표 7〉 10년 전과 비교한 미국의 리더십(%)

10년 전에 비하여 미국의 리더로서의 역할은 어떻게 평가할 수 있는가?			
	중요성 증대	중요성 감소	변화 없음
2014	21	48	30
2012	24	43	32
2010	24	38	37
2002	55	17	25
1998	50	19	27
1994	47	26	24
1990	37	35	24
1986	41	26	29
1982	27	44	24
1978	29	41	24
1974	28	38	27

출처: Chicago Council on Global Affairs

슷한 추세를 보여주었다. 〈그림 6〉을 보면, 2004년에 미국이 10년 전보다 더 중요하고 강하다고 답한 사람이 전체의 45%였다면, 2013년에는 17%에 지나지 않았다. 반대로 미국이 10년 전보다 덜 중요하고 약해졌다고 답한 사람은 2004년 20%에서 2013년에는 53%로 크게 증가했다.

미국의 국제 문제 개입에 대한 국민의 견해는 다음과 같았다. 2013년 퓨 리서치 센터 설문조사에서 "미국은 다른 국가들이 각자의 문제를 자체적으로 해결할 수 있도록 관여하지 말아야 한다"는 항목에 동의한 사람은 52%였고, "미국은 국제적 차원을 과도하게 생각하지 말고 국내 문제에 주력하며 미국의 국력과 번영을 증대시키기 위해 노력해야 한다"는 항목에 찬성한 사람은 80%에 달했다. 이러한 성향은 2004년부터 꾸준히 강화되었다. 역사적

〈그림 6〉 미국의 글로벌 리더십에 대한 인식

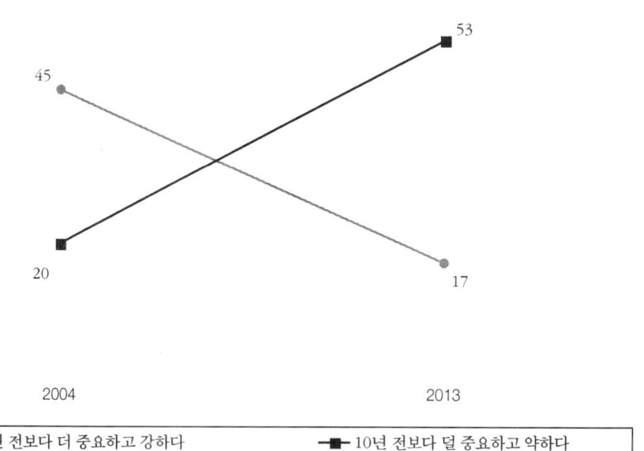

출처: Pew Research Center

으로 보았을 때, 오늘날 국제 개입에 대한 미국 국민들의 지지도는 과거보다 낮아진 것은 사실이고, 찬성과 반대 간 격차도 줄어들었다. 그러나 이는 9·11 테러 사건 이후 국민들의 국제 개입에 대한 의지가 절정에 달했던 2001년 이전의 수준으로 수렴하는 과정이지, 지지도가 절대적으로 떨어진 결과는 아니다. 퓨 리서치 센터의 설문조사에 따르면 일반국민과 외교정책 분야 전문가들 간 의견차가 존재한다. 〈표 8〉에서 "미국이 국제 문제 해결을 위해 지나치게 많은 역할을 하고 있다"고 보는 일반국민은 51%인 반면, 외교협회 회원들은 21%였다. 한편, "미국이 수행하는 역할이 부족하다"고 본 일반국민은 17%, 외교협회 회원은 41%였다. 미국이 적절하게 관여하고 있다고 보는 사람들까지 고려했을 때, 일반국민은 미국의 국제 문제 개입을 줄이기를 바라고 전문가들은 확대하기를 바라고 있는 모습이다.

2014년 미국의 국제 문제 개입에 대한 공화당 지지 유권자, 민주당 지지 유권자 그리고 무당파의 지지도는 예상 밖의 결과를 보여주었다. 시카고국

〈표 8〉 미국의 국제 문제 개입에 대한 일반인과 전문가 의견 비교(%)

국제 문제를 해결하기 위한 미국의 개입 정도에 대한 평가는?			
	일반국민	외교협회 회원	차이
지나치다	51	21	일반 +30
불충분하다	17	41	전문가 +24
적당하다	28	35	전문가 +7
모른다/무응답	4	3	일반 +1
합계	100	100	

출처: Pew Research Center

제문제연구소 설문조사 중 "미국의 미래를 위해 국제 문제에 적극적으로 참여하는 것이 최선인가 개입을 하지 않는 것이 최선인가?"라는 질문에 대해 공화당 지지 유권자의 40%가 개입에 반대했고, 이는 민주당 지지 유권자 중 개입에 반대하는 35%보다 높았던 것이다. 40년 된 설문조사 역사상 민주당 지지자들보다 공화당 지지자들이 개입을 더 선호한 경우는 이번이 처음이었다. 공화당 지지자들과 무당파의 국제 문제에 대한 개입 지지도는 각각

〈표 9〉 미국의 국제 문제 해결에 대한 당파적 지지도

글로벌 문제를 해결하기 위한, 미국의 개입 정도에 대한 평가는?			
	공화당 지지 유권자	민주당 지지 유권자	무당파
지나치다	52	46	55
부족하다	18	15	18
적당하다	26	36	24
모른다/무응답	4	3	3
합계	100	100	100

출처: Pew Research Center

〈표 10〉 미국의 대외정책 목표

순위	이슈	순위	이슈
1	미국 노동자들의 일자리 보호	9	국제 기아 문제 해결
2	외국산 석유에 대한 미국의 의존도 감소	10	기후변화 최소화
3	핵무기 확산 예방	11	동맹국의 안보 방어
4	충분한 양의 에너지 확보	12	유엔의 강화
5	**국제 테러리즘 척결**	13	타국의 인권 보호 및 증진
6	세계적인 군사력 우위 유지	14	외부 공격으로부터의 약소국 보호
7	불법이민 통제 및 축소	15	타국의 민주 정부 수립 지원
8	해외 미국인 기업 이익 보호		

출처: Chicago Council on Global Affairs, 2014.8, p.22

2006년과 2010년을 기점으로 지속적이고 급격하게 떨어지는 추세이다. 2006년에 비해 공화당 지지자들의 대외개입 반대 비율은 20%에서 40%로 두 배 증가했다. 한편, 〈표 9〉에 나타나듯, 2013년 퓨 리서치 센터 설문조사에서 이미 미국이 국제 문제에 지나치게 개입한다는 견해를 갖는 공화당 지지 유권자들(52%)이 민주당 지지 유권자들(46%)보다 많다는 결과가 도출된 바, 이 무렵부터 이러한 현상이 시작되었을 가능성이 있다.

〈표 10〉을 보면, 시카고국제문제연구소에서 대외정책 목표에 대한 조사를 한 결과, 테러리즘에 대한 경각심은 높았으나, 기타 중동, 러시아, 아시아 지역의 안보 이슈는 중요하게 인식하지 않았다. 〈그림 7〉을 보면, 2002년을 기점으로 테러리즘 척결이라는 정책의 우선순위가 초당적으로 급격히 감소하는 추세이다. 그중 공화당 지지 유권자들의 중요도 인식이 가장 많이 하락했는데, 2014년에는 1998년 이래 처음으로 민주당 지지 유권자들의 중요도 인식보다 낮았다. 〈그림 8〉에 따르면, 2014년 일반국민이 테러리즘에

〈그림 7〉 대테러전의 중요성에 대한 인식(%)

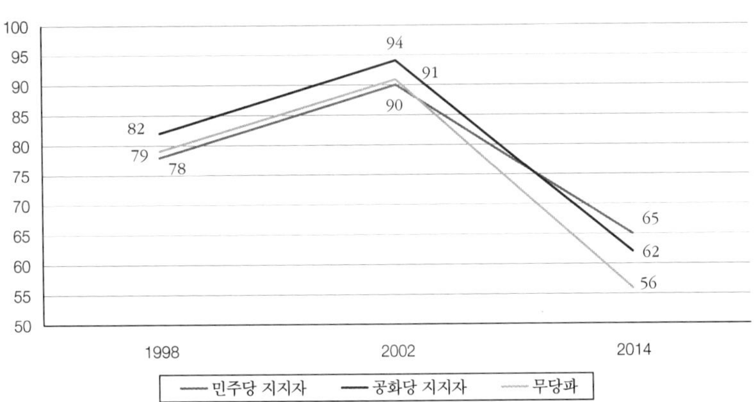

대응하는 수단으로 선호하는 순위는 테러리스트 훈련 캠프 공습(71%), 테러 리더 암살(70%), 그리고 미군의 지상군 공격(56%)이었다. 특히 지상군 투입에 대한 거부감은 2010년부터 2012년 사이에 증대되었고, 최근 2년 동안

〈그림 8〉 테러리즘에 대응하는 정책수단의 우선순위(%)

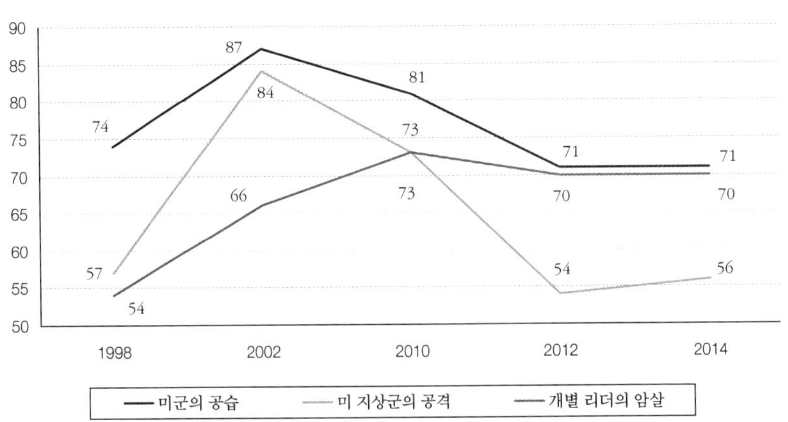

〈그림 9〉 국방비 지출에 대한 견해(%)

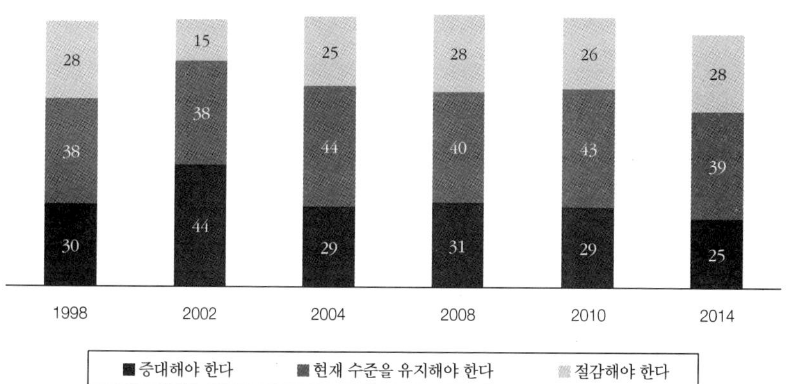

출처: Chicago Council on Global Affairs

지지도는 2% 남짓 상승했다.

2014년 시카고국제문제연구소 조사에 따르면 미국의 일반국민들은 군사적 개입에는 동조하지 않는 편이지만, 여전히 과반수에게 미국이 군사적 우위를 유지하는 것이 외교정책의 가장 중요한 목표였다(52%). 또한 과반수가 미군의 장기 해외주둔을 지지했는데, 부대 수를 늘려야 한다는 응답자는 59%, 현재 수준을 유지해야 한다는 응답자는 12%이다. 국민들이 이라크와 아프가니스탄전쟁에 비판적이기는 하나, 국방비 지출과 관련해서도 호의적인 편이었다. 〈그림 9〉를 보면, 2014년에 국방비 지출을 늘려야 한다고 생각하는 사람의 비율은 25%, 현재 수준을 유지해야 한다는 사람의 비율은 39%로 삭감을 요구하는 28%보다 높았다. 이처럼 응답자들이 미국의 군사적인 대외개입은 꺼려하면서도 해외 장기 주둔을 원하고 국방비 지출 수준도 유지하기를 바라는 것으로 보아, 미 국민은 여전히 '강한 미국'을 원하는 것으로 보인다.

III. 2014년 미국 중간선거에서 나타난 주요 외교·안보 현안의 특성과 쟁점

2014년 5월, CNN이 2014년 중간선거의 와일드 카드인 글로벌 핫스팟(global hot spots), 곧 러시아, 시리아, 이란 등과 관련된 변수가 민주당의 입지를 약화시킬 것이라고 전망[10]한 데에 이어, 마침내 9월에는 월스트리트 저널(*Wall Street Journal*)이 "외교정책이 중간선거의 와일드 카드"라고 단정 짓기에 이르렀다.[11] 외교정책이 중간선거에 유의미한 영향을 미치지 못한다는 것이 중론이지만, 2014년 한해 동안 발생한 외교·안보 현안은 선거에서 주요 이슈로 부각되어 결과에 영향을 끼친 것으로 보인다. 앞서 II절에서 살펴보았듯, 그 배경에는 대통령과 의회에 대한 국민의 신뢰 저하, 경제가 회복되고 있음에도 여전히 선거에서 가장 중요한 이슈로 꼽히는 경제 문제, 미국의 글로벌 리더십이 약화되었다고 인식하고 국제 문제에 대한 미국의 과도한 개입을 반대하는 여론, 그러면서도 미국이 세계에서 군사적 우위를 유지하기를 원하는 국민이 있었다.

2014년에는 이란과 북한의 핵 문제, 중국의 부상으로 인한 아태지역 내 미중 경쟁구도 가열 등 예전부터 지속되는 문제에 더해, 러시아의 크림반도 합병과 우크라이나 사태, 수니파 이슬람 극단주의 무장단체인 이슬람국가(IS)의 등장, 에볼라 바이러스 확산과 같이 예기치 못한 새로운 이슈들이 뉴스 헤드라인을 장식했다. 특히, 상당히 짧은 기간 내에 전문가들조차 예측하지 못한 안보 현안이 연달아 발생해 "축적되는 효과(pile on effect),"가 있었고 각각 인명 피해를 발생시키며 빠른 속도로 전개되면서 국민들의 위기의식을 더욱 고조시켰다. 예전에 "안보"라는 개념이 민주당에게 유리한

10) Paul Steinhauser, "6 factors that will influence the midterms," CNN, May 2, 2014.

11) Janet Hook and Colleen M. Nelson, "Foreign Policy Is Wildcard in U.S. Midterm Elections," *The Wall Street Journal*, September 10, 2014.

"임금, 사회, 식량"과 연계되어 인식되었다면, 이번 선거에서는 "국가, 재정, 국경"과 같은 전통적 안보 이슈와 연계되어 공화당에게 보다 유리한 분위기(mood)가 조성되었다.[12)]

- **러시아의 크림반도 합병과 우크라이나 사태:** 2013년 11월 21일, 우크라이나의 야누코비치 (전)대통령이 유럽연합(EU)과 추진하던 무역 협정체결을 중단하겠다고 발표했다. 이는 유혈사태로 이어져 많은 사상자가 발생했고, 우크라이나 의회가 대통령을 탄핵한 후 그가 도주함으로써 유로마이단(Euro Maidan) 혁명[13)]이 완성되었다(2014년 2월 21일). 러시아군이 무장병력을 투입해 크림반도의 주요 시설들을 점령한 2월 27일부터 푸틴 대통령이 크림반도 합병을 완성시킨 3월 18일까지, 4개월이 채 걸리지 않았다.

- **이슬람국가(IS)의 도전:** 2014년 6월 10일, 이라크 정부군과 반군 간 충돌은 IS가 모술시(Mosul)와 인근 유전지대까지 장악하면서 격화되었다. 두 달 후인 8월 7일, 미국은 이라크 반군에 대한 선별적 공습과 인도적 지원을 승인했다. 오바마 대통령은 9월 10일에 IS 대응 관련 종합 전략을 발표하여 전면전 혹은 지상군의 전면 투입을 배제하는 한편, 동맹군 형태의 공동작전을 추구한다고 밝혔다. 이러한 조치는 8월, IS에 의해 미국인 제임스 폴리가 참수되고 9월 초에 또 한 명의 미국인 스티븐 소틀로프가 같은 방식으로 살해된 후의 일이었다.

- **에볼라 바이러스 창궐:** 에볼라 바이러스에 감염된 첫 환자가 3월, 기니에서 발생해 주변 국가들로 빠르게 확산되었는데, 그해 8월 유엔 보건기구에서는 '국제적 공공 보건 긴급상황(international public health emergency)'을 선포했다. 10월 초까지 70회의 에볼라 바이러스 감염 사례가 집계되었고, 43명의 환자가 사망했다.[14)] 세계보건기구(WHO)에 따르면, 2014년 12월 기준, 서아

---

12) "2014 Midterms: Global is the New Local," from Duke Election Series: The Issues. Their Impact. Our Ideas. Duke University. Federal Relations. Office of Public Affairs and Government Relations. https://federalrelations.duke.edu/2014-midterms-global-is-the-new-local/

13) 'Euro + Maidan'은 우크라이나어로 독립을 뜻한다.

14) http://www.bbc.com/news/world-africa-28755033

프리카 지역의 기니, 라이베리아, 시에라리온, 나이지리아, 세네갈, 말리에서 총 20,263건의 감염사례가 보고되었고, 이 중 7,903명이 사망했다(변웅 2015).

〈표 11〉은 2014년 미국 주요 외교·안보 현안의 전개 과정을 보여준다. 이는 사실상 전적으로 미국이 책임져야 할 문제도, 책임질 수 있는 문제들도 아니었지만, 대내외적으로 불리한 여건하에서도 여전히 '강한 미국'을 기대하고 빠른 속도로 진행되는 다양한 글로벌 현안에 대해 혼란스러워하는 국민들은 정부의 소극적인 대응과 그것을 정치적으로 이용하는 야당 캠페인의 영향을 받아 대통령의 리더십과 여당의 역량을 부정적으로 평가했을 가능성이 높다. 국제 문제보다는 국내 문제에 주력해야 한다는 요구가 많은 현실과 대조적으로, 최근 갤럽 여론조사에 의하면 글로벌 경제위기가 발발한 2008년부터 2013년까지 미국인의 60% 이상은 지속적으로 미국이 세계 1위의 군사력을 유지하는 것이 중요하다는 입장이다.[15] 또한 2014년 8월 NBC News/Wall Street Journal 여론조사 결과에 의하면, 미국 국민들의 30~40%는 러시아와 우크라이나 간 갈등이나 이라크에서의 IS 세력 확대와 같은 현안에 대해 충분히 알지 못하기 때문에 만족, 불만족을 표현할 수 없다고 시인했다.[16]

이 절에서는 2014년 중간선거에서 부각된 외교·안보 현안의 특성과 쟁점을 분석한다. 특히, 대표적인 두 현안인 러시아의 크림반도 합병 및 우크라이나 사태, 이슬람국가(IS)에 대한 현 정부의 대응에 대한 미국 국민들의 평가가 어떻게 변해왔는지 살펴보도록 하겠다.

15) Andrew Dugan, "Slightly More Americans Say U.S. Is No.1 Military Power," Gallup, February 20, 2015.

16) NBC News/Wall Street Journal poll(July 30-August 3, 2014). http://online.wsj.com/public/resources/documents/WSJNBCpoll08062014.pdf, Q18.

〈표 11〉 2014년 외교·안보 현안의 월별 진행상황

월	러시아의 크림반도 합병 및 우크라이나 사태	이슬람국가(IS)의 도전	에볼라 바이러스 창궐
2	(20~21일) 키에프에서 시위자 88명 사망 (27일) 친러 반군이 크림반도에 있는 정부청사를 점령. 의회는 친러파인 야크시노프를 총리로 임명		
3	(1일) 크림반도에 거주하는 러시아인을 보호하기 위해 러시아 의회가 푸틴 대통령의 무력사용을 허가 (6일) 투표를 통해 크림 의회가 러시아에 편입하기로 결정 (16일) 크림반도 주민들이 국민 투표에서 우크라이나로부터의 분리·독립을 선택 (17일) 크림 의회가 공식적으로 독립을 선언, 러시아 편입을 공식 요청 (18일) 러시아-크림공화국 합병 조약 체결 (28일) 미국이 우크라이나 동부 접경지역에 주둔한 러시아군의 철수 요청		서아프리카의 기니에서 에볼라 바이러스에 감염된 첫 환자 발생 (31일) 라이베리아로 확산
4	푸틴 대통령이 러시아군의 부분적 철수를 지시했다고 하나, 철수하는 기미가 없음. NATO가 러시아와의 협력 중단 (10일) 러시아는 우크라이나로의 가스 공급 중단을 위협, 유럽 국가들에게 영향을 미칠 수 있다고 경고		

5	(12일) 친러 분리 독립자들이 국민투표를 실시, 우크라이나 동부 도네츠크·루간스크 독립 선언 (25일) 우크라이나 대통령 선거 실시		(27일) 에볼라 바이러스 시에라리온 확산 확인
6		(10일) 이슬람국가(IS), 이라크 모술 장악, 이라크 정부군과 반군 간 충돌 격화 (19일) 오바마 대통령, 이라크 사태 관련 기자회견에서 다섯 가지 대응방안 발표 (29일) IS, 정치·종교권력 함께 가진 '칼리프 국가' 수립 선언	
7	(17일) 우크라이나 동부서 298명 탑승한 말레이시아 항공 MH17편 격추		나이지리아로 확산
8		(7일) 오바마 대통령, 이라크 반군에 대한 선별적 공습과 인도적 지원 승인 (19일) 미국인 제임스 폴리 참수 영상 공개	세네갈로 확산 콩고민주공화국에서 다른 종류의 에라 바이러스 발견
9	(5일) 우크라이나 정부와 동부 지역 반군 간 휴전 선포(민스크 휴전 합의)	(2일) 미국인 스티븐 소틀로프 참수 영상 공개 (10일) 오바마 대통령, IS 대응관련 종합 전략을 발표 (22일) 미국, 시리아 내 IS 표적에 대한 공습 개시	
10			(1일) 미국에서 첫 환자 발생, 일주일 만에 사망

〈표 12〉 2014년 미국 유권자의 주요 현안 우선순위(%)

유권자들이 자신의 투표행위에 '상당히 중요한' 영향을 미치는 현안으로 선택한 비율		
현안	2010년 8월	2014년 9월
경제	90	83
일자리	88	-
의료보험	78	77
테러리즘	**71**	**75**
재정적자	69	65
외교정책	**-**	**64**
아프가니스탄	**59**	**-**
이민정책	58	62
경제적 불평등	-	57
세금	68	-
환경	57	54
낙태	43	36
피임	-	36
동성 결혼	32	32

출처: Pew Research Center(Jul. 21~Aug. 5, 2010; Sep. 2~9, 2014)

1. 2014년 중간선거에서 나타난 외교·안보 현안의 특성

〈표 12〉에서 나타나듯, 2014년 중간선거에서 외교·안보 현안이 차지하는 우선순위는 중간 이상이었다. 퓨 리서치 센터에서 2014년 9월 2~9일 동안 실시한 여론조사[17]에 따르면 외교정책이 자신의 투표에 "상당히 중요하

17) Carroll Doherty, Jocelyn Kiley and Rachel Weisel, "Wide Partisan Differences Over the Issues That Matter in 2014," The Pew Research Center, September 12,

게 작용한다(very important)"고 응답한 사람이 전체의 64%였고, 테러리즘이 중요하다고 답한 사람은 75%로 상당히 높은 편이었다. 동 기관이 2010년에 실시한 여론조사[18]와 비교했을 때, 테러리즘과 아프가니스탄전쟁으로 대표되는 외교정책이 중간선거에서 중요하다고 응답한 비율이 각각 5% 가량 증대된 결과였다.

현안에 대한 중요도 인식은 외교·안보 현안에 대한 국민들의 위협인식을 통해 보다 구체적으로 확인할 수 있다. 〈그림 10〉은 퓨 리서치 센터에서 2014년 8월 20~24일 동안 실시한 여론조사 결과이다. 이에 따르면, 미국 국민들은 알 카에다와 같은 이슬람 극단주의 세력(71%)과 IS와 같은 무력단체(67%)를 가장 중대한 글로벌 위협으로 인식했고, 그 다음으로 이란과

〈그림 10〉 미국 국민들의 글로벌 위협 인식 정도(%)

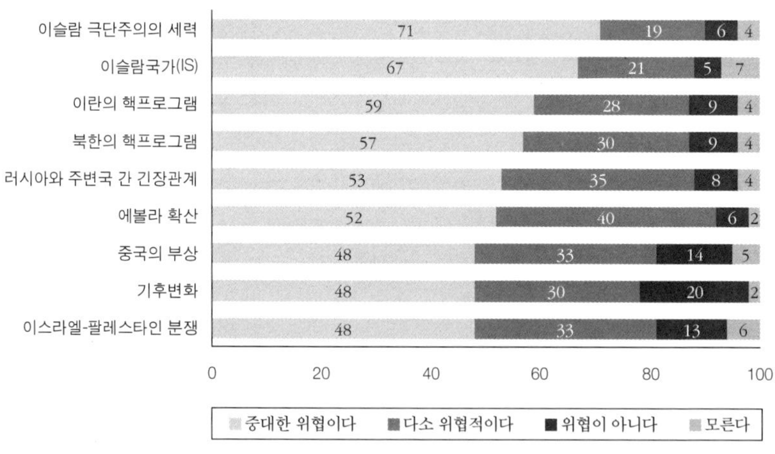

출처: Pew Research Center/USA Today(August 20~24, 2014)

2014.

18) Andrew Kohut, Carroll Doherty, Michael Dimock, and Scott Keeter, 2010, "Republicans Faring Better with Men, Whites, Independents and Seniors," The Pew Research Center, August 10, 2010.

북한의 핵개발 프로그램, 러시아와 주변국 간 긴장상태, 에볼라 바이러스 확산 순으로 위협을 인식했다. 인상적인 것은 중국의 부상과 기후변화, 이스라엘-팔레스타인 분쟁을 중대한 위협으로 인식한다는 응답자가 각각 48%로 가장 낮은 반면, 위협이 아니라고 답한 비율이 각각 14%, 20%, 13%로 가장 높았다는 점이다. 이는 지정학적으로 미국에게 가장 위협적인 러시아, 중국, 핵 관련 이슈들이 국민들이 가장 위협적이라고 선정한 이슈와 일치하지 않는다는 것을 보여준다.

〈표 13〉은 공화당, 민주당 지지자들이 인식하는 현안 우선순위에 상당한 차이가 있음을 보여준다. 퓨 리서치 센터의 2014년 9월 여론조사 결과 전체 응답자는 경제(83%), 의료보험(77%), 테러리즘(75%), 재정적자(65%), 외교정책(64%), 이민정책(62%), 경제적 불평등(57%), 환경(52%) 순으로 중간선거에서의 이슈 중요도를 매겼다. 그중에서 공화당 지지 유권자들이 민주당 지지자들보다 더 중요하다고 여긴 이슈에 외교정책과 테러리즘이 포함되어 있었고, 각각의 경우에서 공화당 지지자들이 20% 정도 더 높은 중요도를 부여했다.[19] 민주당 지지 유권자들은 경제적 불평등과 환경 이슈에 대해 공화당 지지자들보다 더 높은 우선순위를 매겼다. 한편, 2010년 여론조사에서 테러리즘의 경우 공화당 지지자들의 79%, 민주당 지지자들의 64%가 이슈의 중요성을 인정해 전자가 후자보다 15% 정도 높았고, 아프가니스탄의 경우에는 양당 지지자들 간 차이가 미미했다(공화당 지지자 59%, 민주당 지지자 61%).[20]

2014년 11월 선거일에 가까워질수록 외교·안보 현안이 유권자들의 투표에서 차지하는 우선순위가 높아졌고, 일관적으로 민주당보다는 공화당이 더 효과적으로 대응할 이슈로 인식되었다. 2014년 4월 24~30일과 9월 25~30일에 실시한 갤럽 여론조사 결과에서 응답자들은 13개 현안을 자신의 투표에 미치는 중요도 순으로 평가하고, 어느 정당이 더 효과적으로 수행할지를

19) Carroll Doherty, Jocelyn Kiley and Rachel Weisel(2014), ibid.
20) Andrew Kohut, Carroll Doherty, Michael Dimock and Scott Keeter(2010), ibid.

〈표 13〉 2014년 지지하는 정당에 따른 유권자의 주요 현안 우선순위(%)

유권자들이 자신의 투표행위에 '상당히 중요한' 영향을 미치는 현안으로 선택한 비율			
현안 분류	공화당 지지 유권자	민주당 지지 유권자	차이
공화당 지지 유권자들에게 가장 중요한 현안			
재정적자	81	52	공화당 +29
외교정책	**77**	**53**	**공화당 +24**
이민정책	73	52	공화당 +21
테러리즘	**87**	**67**	**공화당 +20**
경제	88	78	공화당 +10
민주당 지지 유권자들에게 가장 중요한 현안			
환경	36	69	민주당 +33
경제적 불평등	42	70	민주당 +28
피임	26	45	민주당 +19
의료보험	75	80	민주당 +5
공화당, 민주당 지지자들에게 공통적으로 중요한 현안			
낙태	44	47	민주당 +3
동성 결혼	31	33	민주당 +2

출처: Pew Research Center(September 2~9, 2014)

선택했다.[21] 〈그림 11〉에서 나타나듯, 본격적인 선거기간이 시작되기 전인 4월 조사에서는 각 이슈의 중요도와 정당의 수행 능력에 대한 기대치가 양

〈그림 11〉 중간선거에서 민주당 후보에게 유리한 이슈 우선순위: 2014년 4월

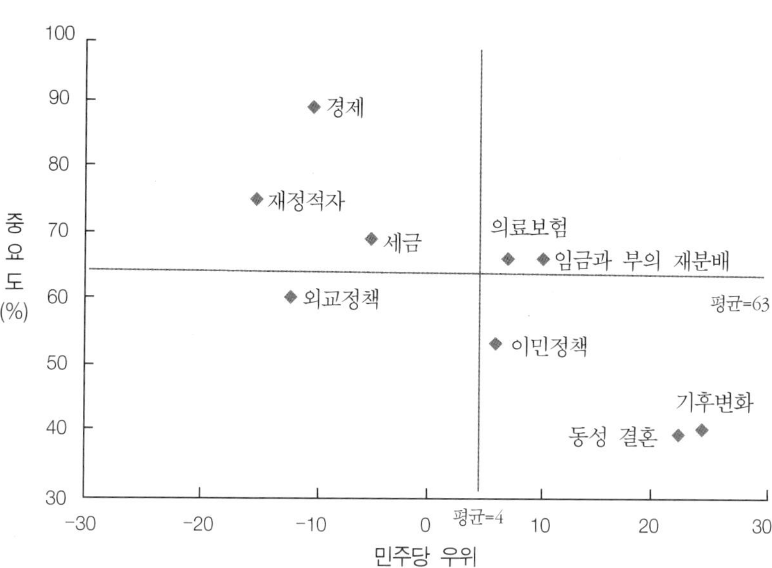

출처: Gallup(April 24~30)

당에게 균형적으로 분포되어 있었다. 구체적으로 경제, 재정적자, 그리고 세금 문제가 선거에 중요한 이슈로 선정되었고, 이는 민주당 후보보다 공화당 후보가 더 잘 수행할 것으로 기대되었다. 외교정책의 중요성은 평균보다 낮았지만, 상대적으로 공화당 후보가 더 잘 수행할 것으로 기대되었다. 의료보험과 부의 재분배 문제는 중요도가 평균보다 높은 이슈로 민주당 후보에게 유리하게 작용했고, 이민정책, 동성 결혼문제와 기후변화의 중요도는 평균보다 낮았지만 역시 민주당 후보에게 더 유리한 이슈로 선정되었다.

한편, 9월에 실시한 조사에서는 이슈의 중요도와 정당의 수행 능력에 대

---

21) http://www.gallup.com/poll/169352/republicans-edge-top-election-issue-economy.aspx; http://www.gallup.com/poll/178268/voters-give-gop-edge-handling-top-issues.aspx

〈그림 12〉 중간선거에서 공화당 후보에게 유리한 이슈 우선순위: 2014년 9월

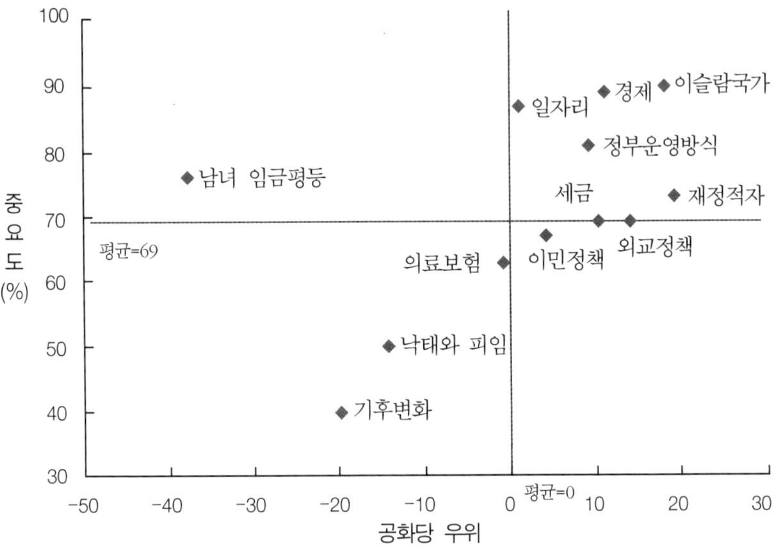

출처: Gallup(September 25~30)

한 기대치가 비대칭적인 분포를 보이면서 공화당 후보들이 더 유리한 입지를 차지했다. 〈그림 12〉에서 보여주듯, 경제, 재정적자, 세금, 정부운영방식, 임금 및 일자리 문제는 평균 이상의 중요도를 기록했고, 이 중 남녀 임금평등 문제를 제외하고 모두 공화당에게 유리한 이슈로 선정되었다. 4월 조사 결과와 달리 외교정책의 중요도는 평균까지 상승했고, 특히 그 전에 좌표가 없었던 IS 사태는 경제와 일자리 문제를 재치고 가장 중요하면서도 공화당 후보에게 유리한 이슈로 부상했다. 이와 대조적으로 중요도가 평균보다 낮은 기후변화, 낙태와 피임 이슈만이 민주당 후보에게 유리하게 작용할 것으로 기대되었다.

2. 러시아의 크림반도 합병과 우크라이나 사태

2014년 3월 18일, 푸틴 대통령은 러시아의 상·하원이 비준한 크림반도 합병 비준안을 최종적으로 승인하면서 합병을 완성했다. 미국을 비롯한 국제사회는 이를 국제법을 위반하는 행위로 규정하고 비난했으나, 러시아는 군사·안보 측면에서 우크라이나를 핵심이익으로 인식하고 있어 절대 양보할 수 없다는 입장이었다. 크림반도의 세바스토폴항은 러시아의 지중해 및 대서양 진출 전진기지이고 현재 흑해함대가 주둔하고 있으며, 러시아는 야누코비치 대통령 집권 이후 세바스토폴항의 장기임대계약을 성공적으로 체결해 놓은 상태이다. 거시적인 측면에서 보면, 러시아는 우크라이나의 나토(NATO) 가입 이후 그루지야 등의 연쇄 나토 가입과 그에 따른 주변국에 대한 영향력 상실을 우려하고 있고, 이에 따라 구소련 국가들의 나토 가입 저지를 국가의 최우선 목표로 설정하고 있다. 러시아는 또한 우크라이나의 유로마이단 혁명을 극단주의자들의 소행으로 인식하고 3월 말부터 우크라이나 동부지역에 대한 군사개입을 단행했다.

우크라이나 내 뿌리 깊은 동서 간 갈등으로 인해 친유럽 성향인 서부 우크라이나와 친러 성향의 동남부가 대치하는 가운데, 미국과 유럽연합은 유로마이단 혁명을 우크라이나의 민주주의 움직임으로 인식하여 지지했고, 서방과 러시아가 본격적으로 대립하는 구도가 형성되었다. 미국을 비롯한 서방세력은 러시아가 소련 붕괴 이후에 형성된 국제질서를 당연히 받아들였을 것이라고 생각했는데, 크림반도 합병을 통해 푸틴 대통령은 러시아가 현 질서를 결코 인정하지 않는다는 것을 보여주었다. 나토의 확대, 유럽연합의 동진정책과 우크라이나 민주화에 대한 서방의 지원이 러시아의 위기의식을 자극해 크림반도 합병을 결심하게 만든 주범이라는 지적이 사방에서 제기되고 있다(Mearsheimer 2014).

러시아의 공세적 행동이 지속됨에 따라 미국인들의 대러시아 인식은 부정적으로 변했다. 퓨 리서치 센터의 글로벌 태도 설문조사에 따르면, 2013년에 러시아를 부정적으로 평가한 응답자가 전체의 43%였다면, 2014년 봄

〈표 14〉 미국인들의 대러시아 지지도(%)

	2007	2009	2011	2012	2013	변화 2007~2013
미국인의 대러시아 인식	44	43	49	37	37	-7

출처: Pew Research Center(July 9, 2014)

에는 72%로 급증했다.[22] 〈표 14〉에 나타나듯, 동 기관에서 실시한 패널조사에 따르면 2007년부터 2013년까지 미국인들이 러시아를 부정적으로 평가한 비율이 7% 정도 증가한 것에 비하면, 1년 사이에 상당히 인식이 악화되었다는 것을 알 수 있다.[23]

사실, 1989년 이래 미국인들은 몇 가지 예외적 시기를 제외하고 러시아에 대해 긍정적으로 평가해왔다. 여기에는 코소보전쟁 직후인 2009년, 이라크전쟁 직전인 2003년, 그리고 러시아의 그루지야 침공이 있었던 2008년이 포함된다.[24] 2014년 7월에 실시한 퓨 리서치 센터 여론조사에 의하면 2013년 말부터 미국인들의 대러 인식이 악화된 것은 맞지만, 국민들은 러시아를 적으로 인식하기보다 '심각한 문제'로 인식한 수준이었다. 민주당보다는 공화당 지지 유권자들이 러시아를 적으로 인식하는 비중이 높았고, 젊은 층보다는 50세 이상인 계층에서 러시아-우크라이나 사태를 미국의 이익에 '매우 중요하다'고 답했다.[25]

---

22) Katie Simmons, James Bell and Russ Oates, "Russia's Global Image Negative amid Crisis in Ukraine," The Pew Research Center, July 9, 2014.

23) Andrew Kohut, Bruce Stokes, James Bell, Elizabeth M. Gross and Juliana M. Horowitz, "Global Opinion of Russia Mixed," The Pew Research Center, September 3, 2013.

24) Jeffrey M. Jones, "Americans Increasingly See Russia as Threat, Top U.S. Enemy," Gallup, February 16, 2015.

25) "Far More Continue to View Russias as a 'Serious Problem' Than as an 'Ad-

미국 국민들이 러시아의 크림반도 합병에 주목하게 된 데에는 전문가들도 예측하지 못한 상황인데다가 현 국제질서에 대한 러시아의 도전이 '신냉전'을 야기할 것인지 여부에 대한 논쟁이 격화된 영향이 있을 것이다. 그러나 보다 직접적인 이유는 러시아가 우크라이나 동부 접경 지역에 병력을 주둔시켜 위협적인 환경을 조성함으로써 우크라이나를 지원하기 위한 미국의 대외개입 가능성과 대응 수단의 선택과 효용성 문제가 쟁점화 되었기 때문일 것이다. 처음부터 미국 국민들은 러시아에 대한 미국의 일방적이고 과도한 개입은 꺼려했지만 경제 제재의 시행은 적극 지지하는 입장이었다. 2014년 3월에 실시한 WSJ/NBC 여론조사[26]에 의하면, 미국이 우크라이나 사태에 대해 단독으로 대응해야 한다는 응답자는 전체의 5%에 불과했고, 48%는 다른 국가와 협력하는 형태로 개입해야 한다고 했다. 전체의 26%는 미국이 개입하지 않고 유럽연합이 맡아서 대처해야 한다는 입장이었다. 〈표 15〉에서 보듯, 같은 해 3월 퓨 리서치 센터 여론조사[27]에서 응답자의 56%는 미국이 러시아와 우크라이나 사태에 과도하게 개입하지 않아야 한다고 주장했고, 29%만이 러시아에 맞서 강하게 대응하는 것이 중요하다는 입장

〈표 15〉 대러 정책에 대한 미국 국민의 견해

러시아의 공세적 행동에 대응하여 미국이 취해야 하는 정책의 중요성에 대한 견해(%)		
우크라이나 사태에 과도하게 개입할 필요 없다	러시아의 공세적 행동에 대해 강경하게 대응해야 한다	모른다
56	29	15

출처: Pew Research Center(March 6~9, 2014)

versary'," The Pew Research Center, July 28, 2014.

26) http://www.pollingreport.com/russia.htm

27) "Most say U.S. should "Not Get Too Involved" in Ukraine Situation: Reluctance Crosses Party Lines," The Pew Research Center, March 11, 2014.

이었다.

공화당 지지 유권자(50%)와 민주당 지지 유권자(55%) 모두 미국의 우크라이나 사태에 대한 지나친 개입을 원하지 않았다. 미국이 러시아의 행동에 강하게 대응하는 것이 중요하다고 응답한 29% 중 19%는 정치적·경제적 수단을 사용할 것을 원했고, 8%만이 군사적 옵션도 고려할 것을 원했다. 대응 수단의 선택 측면에서 양당 지지 유권자들 간 입장 차이가 돋보였다. 정치적·경제적 수단을 사용할 것을 원한 사람들은 각각 공화당 지지자의 19%, 민주당 지지자의 24%를 차지했고, 군사적 옵션을 고려하자는 입장은 공화당 지지자 16%, 민주당 지지자의 5%로 그 비중이 작았다. 응답자 중 44%가 오바마 행정부가 우크라이나 사태를 다루는 방식에 찬성하지 않는다고 답한 반면, 30%는 찬성한다고 했다. 공화당 지지 유권자의 15%만이 오바마 행정부의 우크라이나 사태 해결 방식에 찬성했고, 민주당 지지자 중 과반수인 56%는 찬성한다고 답했다.

〈표 16〉에 따르면, 2014년 4월에 실시한 퓨 리서치 센터 여론조사[28]에서 응답자의 53%는 러시아에 대해 보다 강력한 경제 제재를 시행하기를 원했고 36%는 이에 반대했다. 응답자의 30%만이 우크라이나 정부에게 무기와 군사용품을 지원할 것을 지지했고 그의 두 배에 달하는 62%는 지원을 반대했다. 러시아에 대해 제재를 시행하는 것에 찬성하고, 우크라이나에 대한

〈표 16〉 대러 제재 및 군사적 지원에 대한 미국 국민의 견해(%)

	찬성	반대	모름
대러시아 경제 및 외교 제재 강화	53	36	11
우크라이나 정부에 대한 무기 및 군수물자 지원	30	62	8

출처: Pew Research Center(April 23~27, 2014)

28) "Bipartisan Support for Increased U.S. Sanctions against Russia," Pew Research Center, April 28, 2014.

무기 지원을 반대한 것에 대한 민주당 지지자와 공화당 지지자의 선호도는 비슷했다.

선거 직전인 2014년 10월에 실시한 CBS 뉴스 여론조사[29]에서 유권자의 56%는 여전히 대러 제재 시행을 지지했다. 그러나 58%는 제재가 그다지 효과가 없을 것이라고 답했다. 유권자의 57%는 우크라이나 상황이 미국의 통제 밖에 있다고, 61%는 미국이 책임지고 조치를 취할 필요는 없다고 답했다. 그럼에도 불구하고 유권자 중 65%는 우크라이나에게 군사적 원조를 하는 것에 반대했다. 러시아의 크림반도 합병에 대한 미국의 대응에 대해 반대하는 사람(46%)이 찬성하는 사람(38%)보다 많았고, 그 사건을 계기로 오바마 대통령 집권 이후 미국의 이미지가 더욱 악화되었다고 평가한 사람이 43%에 이르렀다. 대통령의 위기 극복 능력이 '상당히 신뢰할 만하다'고 답한 사람은 28%로, 2012년 9월의 40%보다 한층 낮은 수준이었다.

러시아의 크림반도 합병이 기정사실화되면서 사실상 대러시아 제재의 정치적 효과는 제한적이라는 것이 중론이 되었다. 전문가들은 일찍이 경제 제재가 러시아 경제에 상당한 피해는 입힐 수 있어도 러시아의 행동 변화는 유도하기 어려울 것이라고 전망했다.[30] 일각에서는 군사적 충돌을 피하려는 미국의 외교방침을 '유약하다'고 평가하면서 러시아와 중국이 연대하여 미국 주도의 국제질서에 도전하고 현상 변경을 시도할 가능성을 경고하기도 했다.[31] 2014년 3월부터 우크라이나 사태가 지속되고 있는 현재까지 미국이 심각한 딜레마에 빠져 있음을 부인하기 어렵다. 한편으로 러시아가 우크라이나 문제에 대해서 상당한 수준의 비용을 감수할 각오가 되어 있기 때문에 제재만으로 러시아의 행동 변화를 현실화시킬 수 없다는 사실을 알면서도, 다른 한편으로는 뚜렷한 대안이 없어 제재의 끈을 놓을 수 없기 때문이다.

29) http://www.pollingreport.com/russia.htm

30) Ashish Kumar Sen, "Obama's Russia sanctions unlikely to make impact, experts say," *The Washington Times*, March 25, 2014.

31) Michael J. Green, "Should America Fear a New Sino-Russian Alliance?" *Foreign Policy*, August 13, 2014.

미 재무부와 공화당 진영에서 대이란 제재에서 실시한 강력한 금융제재를 러시아에 대해서도 시행할 것을 주장했으나, 되돌릴 수 없는 막대한 파급효과가 예상되기 때문에 미국 정부는 확고하게 대응하지 못했다. 게다가 러시아 지도부는 물론, 러시아 국민들조차 제재에 의한 피해를 심각하게 받아들이지 않고 있다는 것이 문제였다. 오히려 서방의 제재는 국민들의 민족주의 의식을 부추겨 푸틴 대통령의 지지도를 높였다. 그렇다고 군사적 개입에 대한 부담과 예상되는 손실 때문에 섣불리 무력을 동원할 수도 없었다.

이처럼 미국이 실효성이 떨어지는 제재를 발동시켜 러시아의 크림반도 합병을 되돌리고 우크라이나 내 반군 세력에 대한 지원을 중단시키지 못한 점은 대통령의 신뢰도를 떨어뜨리기 위해 공화당 후보들이 충분히 부각시킬 수 있는 이슈였다. 그러나 선거 막바지에 접어들어 러시아의 위협이 단독으로, 혹은 다른 현안과 연루되어 선거 캠페인에서 적극 활용되지 않은 데에는 미국 국민들의 안보 의식 특성이 작용했다. 기본적으로 미국 본토에서 멀리 떨어진 곳에서 발생하고 미국의 무력 개입에 의한 자국민 인명 피해를 발생시킬 위험이 낮은 이슈는 국민들의 우선순위에서 밀리는 경향이 있다. 러시아의 도전이 안보 전문가들에게는 국제질서의 변화를 좌우할 만큼 지정학적으로 중요한 이슈일지는 몰라도 일반국민들에게는 피부에 와 닿지 않은 문제였을 것이다. 게다가 오바마 대통령이 2013년 시리아 개입 문제를 두고 지상군 파병에 대한 '레드라인'을 선포해서 물의를 일으켰던 것과 달리, 경제 제재 시행에 대해서는 어떠한 제약사항도 공식적으로 언급한 적이 없었기 때문에 무력을 동원한 미국의 대외개입과 제재를 통한 개입에 대해 미국 국민들은 다르게 반응했을 것이다. 러시아가 크림반도를 포기하지 않아 제재가 사실상 실패했음에도 불구하고 국민들은 제재의 시행을 지지하는 한편, 과도한 개입은 삼가야 한다는 입장을 고수했다.

3. 이라크, 시리아의 '이슬람국가(IS)' 사태

이라크 정부군과 반군 간 충돌은 2014년 6월 10일, 이라크와 시리아의 극단주의 무장단체인 '이슬람국가(Islamic State, 이하 IS)가 모술시(Mosul)와 인근 유전지대까지 장악하면서 격화되었다. 오바마 대통령은 6월 19일, 이라크 사태 관련 기자회견을 통해 IS가 이라크 국민과 역내국가 및 미국의 이익을 직접적으로 위협하고 있다고 평가하고 다섯 가지 대응방안을 제시했다.[32] 그리고 2014년 8월 7일, 이라크 반군에 대한 선별적 공습과 인도적 지원을 승인했다. 그 배경에는 반군 세력의 확장을 저지하고 이라크 내 자국민 및 시설을 보호하며, 소수종파의 인도적 위협을 차단하는 목적이 있었다. 이라크 북부와 서부를 장악한 반군이 이라크 정부군과 연합한 쿠르드 자치정부의 수도인 아르빌(Erbil)마저 함락시킬 경우, 전세가 급격히 기울 가능성이 높다는 평가에 따른 위기의식도 작용했다. 유전이 밀집되어 있는 지역이라는 점도 고려 대상이었다. 아르빌에 미국 영사관이 위치하고 자국민들이 거주하고 있어 자산 보호가 필요했을 뿐 아니라, 이라크 반군이 점령 지역 소수종파인 야지디족과 기독교 주민들에게 개종을 요구하며 대량학살

32) 오바마 대통령은 IS가 아닌 ISIL이라는 용어를 사용한다. 그가 제시한 다섯 가지 대응방안은 다음과 같다. "첫째, 이라크 대사관 및 주재원 안전을 위한 대피조치와 추가적인 경비 조치를 실시한다. 둘째, ISR 정보 자산을 확대 운용함으로써 이라크 내 ISIL 활동을 집중적으로 감시한다. 셋째, 이라크 치안군에 대한 지속적인 지원을 약속한다. '합동 작전 센터'를 바그다드와 이라크 북부에 설립하여 ISIL 위협에 대응하기 위해 이라크 치안군과 첩보와 계획을 공유한다. 대테러 파트너십 자금을 통하여 의회와의 협조하에서 추가적인 장비를 제공할 것이고 군사 고문단도 300여 명 파견할 것이다. 단, 직접적인 전투 임무 수행 가능성은 배제한다. 넷째, ISIL 관련 잠재적 표적획득을 위해 역내 미군의 자산을 추가적으로 배치한다. 군사작전을 수행할 경우, 의회는 물론 이라크 정부와 역내 국가들과 협의할 것이다. ISIL과 같은 위협에 대한 가장 효과적인 대응은 지역군이 주도적인 역할을 수행하는 데에 있다. 다섯째, 미국은 이라크 사태해결을 위해 이라크 지도자들과 역내 국가들과의 공조하에서 외교적 노력을 지속할 것이다." http://www.washingtonpost.com/politics/transcript-obamas-june-19-statement-on-iraq/2014/06/19/91380028-f7cc-11e3-a3a5-42be35962a52_story.html

의 위협이 제기되면서 인도적 차원에서의 군사적 개입이 불가피하다고 인식되었다. 더욱이 중간선거를 앞둔 오바마 행정부는 중동 내 각종 소요 사태에 대한 미국의 태도가 미온적이라는 비판을 불식시킬 필요가 있었다.

오바마 대통령은 2014년 9월 10일, IS 대응 관련 종합 전략을 발표하여 2003년 이라크전과 같은 전면전 또는 지상군 전면투입 가능성은 철저히 배제하는 한편, 국제공조를 강조하며 동맹군 형태의 공동작전을 추구한다고 밝혔다. 또, IS가 "이슬람도 아니고, 국가도 아님"을 강조하며 포괄적이고 지속적으로 유지되는 대테러 전략을 통해 그 세력을 약화시키고 결국 파괴할 의지를 천명했다. 대통령은 구체적으로 4가지 전략을 언급했는데 첫째, 미국은 테러리스트 세력을 상대로 체계적인 공습 캠페인을 실시한다. 이라크 정부와 연대하여 IS 표적을 공격할 것이고, 시리아에 있는 테러 세력도 격퇴할 것이다. 둘째, 미국 군대는 지상전이 아닌 병력 훈련, 첩보와 시설 관리를 목적으로 지상에서 이라크 및 쿠르드 군대에 병력을 지원할 것이며, 시리아 반군에 대한 지원도 진행 중이다. 셋째, 동맹국들과 함께 IS의 공격 능력을 약화시키기 위해 대테러능력을 충분히 활용할 것이다. 넷째, IS에 의해 강제로 이주당한 민간인을 위한 인도적 지원을 제공할 것이다.[33]

IS 사태 초기부터 미국 여론은 이라크 개입에 부정적이었다. 2014년 6월 20~22일에 실시한 New York Times/CBS 뉴스 여론조사에서 국민들은 IS에 의한 이라크 폭력 사태에 미국이 개입하는 것을 반대했을 뿐 아니라 오바마 대통령의 대외정책에 대한 높은 불신을 나타냈다.[34] 대통령의 대외정책 수행 방식에 대해 응답자의 58%가 반대했고, 2009년 이래 최고 기록을 달성했다. 민주당 지지자들 내 불만도 고조되어 그중 30%가 대통령의 정책에 대해 반대 의사를 밝혔다. 대통령이 이라크 사태에 대응하는 방식에 대해서는 과반수(52%)가 반대했고, 이들 중에는 민주당 지지 유권자의 30% 이상도

33) The White House, Statement by the President on ISIL, http://www.whitehouse.gov/the-press-office/2014/09/10/statement-president-isil-1

34) http://www.nytimes.com/interactive/2014/06/23/world/middleeast/iraq-poll.html

포함되어 있었다.[35] 구체적으로 IS에 의한 폭력사태 해결에 미국이 앞장서야 하는지 여부를 묻는 질문에 응답자의 42%는 일정 정도 책임을 인정했으나 과반수는 그럴 필요가 없다고 답했다. 현재 수준의 이라크 개입이 적당하다는 응답자가 전체의 41%를 차지했고, 더 개입해야 한다는 응답자는 29%, 덜 개입해야 한다는 응답자는 22%였다. 게다가 오바마 대통령이 이라크전쟁의 목표를 제대로 설명하지 못했다는 의견이 전체의 67%에 달한 것으로 보아, 조사 대상자들의 이라크 개입에 대한 부정적 태도는 정부의 국민 설득 부족과 관련 있다고 볼 수 있겠다. 이라크 폭력 사태에 대한 개입 방식으로 전체의 77%가 지상군 투입을 반대했지만, 무인기 투입에 대해서는 56%가 찬성했고, 군인 고문단(advisor) 파견에 대해서도 51%가 찬성했다.

이처럼 초기 여론조사에서는 이라크 사태의 중요성은 인정하지만 그것의 해결이 미국 역량 밖이라는 생각과 사태가 장기화되어 비용이 증가하는 것에 대한 부담 때문에 미국의 개입을 꺼리는 민심을 엿볼 수 있었다. 이라크 사태가 미국의 국익을 위해 중요하다고 답한 사람은 80%에 달했지만, 이라크 사태 해결을 위해 미국이 실제로 할 수 있는 일이 있다고 보는 응답자는 38%, 미국의 역량 밖이라고 보는 응답자는 57%였다. 이라크 개입 기간이 연장되고 비용이 증대될 것을 강하게 우려한다는 응답자가 과반수를 차지했고 어느 정도 우려한다는 응답자가 31%였다. 설문조사 대상자의 75% 이상이 이라크전쟁이 미국인의 생명을 희생하는 등의 비용을 지불할 가치가 없다고 답했는데, 2003년에 이라크전을 개시한 부시 정부와 자신을 차별화시키려 했던 오바마 대통령도 결국 그 책임에서 자유롭지 못한 상황임을 보여주었다.

마찬가지로 2014년 7월 8~14일에 실시한 퓨 리서치 센터 여론조사에서도 국민들은 대외개입에 소극적인 것으로 나타났다. 〈그림 13〉을 보면, 이라크 폭력사태에 대해 미국이 개입할 책임이 없다고 응답한 사람이 전체의

---

35) Michael D. Shear and Dalia Sussman, "Poll Finds Dissatisfaction Over Iraq," *The New York Times*, June 23, 2014.

〈그림 13〉 이라크 내 폭력사태에 대한 미국 책임 여부에 대한 견해(%)

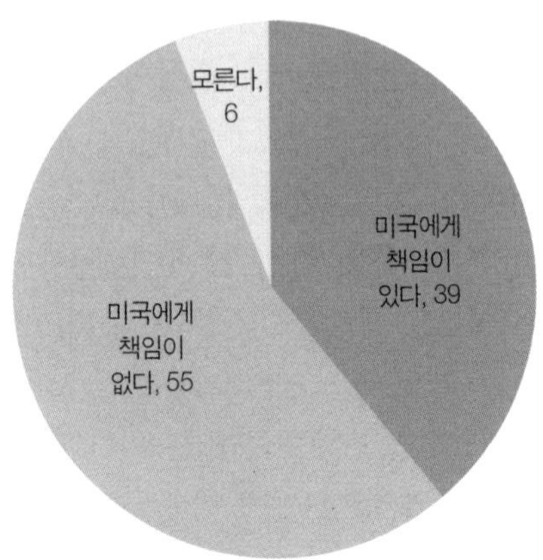

출처: Pew Research Center(July 8~14, 2014)

55%였고 책임이 있다고 밝힌 사람은 39%였다. 그래도 개입에 찬성한 응답자 비율은 미국이 2012년 12월 시리아 사태에 개입할 책임이 있다고 답했던 27%보다, 2011년 3월에 리비아 공습을 앞두고 개입에 찬성한 27%보다 높은 수준이었다.[36)]

그러던 중 2014년 8월 19일, IS에 의해 미국인 제임스 폴리가 참수되고, 9월 2일에 또 한 명의 미국인 스티븐 소틀로프가 같은 방식으로 살해되면서 미 국민들은 충격에 빠졌고, IS를 격퇴하기 위한 군사적 공격을 지지하기 시작했다. 민주당, 공화당 지지자들 모두 반군 폭격 승인 결정을 불가피한 선택으로 평가하고 초당적 지지 의사를 표명했고 9월 17~18일에 상·하원에서 각각 '시리아 반군 훈련·지원 권한'을 통과시켰다.[37)] 마침내 9월 22일,

36) "Public Says U.S. Does Not Have Responsibility to Act in Syria," Pew Research Center, December 14, 2012; "Libya: Steady Views, Declining Interest," The Pew Research Center, September 8, 2011.

37) Arlette Saenz and Devin Dwyer, "President Obama: 'Americans Are United' in Fight Against ISIS," ABC News, September 11, 2014.

〈그림 14〉 군사개입에 대한 지지도

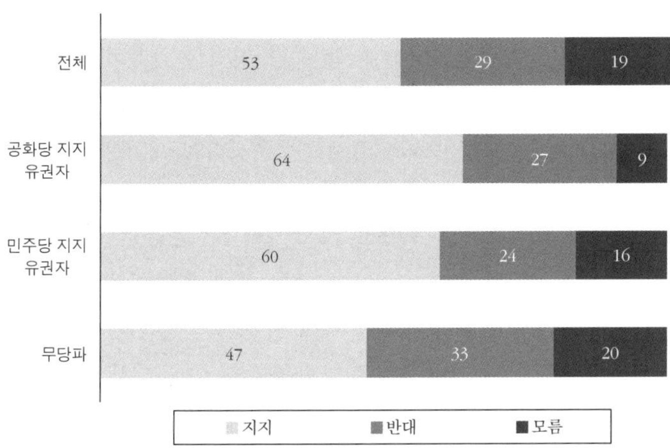

출처: Pew Research Center(September 11~14, 2014)

시리아 내 IS 표적에 대한 공습이 개시되었다. 시리아 정부의 요청으로 개입이 이루어진 것이 아니었기 때문에 한 번에 승부를 보려는 듯, 공격이 여느 때보다 대규모였다. 오바마 대통령은 2002년 의회가 승인한 무력사용권(AUMF: Authorization for the Use of Military Force)을 근거로 이라크와 시리아 공습을 단행했는데, 시리아 공격의 국제법적 정당성에 대한 논란이 제기되었을 뿐 아니라 이를 계기로 보다 포괄적인 대 IS 공격을 위한 법안의 필요성에 대한,[38] 그리고 대통령의 헌법상 전쟁 선포 권한을 둘러싼 공화당과 민주당 간 정치 공방이 벌어졌다.[39]

38) 존 매케인, 린지 그레이험 공화당 의원은 New York Times 기고를 통해 포괄적인 대테러 전략의 필요성을 강조한 바 있다. John McCain, Lindsey Graham, "Stop Dithering, Confront ISIS," *The New York Times*, 2014.8.29. 의원들 간 공방 내용은 다음을 참조할 것. http://thehill.com/blogs/floor-action/house/218074-house-approves-syria-rebel-aid

39) Bruce Ackerman, "Congress must act as Obama's war against the Islamic State hits an expiration date," *The Washington Post*, November 7, 2014.

〈그림 14〉에 나타나듯, 퓨 리서치 센터가 2014년 9월 11~14일에 실시한 여론조사에 따르면 전체 응답자의 53%가 오바마 대통령의 IS 대응 계획을 지지했다.[40] 공화당 지지 유권자의 64%, 민주당 지지 유권자의 60%가 각각 대통령의 계획에 동의했다. 그중 전자의 66%가 미국이 충분히 개입하지 않을 것을 우려하는 한편, 후자의 54%는 미국이 과도하게 개입할 것을 우려했다. 그러나 대통령의 계획에 대한 찬성 비율은 높은 데에 반해 실제 국민들의 기대 수준은 낮은 편이었다. 미국의 IS 공격이 테러리즘으로부터 자신을 더 안전하게 보호해줄 것이라고 본 응답자는 18%에 불과했고, 이보다 높은 34%는 테러의 대상이 될 가능성이 높아질 것으로 보았으며, 나머지 41%는 별다른 차이가 없을 것이라는 입장이었다.

한편, 처음부터 오바마 대통령이 이라크와 시리아에 대한 공습만 허용하겠는 입장을 강조했음에도 불구하고, 국민을 설득하기에 역부족이었다. 2014년 9월 19~25일 NBC/WSJ이 실시한 여론조사에서 응답자의 72%는 결국 미국이 IS를 격퇴하기 위해 지상군을 파견할 것이라고 답했다.[41] 그 배경에는 미국의 이라크, 시리아에 대한 개입 문제를 둘러싸고 공습의 효과에 대해 국방부와 행정부 간 의견차가 있었다. 2014년 9월 16일, 미 상원 군사위 청문회에 참석한 합참의장 뎀프시(Martin Dempsey) 사령관은 대통령의 전략을 지지하는지 묻는 질문에 "현재로서는 지지하지만, 앞으로는 지상 병력의 투입을 제안할 가능성이 있다"고 밝혔다.[42] 전역한 매티스(James Mattis) 장군은 오바마 행정부가 처음부터 지상군 투입 옵션을 제외시키는 것은 옳지 않았을 뿐더러, 적에게 미리 미국의 지상군 투입은 없을 것이라는 전략을 알려줘서 안심시킬 필요는 없다고 주장했다.[43]

---

40) "Bipartisan Support for Obama's Campaign Against ISIS," The Pew Research Center, September 15, 2014.

41) Reid J. Epstein, "Poll Shows Americans Expect U.S. to Send Troops to Fight Islamic State," *The Wall Street Journal*, September 26, 2014.

42) Craig Whitlock, "Dempsey raises possibility of involving U.S. combat troops in fight against Islamic State," *The Washington Post*, September 16, 2014.

2014년 6월부터 격화된 이라크와 시리아의 IS 사태는 당대 미국의 가장 중요한 외교정책 이슈로 부각되면서 중간선거에 상당한 영향을 미친 것으로 보인다. 2014년 9월 25~30일에 실시한 갤럽 여론조사[44]에 의하면, 응답자의 78%가 경제회복, 일자리 창출과 연방정부의 기능 다음으로 IS 사태가 투표에 중요한 영향을 미칠 것이라고 답했다. 〈표 17〉을 보듯, 공화당 지지자들이 IS 사태를 13개 현안 중 두 번째로 중요한 이슈로 선정한 반면, 민주당 지지자들은 여섯 번째 이슈로 선정했는데, 다른 현안에 비해 정당 지지자별 선호도 차이는 크지 않았다.

중간선거 직전, 10월 15~20일에 퓨 리서치 센터가 실시한 여론조사[45]에서 국민들은 여전히 IS에 대한 미국의 군사 작전을 지지하고 있었고(57%), 공화당 지지 유권자들은 불충분한 개입을(63%), 민주당 지지 유권자들은 과도한 개입(57%)을 우려하고 있었다. 그러나 평가는 더 부정적이었다. 대 IS 군사 작전이 잘 진행되지 않고 있다고 답한 사람이 59%였고, 미국과 그 동맹국들이 뚜렷한 목표 없이 작전을 수행하고 있다고 평가한 사람이 전체의 62%에 이르렀다.

오바마 대통령에 대한 비판과 민주당 의원들의 연계를 강조함으로써 중간선거에서의 승리를 확정짓고자 하는 것은 공화당 후보들의 핵심 전략이었다. 미 하원 의장인 존 베이너(John Boehner, 공화당 - 오하이오)가 "대통령의 연설은 전략이라고 볼 수 없다"라고 비판했듯,[46] 공화당은 대통령이 IS의

---

43) Dan Lamonthe, "Gen. James Mattis on Iraq: 'You just don't take anything off the table up front,'" *The Washington Post*, September 18, 2014.

44) Frank Newport, "Economy, Government Top Election Issues for Both Parties," Gallup, October 9, 2014.

45) Caroll Doherty, Alec Tyson, Rachel Weisel, "Support for U.S. Campaign Against ISIS; Doubt About Its Effectiveness, Objectives," The Pew Research Center, October 22, 2014.

46) Scott Wong, "Boehner: Obama's speech is not a strategy," The Hill, September 10, 2014. http://thehill.com/homenews/house/217373-boehner-obamas-speech-is-not-a-strategy

〈표 17〉 중간선거에서 가장 중요하게 고려할 이슈(%): 2014년 9월

현안	민주당 지지 유권자	공화당 지지 유권자	차이
기후변화	61	19	42
남녀 임금평등	87	58	29
미국 내 임금과 부의 분배	75	54	21
낙태	60	43	17
일자리	89	83	6
의료보험	64	64	0
연방정부의 업무수행 방식	81	82	-1
경제	86	91	-5
국제 문제	64	73	-9
이라크, 시리아의 IS 사태	**72 (6번째로 중요한 이슈)**	**85 (두번째로 중요한 이슈)**	**-13**
세금	63	77	-14
이민 문제	57	75	-18
재정적자	63	82	-19

출처: Gallup(September 25~30, 2014)

파괴적 능력을 과소평가했고, 발 빠르게 대응하지 못했음을 비난했다. 공화당은 또한 IS 사태가 이라크에 충분한 규모의 잔류군을 배치하는 않는 등 오바마 대통령의 실정 때문에 불거진 문제라는 점을 내세워 여당을 깎아내렸다. 한편, 일부 지역에서 이라크 참전용사들을 공천하는 기회주의적 전략을 취하기도 했다. 보다 직접적으로는 선거 캠페인 중 IS를 비롯한 테러리스트 세력과 에볼라 바이러스 확산을 허위로 결부시킴으로써 현 정부에 대한

국민들의 신뢰 부족, 불확실성에 대한 불안과 두려움을 자극해 정치적으로 이용하기도 했다. 일례로, 격전지인 뉴햄프셔와 노스캐롤라이나에서 공화당 상원의원 후보들은 이민 문제를 테러리즘과 에볼라 바이러스의 확산 문제와 연계시켜 지지율을 끌어올린 사례도 있었다.[47] 여기에 레온 파네타(Leon Panetta), 로버트 게이츠(Robert Gates) 등 오바마 행정부의 전직 고위 관료들까지 공화당의 여당 비판 공세에 합세하면서 전통적으로 국가 안보 분야에서 강세를 보여 온 공화당에게 보다 유리한 선거 환경이 조성되었다.

그러나 면밀히 살펴보면, 미국의 대외개입에 대한 공화당 내 단합 수준이 낮았기 때문에 IS에 대한 대응 방식을 두고 민주당을 강하게 비판할 처지는 아니었다.[48] 한 미디어 리서치 연구에 의하면, 2014년 7월 말까지 가장 치열한 상원 격전지 8곳에서의 선거 캠페인에서 국제 이슈는 거의 활용되지 않았다고 한다.[49] 각종 미디어 매체의 헤드라인을 경쟁적으로 장식하는 이슈들이 정작 선거 캠페인에서 사용되지 않았다는 점은 주목할 만하다. 이는 현안이 앞으로 어떻게 전개될지 불확실한 상황에서 미 외교정책과 연계되는 것 자체가 후보들에게 상당히 부담스러웠다는 것을 의미하고, 아무리 야당이라 할지라도 부정적인 캠페인만 벌일 수 없는 정치적 고려를 보여주기 때문이다.

8월부터 IS에 의한 중동에서의 폭력사태가 빠르고 잔인하게 확산되면서 공화당 후보들이 국민들의 위기의식을 자극할 목적으로 이 현안을 후반부 선거 캠페인에 과장되고 왜곡된 형태로 원용한 경우도 있었다.[50] 그러나

---

47) Jeremy W. Peters, "Cry of G.O.P. in Campaign: All is Dismal," *The New York Times*, October 9, 2014.

48) 랜드 폴(Rand Paul, 공화당-켄터키)처럼 미국의 개입에 반대하는 인물도 있었고, 테드 크루즈(Ted Cruz, 공화당-텍사스)처럼 즉각적으로 이라크-시리아에 대한 전면적 공격에 몰입해야 한다는 후보도 있었다.

49) Janet Hook, "Congressional Candidates Opt Out of the Foreign-Policy Discussion," *The Wall Street Journal*, August 18, 2014, http://blogs.wsj.com/washwire/2014/08/18/congressional-candidates-opt-out-of-the-foreign-policy-discussion/

50) Elias Groll, "How American Politicians Are Fear-Mongering Their Way to Success

미국인들이 선거 날짜에 임박해 IS 사태를 중간선거에서 가장 중요한 이슈로 선정하게 된 배경에는 이슬람 극단주의 확산에 대한 공포와 미국의 대테러전략 전반에 대한 회의와 불안감이 있었다. 이러한 감정(sentiment)이 내재되어 있었기 때문에 IS에 의한 폭력과 국가 안보 위기를 연루시키는 공화당의 선거 캠페인이 기능할 수 있었던 것이다. 미국이 9·11 이후 주도해온 테러와의 전쟁이 알 카에다 조직 해체와 오사마 빈라덴과 같은 테러집단 수뇌부 제거에 집중되어 소기의 성과를 이루었지만, 극단주의 테러리즘은 IS라는 변형된 집단을 통해 새롭게 확산되는 모습을 보였기 때문이다(인남식 2014).

따라서 IS 사태는 단편적인 폭력 사건이 아니라 2001년부터 지속적으로 미국을 위협한 테러와 연계되어 국민들의 위기의식을 한층 고조시켰다. 특히, IS 세력에 의해 미국인 인질들이 잔인하게 살해되는 모습은, 무엇보다도 폭력사태를 본토에서 가깝다고 느끼도록 만들었을 것이다. 이러한 상황에서 오바마 대통령이 일찍이 그려놓은 "지상군 파병은 없다(no boots on the ground)"는 레드라인은 테러리즘 척결을 위한 미국의 대외개입을 제한하는 것으로 비춰져 그의 리더십과 외교정책 수행 능력에 대한 신뢰도를 떨어뜨렸을 것이다. 중동에서 또 다른 장기전에 연루될 것을 우려해 과도한 대외개입을 원하지 않는 것이 미국 국민들의 기본 입장이지만, 동시에 미국 본토 내에서의 테러 공격을 가장 심각한 안보 위협으로 인식하고 있어 정부가 잠재적인 적대세력에 대해 강하게 대응해줄 것을 기대하고 있기 때문이다.

---

at the Polls," *Foreign Policy*, November 3, 2014.

IV. 2014년 중간선거 결과와 미국의 주요 외교정책 전망

2014년 중간선거 결과 형성된 '분점정부(divided government)'하에서 오바마 대통령의 남은 임기 동안 의회의 행정부 견제는 더욱 강해질 전망이다. 선거 후 2016년 대선 구도로 접어들면서 공화당 의원들은 일찍부터 민주당보다 유리한 입지를 차지하려는 모습이다. 2014년 중간선거에서 2010년에 비해 외교·안보 현안이 부각되었고, 미국의 국제 문제 해결능력에 대한 유권자들의 불만이 선거 결과에 반영되었기 때문에 현재로서는 민주당에게 전략적으로 유리한 상황은 아니다. 2008년 대통령선거에서 오바마 후보의 당선을 가능하게 만든 "희망(hope)"처럼 2014년 중간선거에서는 정부의 외교·안보 현안 해결 역량 부족에 의한 "불신(lack of confidence)"이 국민들의 투표 행태에 영향을 미친 것으로 보인다.

그러나 민주당이 패한 선거 결과가 오바마 행정부의 외교정책 방향을 변화시키지는 못할 것이다. 공화당 의원들이 민주당 의원들이 차지했던 모든 상임위원회 위원장을 대체했기 때문에[51] 의제를 설정하고 정책의 방향을 결정하는 데 공화당의 강경파적인 대외정책 기조가 영향을 미칠 것은 자명하다. 그러나 여소야대 국면이 형성되었다 할지라도 공화당이 민주당의 의사진행방해(filibuster)를 막기 위해 필요한 의석수를 얻은 것도 아니고, 상원에서 대통령의 거부권 행사를 무효화할 수 있는 의석수(67석)도 확보하지 못한 상태이다. 게다가 모든 정책을 의회 표결에 부치는 것도 원칙이 아니다. 새로 부임한 의원들 대부분이 정치 생활을 오래한 인물들이기 때문에

51) 상원의 경우, 밥 코커(Bob Corker, 공화당-테네시) 의원이 외교위원회 위원장을, 존 매케인(John McCain, 공화당-애리조나) 의원이 군사위원회 위원장을, 린지 그레이엄(Lindsey Graham, 공화당-사우스캐롤라이나) 의원이 세출소 위원회 위원장을 맡았다. 하원의 경우, 에드 로이스(Edward Royce, 공화당-캘리포니아)가 외교위원장을 유임하게 되었고 맥 손버리(Mac Thornberry, 공화당-텍사스) 의원이 군사위원회 위원장을 차지했다.

정책과 예산 문제에 대해서 근본적인 변화를 추구하지 않는다는 점, 공화당 의원들이 국내예산을 국방예산으로 전환시키려 해도, 대통령이 이를 수용할 리 없다는 점을 보면 변화의 폭이 작을 것이라는 예측이 가능하다. 결국, 외교정책 분야에서 대통령의 입지는 견고하다고 할 수 있겠다. 오히려 대통령과 의회가 대결하는 것이 상·하원이 대치하는 것보다 효율적인 정책 수행을 가능하게 해줄 수도 있다. 2014년 정부 셧다운(shut-down)을 초래해 국민들의 불만을 고조시킨 의회 정치가 재연될 가능성도 낮아졌지만, 그동안 행정명령으로 대부분의 정책을 추진해 온 오바마 행정부로서는 의회 전체를 대상으로 협상하는 것이 어렵지 않을 수 있기 때문이다.[52)]

오바마 행정부는 남은 임기동안 자신의 업적을 만들어내는 데(legacy making)에 집중할 것으로 보이며, 그 과정에서 국내 문제보다 대통령의 고유 영역으로 인식되는 외교정책에 더욱 주력할 가능성이 높다. 실제로 중간선거 이후 상원을 지켜야 하는 부담도 덜고, 대통령에 대한 국민들의 지지도와 경제회복에 대한 기대가 동반 상승하면서 운신의 폭이 넓어져 자유로운 모습이다. 오바마 대통령은 자신의 낮은 지지도가 민주당 후보들에게 부정적인 영향을 미칠 것을 우려해 중간선거 기간 동안 다소 조심스럽게 행동했다면, 선거 직후에는 대통령의 고유 권한인 거부권과 행정명령을 통해 이민법 개정 발표, 중국과의 기후변화 약속 발표, 키스톤 XL 송유관 건설 거부를 시작으로 12월에는 쿠바와의 관계 정상화를 전격 발표하는 등 상당히 공세적인 자세를 취하고 있다.

2015년 국가안보전략보고서(National Security Strategy 2015)는 오바마 2기 행정부가 중간선거 이후 처음으로 의회에 제출한 외교전략 문서이다.[53)]

---

52) 『2015 국제정세전망』(국립외교원 외교안보연구소, 2015), p.52.

53) 미국의 국가안보전략보고서는 미국의 국가이익, 안보 목표, 대외정책 등 장단기 정책수단을 담은 국가안보 최상위 전략문서이다. 이는 골드워터-니콜스법(Goldwater-Nichols Dod Reorganization Act of 1986, Public Law 99-433)에 의거해 대통령이 다음 회계연도 국가예산안과 함께 의회에 제출하는 문서이다. 초기에는 매년 제출하다가 최근에는 대략 4년 주기에 따르고 있다. 이 문서는 미국의 정책 목표를 구체적으로 제시하는 대신, 안보환경에 대해 평가하고 국가 전략 목표를 포괄적 개념으로

기본적으로 미 의회와 국민을 설득하는 성격이 강하지만, 미국 대외전략의 지속과 변화를 관찰할 수 있는 계기를 마련해주기 때문에 각국의 관심을 받고 있다. '전략적 인내' 기조하에 일방주의적 외교행태를 배격하고 국제기구를 활용한 미국 주도의 국제질서 구축, 군사력 사용과 과도한 대외개입(overreach)의 자제, 동맹국과 동반자 국가들과의 공조 강화를 강조한 것이 연속성의 근거라면, 2015년 보고서의 특징은 다음과 같다.

첫째, 경제회복에 대한 자신감에 힘입어 미국의 글로벌 리더십이 지속되어야 한다는 당위성과 필요성을 거듭 강조하고, 이러한 리더십의 발현을 위해 외교정책 분야에서 초당적 협력이 필요하다는 것을 호소했다.[54] 둘째, 우크라이나 사태를 국가안보에 대한 도전으로 인식하고 이에 대한 러시아의 공세적 행태를 비난하며 강력한 대응 의지를 보였다. 셋째, 이라크와 시리아에서의 심각한 IS 위협을 인식하고 반드시 격퇴하겠다는 의지를 표명했다. 넷째, 사이버와 해양안보 분야에서 표출되는 중국의 공세적 태도와 군대의 현대화를 견제하면서도, 기후변화 등의 이슈에 대한 중국과의 협력을 상당한 업적으로 강조했다. 마지막으로 아태지역 재균형정책의 추진을 강조하며 환태평양경제공동체(TPP)가 그 노력의 핵심이라고 설명했다.

다음에는 앞서 III절에서 살펴본 IS 사태와 러시아의 도전 현안과 함께, 이란과 북한 핵 문제 해결을 위한 오바마 행정부와 의회 간 타협 가능성을 살펴보고 향후 정책 방향을 전망해보도록 하겠다.

1. IS 사태

2014년 중반에 붉어진 이라크와 시리아의 IS 사태는 양극화된 미 국내정치의 핵심 이슈로 쟁점화되었다.[55] 일찍이 지상군을 파견하지 않겠다고 표

요약한다. 오바마 행정부는 2010년에 첫 번째 보고서를 제출한 바 있다.

54) 본문 중 "lead"와 "leadership"이라는 단어를 100회 이상 사용했다.

명한 오바마 대통령은 공화당으로부터 IS의 위험성을 제대로 인식하지 못했다고 비판 받았고, 그의 이라크 및 시리아에 대한 공습 결정 또한 국가안보에 대한 최고 위협인 IS를 격퇴하기에는 역부족이라고 평가 받았다. 뎀프시 합참의장과 오스틴(Lloyd Austin) 중부사령부 사령관을 포함한 군 관계자들도 소규모라도 미군 지상군을 이라크에 파병해야 한다는 입장이다. 2015년 2월 11일에 오바마 대통령이 의회에 제출한 무력사용권 초안은 '특별한 상황(special circumstances)'을 제외하고는 대규모 지상군 투입을 삼가하고, 특수부대를 활용한 제한적 지상전만 허용하겠다는 내용을 담고 있었다. 이는 보다 적극적인 군사적 개입을 원하는 공화당은 물론, 불확실성이 높은 상황에 대해 미국의 손발을 미리 묶어서는 안 된다는 이유로 존 케리 국무장관을 비롯한 일부 민주당 의원들의 반발도 샀다. 지금 추세로 민주당 내 반대의견이 증가하고 국내여론이 지상군 파병을 지지할 경우,[56] 공화당이 장악한 의회가 지상군 투입을 결정할 수 있을 것으로 보인다. 다만, IS 사태가 내전의 성격을 띠고 있기 때문에 미국이 이라크 정부군과 쿠르드 자치정부군, 온건한 반군세력을 육성해 지상 작전에 투입할 가능성이 높다. IS 세력이 미군이 대부분 철수한 아프가니스탄으로 세력을 확대하고 있기 때문에 2016년 말까지 완전히 철수할 예정이었던 잔류 미군의 철군 시점이 재조정될 여지도 있다.

2. 우크라이나 사태

러시아의 크림반도 합병과 우크라이나 동부지역 분리주의자들에 대한 군사 지원에 맞서 미국은 2014년 3월부터 유럽연합 국가들과 공조해 대러 경제 제재를 시행하고 있고, 당분간 강경한 기조는 행정부와 의회 간 이견 없

55) Christopher R. Hill, "ISIS in America," Project Syndicate, February 25, 2015.
56) 강의영, "미국민 66%, IS 격퇴전 미군 지상군 투입 찬성," 연합뉴스, 2015.2.14.

이 유지될 것으로 보인다. 오바마 대통령은 2014년 12월 19일, 행정명령(E.O.13660)에 의거해 미국인의 크림지역과의 무역 및 동 지역에 대한 투자를 금지하는 한편, 우크라이나 분리주의자 17명과 이들을 지원하는 7개 군사조직과 단체를 금융제재 대상자로 추가 지정했다. 같은 날 대통령은 의회를 통과한 "우크라이나 자유지원법(H.R.5859)"에 서명했는데, 이는 2014년 9월에 밥 코커(Bob Corker, 공화당-테네시) 의원과 로버트 메넨데즈(Robert Menendez, 민주당-뉴저지) 의원이 공동으로 제출한 제재법안이다. 동 법률은 제재대상자 지정을 행정부에 맡기고, 우크라이나 지역 등에 대한 국방물자 이전 및 판매는 물론 제재대상 행위에 대한 거래, 후원 및 자금과 기술 지원 등을 금지하고 있다. 이는, 러시아뿐 아니라 러시아와 교류하는 제3국에게도 강제성이 부여되는 강력한 제재(secondary sanctions)이다.

미국은 다음과 같은 이유로 당분간 러시아에 대한 정치적·경제적 고립 전략을 유지할 것으로 보인다.

첫째, 미국은 유럽 국가들과 달리 러시아에 대한 무역과 에너지 의존도가 낮기 때문에 제재에 의해 반사되는 피해가 적은 편이다. 2015년 국가안보전략보고서에서 미국이 러시아의 패권 확장은 유럽 동맹국들과 협력해 억지하겠다고 밝힌 만큼, 오직 나토를 통한 유럽에서의 군사적 활동을 강화하겠다는 '레드라인'을 정해놓은 것으로 보인다. 실제로 오바마 대통령은 중간선거 이후에도 추가적인 대러 제재법안에 서명했고, 우크라이나에 대한 군사적 지원(lethal defensive weapon systems)을 확대해야 한다는 의회의 요구에 맞서 공격용 무기 지원은 보류해놓은 상태이다.

둘째, 러시아는 서방의 제재가 주변국에 대한 자국의 영향력 약화를 가져올 수 있다는 위협인식을 바탕으로 국가 안보전략 차원에서 대미 전략을 구사하고 있다.[57] 미국 또한 한편으로 우크라이나라는 핵심이익을 지키기

57) 김석환, "서방의 대러 제재 및 파장 그리고 한국의 대응 방향," KIEP 대외경제정책연구원, 전문가풀 회의 발표자료 중, 2014.8.21.

위해, 다른 한편으로는 탈냉전 이후 서방이 주도하는 국제질서 전반에 저항하기 위해 공세적으로 행동하는 러시아에 대해 소극적으로 대응할 경우, 자국의 안보가 위기에 처할 것으로 인식하고 있다. 장기적으로 보았을 때, 미국이 중국과 벌이는 세계 패권 경쟁에 러시아가 가세하는 것을 막기 위해 비군사적인 수단을 동원해 러시아를 충분히 위축시키려는 전략적 선택을 했을 가능성도 있다.

국제사회의 대러 제재 강화가 국제 유가 하락과 동시에 작용함으로써 현재 러시아 경제는 극심하게 침체되어 있다. 2014년 9월에 체결한 민스크 휴전 합의로 우크라이나 정부군과 반군 간 교전이 잠시 소강상태를 보이는 듯하다 재개되었다. 2015년 2월 12일, 우크라이나 사태 해결을 위한 러시아, 우크라이나, 프랑스, 독일 4개국 정상회담이 타결되면서 내전의 당사자들은 2월 15일부터 휴전에 들어간 상태이다. 그러나 우크라이나 내부의 사정이 복잡한데다가 러시아가 핵심 이익에 대해 양보할 의사가 전혀 없기 때문에 돌발 상황에 의한 정전 중단, 대치 상태의 장기화 가능성을 배제할 수 없다. 미국은 러시아만큼 우크라이나에 대한 직접적인 이해관계가 깊지 않고, 최근 미러 관계가 최악의 국면을 맞이하면서 정치·외교적 부담이 가중되고 있기 때문에 언제까지 현재의 대립 구도를 유지할지에 대한 관심이 증대되고 있다. 미국이 명분을 내세워 출구 전략을 마련할 수 있다면, 적정 수준에서 유럽 국가들에게 사태 해결을 전격 위임할 것으로 예상된다.

3. 이란의 핵 협상

이란과 P5+1(유엔 안보리 상임이사국+독일)은 2013년 11월 24일에 핵협상 타결에 성공해 6개월 내에 포괄적 합의를 도출하겠다는 목표를 세우며 잠정적 합의에 도달했다. 이란은 서방의 대이란 제재를 일부 완화한다는 조건으로 그 기간 동안 핵개발을 중단하기로 약속했다. 그러나 2014년 7월 18일, 협상 당사자들은 뚜렷한 성과 없이 예정된 핵협상 잠정 기한을 11월

24일까지 4개월 연장했다. 과거 이란의 핵개발 내용을 입증하는 증거의 투명성, 이란의 우라늄 농축에 사용 가능한 원심분리기 수, 합의 지속 기간, 그리고 국제사회의 제재를 완화시켜나가는 속도에 대한 합의가 여전히 부재했기 때문이다. 2014년 11월 24일에 이르러 당사자들은 협상 기한을 한 차례 더 연장해 2015년 3월 말까지 정치적 합의에 도달하고, 그 해 6월 30일까지 구체적인 이행계획을 포함한 최종 합의를 작성하는 것을 목표로 정했다. 3월 말에 접어들어 이란과 서방 측은 마라톤 협상을 벌였고, 마침내 4월 2일에 최종적으로 포괄적 합의에서 다루어야 할 핵심 요소를 식별하는 잠정적 합의를 도출해냈다. 이로써 이란은 저농축 우라늄을 생산할 수 있는 권리를 확보해 자존심을 지켰고, P5+1은 이란이 핵무기를 개발하기까지 걸리는 시간을 지연시키는 목적을 일차적으로 달성했다. 아직 해결해야 할 문제는 많지만, 당사국들 간 합의에 의한 이란 핵무기 개발 저지는 북한의 핵개발로 인해 중대한 도전에 직면했던 핵 비확산체제를 공고히 하고, 다자적 제재의 시행과 병행하는 협상의 중요성을 부각시켰다는 면에서 상당히 의미가 있다.

중간선거 이후 공화당이 장악한 의회는 보다 강력한 대이란 제재를 시행하고 오바마 대통령의 조약체결권을 제한하려고 정치적 압박을 고조시켰다. 의회는 이미 2014년 7월에 밥 코커(공화당 - 테네시) 의원 주도하에 이란 핵 협상 법안(S.2650 Iran Nuclear Negotiations Act of 2014)을 발의한 바 있다. 이 법안은 이란이 제네바 합의 등을 깨고 핵개발을 지속할 경우 자동적으로 자금줄을 차단하고자 원유 수출 등을 추가로 제한한다는 내용과 핵 협상에서 도출된 어떠한 합의 내용도 3일 내에 상원의 검토를 받도록 하는 등을 포함하고 있었다. 당초 11월 이후 협상 기한 연장도 불허한다는 기조였으나 민주당 의원들의 반대에 부딪혀 부결되었다. 로버트 메넨데즈(민주당 - 뉴저지) 상원의원과 마크 커크(Mark Kirk, 공화당 - 일리노이) 상원의원이 연말까지 합의안이 도출되지 않으면 제재법안을 처리하겠다고 밝혔고, 2015년 2월 27일, 밥 코커 의원이 주도해 수정된 이란제재법안(S.269 The Nuclear Weapon Free Act of 2015)을 발의했다. 이는 의회 검토기간을 60일에서 30일로 줄이고, 대통령이 이란의 테러지원 활동 중단을 증명하도록 하는 조항을 완화시켰다. 코커의 법안은 4월 14일, 미 상원 외교위원회에서 만장일치로 통과되었고, 곧 전체회의에서 표결에 부쳐질 예정이다. 오바마 대통령은 거부권을 행사하겠다는 기존 입장을 접고 이에 서명할 의사를 밝혔다.

오바마 행정부는 마지막까지 이란과 협상하는 기회를 버릴 수 없다는 입장이다. 잠정적 합의는 미국이 이란에게 압력을 가할 수 있는 장치라는 이점도 있고 오바마 2기 행정부의 중동정책이 대부분 실패한 것으로 평가받은 가운데 미국은 이란의 핵 협상까지 완전한 실패로 종결되는 것을 최소한 막으려는 의도이다. 한편, 그의 노력은 2015년 3월에만 몇 번의 고비를 맞이했다. 우선, 3월 3일, 존 베이너 하원 의장이 백악관에 통보하지 않고 기획한 베냐민 네타냐후(Binyamin Netanyahu) 이스라엘 총리의 상·하원 합동연설이 있었다. 네타냐후 총리는 이란의 협상 의도가 불순하고 협상 자체가 위험하다고 역설해온 인물로, 연설 중 이스라엘의 반대 입장을 표명했다. 이어서 3월 9일, 톰 코튼(Tom Cotton, 공화당 - 아칸소) 의원을 비롯한 공화당 상원 의원 47명이 이란 최고지도자 하메네이에게 직접 보낸 공개서한이 있었다.

이는 미 의회의 승인 없이는 양국 간 합의는 단순한 행정협약에 불과하고, 차기 대통령이 얼마든지 협약을 철회할 수 있다는 내용으로 미국 대통령의 위상을 전면적으로 부정했다. 미 의회가 행정부의 정책 결정에 반기를 든 것은 이번이 처음도 아니고, 제도적으로 보장된 권리를 행사한 것이기는 하지만, 이번처럼 상대 국가 지도자에게 직접 연락을 취해 진행 중인 협상 자체를 부정하는 일은 처음이었다. 이에 못지않게 이란 내 보수파들도 협상 과정에서 로하니(Hassan Rouhani) 대통령이 핵개발 권리를 쉽게 내줄 것을 우려해 그를 견제하고 있는 가운데, 합의 도출이 뜻대로 되지 않을 경우 일련의 사건을 문제삼아 협상의 정신(spirit)을 해친 미국을 비난하고 핵개발을 재개할 가능성이 높아졌다. 당분간 이란의 핵 문제에 대한 오바마 행정부와 의회 간 긴장 관계는 지속될 것으로 보이며, 최종 합의를 도출해야 하는 기한인 6월 말과 그 이후에 관계가 어떻게 변할지는 더 지켜보아야 할 필요가 있다.

4. 북한의 핵 문제

미국은 2015년 국가안보전략보고서에서 북핵 문제를 적극적으로 해결하기보다는 대북 제재를 통한 북한의 행동변화를 기다리겠다는 모호한 입장을 유지했다. 이란 핵 협상의 추동력을 제공한 경제 제재에 대한 강한 신뢰를 밝히면서도, 이란과 북한의 핵 문제는 개별적인 사안임을 강조했다. 이러한 미국의 입장은 2015년 4월에 이란과 잠정적 합의를 도출한 후에 더욱 분명해졌다. 사실, 2014년 중간선거 전까지 추가적인 북한의 핵실험도 없었고, 미국이 이란 핵 협상에 총력을 기울이고 있어 그동안 북핵 문제의 해결은 미국의 우선순위에서 밀린 모습이었다. 오히려 북한은 중국과의 관계가 냉각되면서 자구책으로 일본, 러시아, 그리고 유럽 국가들과 대화를 시도했고, 2명의 미국인 인질 석방을 통해 미국에게도 유화적인 제스처를 보내기도 했다. 그러던 중, 2014년 11월 24일에 벌어진 소니 픽처스 해킹 사건으로 인해 북한의 사이버 공격 위험성이 부각되고, 미국이 포괄적인 대북 제재 조치를 시행하면서 비로소 북한의 핵 문제가 주목 받게 되었다.

2014년 11월 24일, 영화 '인터뷰'를 제작한 소니 픽처스의 전산시스템이 해킹 공격을 받았고, 회사 측에서 북한의 보복 위협을 의식해 12월 말에 개봉을 포기하는 일이 발생했다. 미국이 북한을 가해자로 지목하자, 북한 당국은 책임을 부인하고 미국과 공동조사를 제안했지만 거부당했다. 미 국민들은 북한이 영화 개봉을 앞두고 9·11 테러를 거론하며 미국의 안보를 위협했다는 점, 그로 인해 자신들의 표현의 자유가 침해당했다는 점을 이유로 분노했다. 이에 따라 오바마 대통령은 사이버 공격에 대해 '비례적 대응'을 할 것을 선포했고, 몇몇 공화당 의원들은 '테러행위'에 대한 엄중한 처벌을 요구하고 나섰다. 이에 따라 오바마 대통령은 2015년 1월 2일, 행정명령

(E.O.13687)을 발표해 추가적인 대북 제재를 시행했고, 의회에서는 2015년 1월 8일에 북한제재 및 외교적 비승인 법안(H.R.204 North Korea Sanctions and Diplomatic Nonrecognition Act of 2015)를 발의하고, 북한제재이행법안(H.R.757 North Korea Sanctions Enforcement Act of 2015)을 재발의했다. 미 하원에서는 북한을 테러지원국으로 재지정하는 법안이 발의되기도 했는데,[58] 이는 제재의 실제 효과를 기대하기보다는 국내 여론을 인식한 정치적 행위로 해석하는 것이 마땅하다.[59] 이처럼 북핵 문제에 대한 미 행정부와 의회의 대응은 상당히 조율된 모습으로, 이란의 핵 문제에 비해 민주당과 공화당 간 이념적 갈등은 미미할 것으로 보인다.

2015년 1월 13일, 하원 외교위원회 청문회에서 국무부 대북정책 특별대표인 성 김은 소니 해킹 사건뿐 아니라 북한의 핵·미사일 개발, 인권 탄압 등을 거론하면서 금융제재를 포함한 수단을 동원해 북한을 압박하겠다고 밝혔다. 동 청문회에서 미 재무부 테러금융 담당 차관보인 다니엘 글레이저(Daniel Glaser)도 미국 정부가 모든 권한을 활용해 북한을 세계 금융시스템으로부터 고립시키겠다는 의지를 천명했다.[60] 이러한 움직임은 북한이 추가적으로 도발할 경우, 미국이 금융 제재를 포함한 보다 강한 수단을 동원해 압박 수위를 높일 수 있음을 시사한다. 최근 미 중앙정보국(CIA) 차장에 데이비드 코언(David S. Cohen)이 임명되었는데, 그가 전직인 재무부 테러·금융정보 담당 차관 시절 북한에 대한 금융정책을 총괄해왔기 때문에, 미국의 대북 금융제재 변화 동향에 주목할 필요가 있겠다.

---

58) 로스-레티넌(Ileana Ros-Lehtinen) 하원의원은 북한이 테러지원국에서 해제된 2008년 이후부터 거의 매년 북 테러지원국 재지정 법안 발의를 추진해왔다.

59) 2014년 12월 18-21일에 CNN/ORC가 실시한 여론조사에서는 응답자의 62%가 소니가 영화 상영을 중단한 것은 북한 위협에 과도하게 반응했다는 입장이었다. 이에 따라 응답자의 76%가 미국이 대북 제재를 강화하는 데 찬성했고, 61%는 북한의 행동을 테러리즘으로 규정했다. http://edition.cnn.com/2014/12/23/politics/cnn-poll-sony-north-korea-hack/

60) 채병건, 미국 "북한 돈줄 포함 모든 수단 동원해 제재," 『중앙일보』, 2015년 1월 14일.

V. 결론

집권 초기부터 오바마 대통령의 외교안보정책 전략과 수행 방식에 대한 비판이 많이 제기된 가운데, 2014년에 집중적으로 발생한 국제 현안을 처리하는 과정에서 미국의 리더십 부족과 소극적 대외개입 문제가 재차 부각되면서 국민들의 대통령에 대한 신뢰도가 저하되었다. 안보 위협에 대한 위기의식이 고조된 반면, 현 정부가 효과적으로 대응하지 못한다는 인식이 선거에 투영됨으로써 외교정책이 중간선거 결과에 상당한 영향을 미친 것으로 보인다. 특히 유권자들이 투표 당시 경제뿐 아니라 외교·안보 현안에 상당 수준의 관심을 가졌고, 정치적 양극화가 심화되어 당론을 따르는 투표 성향을 보이면서 공화당에게 보다 유리한 선거 환경이 조성되었다.

2014년 중간선거에서 한반도를 비롯한 아시아의 안보 문제는 쟁점화 되지 않았다. 이를 예고하듯, 오바마 대통령은 2014년 9월 10일 백악관 연설에서 중동과 북아프리카에서 가장 심각한 안보위협이 발생할 것이라고 말했고, 2014년 9월 24일 유엔총회 연설에서도 우크라이나 사태의 해결과 IS 격퇴는 강조했지만 북핵 문제나 동북아 안보 상황은 언급조차 하지 않았다. 지정학적으로 중요한 중국의 부상과 러시아의 공세적 태도도 IS 사태가 미국 본토에서 보다 가까운 안보 위협이라고 인식되면서 상당 부분 가려졌다. 2013년 초 마지막 핵실험 이후 북한은 더 이상의 핵 도발은 하지 않고 있다. 오히려 북한 측에서 대화하자는 의지를 몇 번 표출했고, 북한이 핵 포기에 대한 진정성을 보이지 않는 한 대북 제재는 계속될 것이고, '대화를 위한 대화'는 하지 않겠다는 원칙을 앞세운 미국이 이를 거부했다. 미국이 상대적으로 평온한 시기를 북핵 문제 해결의 기회로 삼지 않고, 사이버 해킹사건을 계기로 강력한 추가 제재를 시행한 모습을 보면, 결국 미국을 움직이는 것은 자국민들이 중요하게 생각하는 가치와 안보문제라는 것을 알 수 있다.

수년간 국제사회의 수위 높은 제재에도 불구하고 북한이 핵개발을 포기할 의사를 보이고 있지 않고, 오바마 행정부는 기존의 '전략적 인내'정책을 유지하고 있다. 미국은 제재와 압박만으로 북한의 행동이 변할 가능성이 낮다는 것을 인지하면서도, 자국민을 상대로 북한의 위협에 강하게 대응하고 있다는 신호를 보내고 있는 형국이다. 오바마 대통령이 2011년부터 강조하고 있는 아태지역 재균형정책(US. balancing to Asia)도 북한 핵 문제 해결에 대해 대책을 제시하지 못하고 있다. 2016년 대선 구도에 접어든 미국 입장에서는 북핵 문제의 해결을 약속하고 적극적으로 시도하기에는 위험부담이 큰 것은 사실이다. 게다가 현재 중동의 IS 사태와 최종 합의 기한이 얼마 남지 않은 이란 핵 협상, 나아가 중동 지역 안정화에 주력하고 있기 때문에, 북핵 문제의 '관리'가 아닌 '해결'의 정책적 우선순위를 높이기 어려울 것이다. 이렇듯, 미국과 한국의 대북관과 접근법은 근본적으로 다른 사고를 바탕으로 이루어져 있다. 미국의 강경한 대북 기조가 당분간 지속될 것으로 보이는 가운데, 우리 정부는 적극적으로 미국과 의견을 조율하고, 남북관계에서 주도권을 잡는 노력을 경주해야 할 것이다.

▌참고문헌 ▌

국립외교원 외교안보연구소. 2015. "2015 국제정세전망."

권보람. "이란의 핵협상이 북한 핵문제 해결에 주는 함의: 미국의 입장을 중심으로." 『동북아 안보정세 분석』. 2015.4.6.

미국정치연구회. 2013. 『어게인 오바마: 2012 미국 대선과 오바마의 재선』. 도서출판 오름.

미국정치연구회 편. 2010. 『미국의 선거와 또 다른 변화: 2010년 중간 선거』. 도서출판 오름.

변 웅. "2014 서아프리카 에볼라 바이러스 발현 현황 및 원인 분석과 국제사회의 외교적 대응." 『주요국제문제분석』. No.2014-45. 국립외교원 외교안보연구소. 2015.1.15.

손병권. "결혼서약을 잊은 오바마에게 별거를 통보한 미국 유권자." EAI 논평 제13호. 2010.11.8.

송화섭 외. 2015. 『2014 동북아 군사력과 전략동향』. 한국국방연구원 출판부.

엄태암·유지용·권보람. 2015. 『미국의 아태지역 재균형정책과 한반도 안보』. 한국국방연구원 출판부.

인남식. "이라크 '이슬람 국가' 등장의 함의와 전망." 『주요국제문제분석』. No.2014-30. 국립외교원 외교안보연구소. 2014.9.15.

정구연. "2014 미국 중간선거 분석: 외교안보 정책적 함의를 중심으로." 『주요국제문제분석』. No.2014-39. 국립외교원 외교안보연구소. 2014.11.26.

Steven W. Hook 지음. 이상현 역. 2014. 『강대국의 패러독스: 미국 외교정책』. 명인문화사.

Aldrich, John H., Christopher Gelpi, Peter Feaver, Jason Reifler, and Kristin T. Sharp. 2006. "Foreign Policy and the Electoral Connection." *Annual Review of Political Science*, Vol.9. pp.477-502.

Aldrich, John H., John L. Sullivan, and Eugene Borgida. 1989. "Foreign Affairs and Issue Voting: Do Presidential Candidates "Waltz Before a Blind

Audience?""*American Political Science Review*, Vol.83, No.1(March 1989). pp.123-141.

Dimock, Michael, Carroll Doherty, and Juliana M. Horowitz. 2013. "America's Place in the World 2013." Pew Research Center. http://www.thechicago council.org/sites/default/files/2014_CCS_Report_1.pdf

Edwards, George C., William Mitchell, Reed Welch. 1995. "Explaining Presidential Approval: The Significance of Issue Salience." *American Journal of Political Science*, Vol.39, No.1(February 1995), pp.108-134.

Gadarian, Shana K. 2010. "Foreign Policy at the Ballot Box: How Citizens Use Foreign Policy to Judge and Choose Candidates." *Journal of Politics*, Vol.72. Issue 4. pp.1046-1062.

Holsti, Ole R. 1992. "Public Opinion and Foreign Policy: Challenges to the Almond-Lippmann Consensus Mershon Series: Research Programs and Debates." *International Studies Quarterly*, Vol.36, No.4(December, 1992), pp.439-466.

Jacobson, Gary C. 2007. "Referendum: The 2006 Midterm Congressional Elections." *Political Science Quarterly*, Vol.122, No.1(Spring), pp.1-24.

Mearsheimer, John J. 2014. "Why the Ukraine Crisis Is the West's Fault: The Liberal Delusions That Provoked Putin." *Foreign Affairs* (September/October 2014).

Petrocik, John. 1996. "Issue Ownership in Presidential Elections, with a 1980 Case Study." *American Journal of Political Science*, Vol.43, No.3. pp. 864-887.

Powlock, Philip J., and Andrew Z. Katz. 1998. "Defining the American Public Opinion/Foreign Policy Nexus." *Mershon International Studies Review*, Vol.42. pp.29-61.

Smeltz, Dina, Ivo Daalder, and Craig Kafura. 2014. "Foreign Policy in the Age of Retrenchment." The Chicago Council on Global Affairs. http://www.people-press.org/files/legacy-pdf/12-3-2013%20APW%20VI.pdf

Trumbore, Peter F. 2013. "Running on Foreign Policy? Examining the Role of Foreign Policy Issues in the 2000, 2002 and 2004 Congressional Campaigns." *Foreign Policy Analysis*, Vol.9. Issue 3(July 2013). pp.267-286.

색인

| ㄱ |

| ㄴ |

| ㄷ |

| ㄹ |

| ㅁ |

| ㅂ |

| ㅅ |

| ㅇ |

| ㅈ |

필자 소개(가나다순)

❖ **권보람**은 이화여자대학교 정치외교학과 학부를 졸업하고 고려대학교 대학원에서 국제정치학 석사학위를 받았다. 미국 노스캐롤라이나 주립대학 채플힐에서 상대국가의 정책변화를 유도하기 위한 경제 제재의 효과성을 재조명하는 연구로 정치학 박사학위를 받았다. 현재 한국국방연구원 선임연구원으로 재직 중이며 주요 연구업적으로 「대이란 제재의 성공요인 분석과 대북 제재와의 비교 연구」(한국국방연구원 연구보고서, 2014)와 "When are Sanctions Effective?: A Bargaining and Enforcement Framework"(공저, *International Organization*, 2015) 등이 있다.

❖ **박영환**은 영남대학교 정치외교학과(정치학사)와 동 대학원(정치학 석사)을 졸업하고 미국 앨라배마대학교에서 미국정치로 박사학위를 받았다. 앨라배마대와 한림대에서 박사후연구원을, 그리고 경북대에서 BK 연구교수를 역임하였으며 현재 경북대, 계명대, 영남대에서 강의하고 있다. 주요 연구업적으로는 "경제적 불평등과 정치적 대표: 18대 국회의 사례"(『현대정치연구』 제8권 1호, 2015), "임기 초 박근혜 대통령의 예외적인 지지율 경향 분석"(공저, 『대한정치학회보』 제23권 1호, 2015) 등이 있다.

❖ **서정건**은 서울대학교 정치학과를 졸업한 후 미국 텍사스 주립대(Austin)에서 미국 의회와 정당정치, 미국 외교정책 연구로 정치학 박사학위를 받았다. 노스캐롤라이나 주립대(Wilmington) 교수를 거친 후 현재 경희대학교 정치외교학과 부교수로 재직하고 있다. 주요 논문으로는 “Security Ties or Electoral Connections? The US Congress and the Korea-US Free Trade Agreement, 2007-2011,” *International Relations of the Asia-Pacific* (2015), “소셜미디어 시대의 사회운동과 정당정치: 미국의 소득불평등과 점령하라 운동 사례를 중심으로,” 『한국정당학회보』(2014), “The China Card: Playing Politics with Sino-American Relations,” *Political Science Quarterly*(2012) 등이 있고, *Party Politics, American Politics Research, Journal of Legislative Studies, Journal of American Studies, Korean Journal of Defense Analysis, Asian Perspective* 등에 논문을 발표하였다.

❖ **이병하**는 연세대학교 정치외교학과 및 동 대학원을 졸업하고 미국 럿거스대학(The State University of New Jersey-New Brunswick)에서 정치학 박사학위를 받았다. 이후 연세대학교 정치외교학과 BK 21 박사 후 연구원으로 재직하였고, 현재 서울시립대학교 국제관계학과 조교수이다. 주요 연구업적으로는 “The Development of Korea' Immigration Policies: Security, Accumulation, Fairness, and Institutional Legitimacy”, “South Korea's Developmental Democracy and Migrant Workers Policy”, “한국 이민관련 정책의 입법과정에 관한 연구” 등이 있다.

❖ **이소영**은 연세대학교 정치외교학과와 동 대학원 정치학과를 졸업한 후 미국 텍사스대학교(오스틴) 정치학과에서 정치학 박사학위를 받았다. 현재 대구대학교 국제관계학과 조교수로 재직 중이며 미국정치, 비교정치, 정치 커뮤니케이션이 전공분야이다. 대표 논문으로는 "정당, 미디어, 그리고 정치적 선호"(『21세기정치학회보』, 2014), "2012 한국 여성 유권자의 정치적 정향과 투표행태"(『한국정치학회보』, 2013), "풀뿌리 조직화와 2008 오바마 캠페인"(『미국학논집』, 2011), "대의민주주의와 소통: 미국 오바마 행정부 하의 의료보험개혁 사례를 중심으로"(『21세기정치학회보』, 2010), "Regionalism as a Source of Ambivalence" (*Korea Observer*, 2009) 등이 있으며, 공저로 『소셜네트워크와 정치변동』, 『정치적 소통과 SNS』, 『지속가능한 공존의 미래문화』 등이 있다.

❖ **이재묵**은 연세대학교 정치외교학과 및 동 대학원을 졸업하고 미국 아이오와대학에서 미국 정치에 있어서 엘리트 및 대중 양극화 연구로 정치학 박사학위를 받았다. 공군사관학교 전임강사를 역임하였고, 현재 한국외국어대학교 정치외교학과 조교수로 재직 중이며, 고려대, 경희대, 연세대 등에서 강의하고 있다. 주요 연구업적으로는 "엘리트 정당 양극화와 유권자 투표 참여 및 정치 관심도"(『의정연구』 제20권 1호, 2014), 『도전과 변화의 한미정치』(공저, 2014) 등이 있다.

❖ **장승진**은 서울대학교 외교학과를 졸업하고 동 대학원에서 석사학위를 받았다. 미국 컬럼비아대학교에서 히스패닉계 및 아시아계 미국인들의 정치의식과 행태를 분석하는 연구로 정치학 박사학위를 받았다. 현재 국민대학교 정치외교학과에서 조교수로 재직 중이며, 현재 한국을 비롯한 다양한 국가의 선거 및 유권자들의 행태를 다루는 연구를 다수 진행하고 있다.

❖ **장혜영**은 University of Southern California에서 정치학 박사(비교정치)학위를 받았다. 현재 중앙대학교 정치국제학과 조교수로 재직 중이고, 비교정치, 정치경제(도시정치경제), 국제개발협력이 주요 연구분야이다. 최근 논문실적으로는 "1972년~2012년 공화당과 민주당의 환경정책 정강의 비교분석"(『21세기정치학회보』, 2014), "공적개발원조정책과 국회: 국회의원의 행정부 감시 책무성을 중심으로"(『한국정당학회보』, 2014)가 있다.

❖ **정수현**은 숭실대학교 정치외교학과와 같은 대학교 대학원을 졸업한 뒤 미국 플로리다 주립대학교에서 미국의 환경규제와 정책네트워크에 관한 연구로 정치학 박사학위를 받았다. 현재 연세대학교 동서문제연구원 전임연구원으로 있으며 숭실대학교와 연세대학교에서 강의하고 있다. 논문으로는 "규제의 확대와 통제: 미국 연방정부 규제의 변천과정과 규제심사에 관한 연구"(『동서연구』 제27권 1호, 2015)와 "민주주의와 국제환경협약의 준수"(『국제정치논총』 제52집 3호, 2012) 등이 있으며 저서로는 『이슈를 통해 본 미국정치』(공저, 2014)와 『어게인 오바마: 2012 미국 대선과 오바마의 재선』(공저, 2013)이 있다.

❖ **정진민**은 서울대학교 외교학과를 졸업하고 시러큐스대 정치학 박사학위를 받았다. 현재 명지대학교 정치외교학과 교수로 재직 중이고, 정치과정, 미국정치가 주요 연구분야이다. 최근 연구논문으로는 "18대 대선에서 나타난 한국 무당파 유권자의 특성과 행태: 인지적 동원을 중심으로"(2014), "정당경선의 제도화 모색: 개방형 경선과 정치자금을 중심으로"(2014), "The Impact of Electoral Environment and Political Institutions on Post-Democratization Party Change in South Korea and Taiwan"(2013), "정당 분극화의 심화와 2012년 미국 대선: 정당 지지기반과 유권자의 정책적 입장 차이를 중심으로"(2013)가 있다.

❖ **최준영**은 연세대학교 정치외교학과를 졸업하고 플로리다 주립대학에서 정치학 박사학위를 받았다. 현대 인하대학교 정치외교학과 부교수로 재직 중이며 미국정치, 한국정치과정이 주요 연구분야이다. 최근 연구논문으로는 "스캔들, 경제적 성과, 그리고 대통령 지지율: 미국의 경우"(『한국정당학회보』, 2014), "경제적 불평등의 심화와 미국의 위기"(『동서연구』, 2013) 등이 있으며 저서로는 『견제와 균형: 인사청문회의 현재와 미래를 말하다』(써네스트, 2013)가 있다.